Cecila Sifontes
Reindjen Anselmi

Fünf Schlüssel zur Meisterschaft

Cecila Sifontes
Reindjen Anselmi

Fünf Schlüssel zur Meisterschaft

Dein Weg zu Harmonie, Liebe und Erfolg

KOHA

Das Material zu diesem Buch wurde größtenteils in Form von Channelings während Seminaren übermittelt, welche die Schwedin Cecilia Sifontes in den Jahren 2002 und 2004 in der Schweiz und in Deutschland gab. (Channeling ist eine interdimensionale Kommunikationsform, in der Engel und andere Wesen der Lichtsphären ihre Weisheit und Energie übermitteln.)
Übermittelt wurde das vorliegende Material von Angehörigen der Höheren Lichtkommandos. Die Schweizer Publizistin Reindjen Anselmi verfasste daraus Texte und stellte sie in diesem Buch zusammen.

KOHA-Verlag Burgrain

1. Auflage August 2005
Lektorat: Nayoma de Haën
Gesamtherstellung: Karin Schnellbach
Druck: Bercker, Kevelaer

ISBN 3-936862-60-5

Für die

Menschheit

Inhalt

Unser Geschenk als Antwort auf eure Rufe und Bitten

Liebe Leserin, lieber Leser,

wir sind die Höheren Lichtkommandos. Wir sind ein Verband von Lichtwesen, die an der Verwirklichung des göttlichen Plans arbeiten, damit sich dessen höchstes Potenzial für die Menschheit und für andere Orte in der Existenz entfalten kann.

Unser Ziel ist es, alle Wesen und alle Wirklichkeiten zum Einssein zurückzuführen. Wir unterstützen viele Menschen auf der Erde, indem wir sie zu ihrem nächsten Schritt in eine höhere Schwingungsfrequenz inspirieren – in Richtung einer höheren Frequenz dieses Planeten und einer befriedigenderen Lebens- und Seinsweise auf der Erde.

Dieses Buch ist unser Geschenk an die Menschheit. Es enthält einfache Methoden, mit denen ihr mit euch selbst arbeiten könnt, um in eurem persönlichen Leben, für die Menschheit und für die Existenz das höchste Potenzial zu erreichen.

Es soll euch inspirieren, euch für eure göttliche Essenz und euer schöpferisches Potenzial zu öffnen und mit euch selbst und auf den inneren Ebenen zu arbeiten, um für euch und auch für das Leben auf der Erde eine Veränderung zu bewirken, denn was in euch stattfindet, bewirkt in der gesamten Wirklichkeit eine Veränderung – weil alles miteinander verbunden ist.

Wir möchten euch also dazu inspirieren, euer Inneres zu verändern, das heißt jene Veränderungen vorzunehmen, die für ein harmonischeres und erfolgreicheres Leben erforderlich sind – ein Leben, das eure eigene göttliche Essenz und die Göttlichkeit in jedem anderen Wesen auf dieser Erde respektiert und ehrt.

Wir hoffen, dass ihr dieses Buch mit einem offenen Geist und mit der Bereitschaft lest, euch unvoreingenommen die Frage zu stellen: »Was, wenn dies hier alles wahr wäre – zu welchen Veränderungen würde das für mich und für den Planeten führen?«

Wenn ihr das Buch mit der offenen Bereitschaft lest, die Möglichkeiten für euch selbst und für die Menschheit zu erforschen, beginnt ihr, diese Veränderungen zu erschaffen.

Es ist nicht unser Wunsch, dir oder sonst jemandem irgendwelche Vorstellungen über die Wirklichkeit aufzuzwingen. Wir unterbreiten dir unsere Sicht der Wirklichkeit und wir zeigen dir auf, welche Schritte nach unserem Dafürhalten auf eurer Erde das höchste Potenzial erschaffen können.

Die Wirklichkeit ist viel komplexer und gleichzeitig viel einfacher, als du es dir vorstellen kannst. Deshalb kann eine multidimensionale Wirklichkeit mit Worten niemals exakt beschrieben werden.

Und doch werden die *Fünf Schlüssel zur Meisterschaft* dich und andere Menschen zum höchsten Potenzial hinführen – zum Einssein.

Mit diesem Buch erschließen wir einen breiten Lichtweg, und wenn du damit arbeitest, vermehrst du das Licht auf diesem Weg, so dass immer mehr Menschen dieses Buch lesen werden. Wenn sie alle damit arbeiten, wird er immer mehr Licht ausstrahlen und mit der Zeit so hell leuchten, dass er die ganze Erde erfasst. So bewirkt ihr gemeinsam eine Veränderung in Richtung von mehr Liebe, mehr Bewusstsein, mehr Frieden und einer harmonischeren und erfolgreicheren Lebensweise.

Wir möchten dich dazu inspirieren, den inneren Frieden zu finden, der dem Wissen um die Bestimmung, dem Wissen um Sinn und Zweck entspringt. Wir möchten dich inspirieren, dich mit deiner eigenen schöpferischen Kraft so zu verbinden, wie das in der ganzen Existenz geschieht. Wir möchten dir erklären, wie du erschaffst; wir möchten dir den Grund für die jetzige Verfassung der Erde erklären und dir aufzeigen, wie du, wie ihr alle sie mit Hilfe der *Fünf Schlüssel zur Meisterschaft* ganz leicht verändern könnt.

Die fünf Schlüssel umfassen die Grundessenz der Schöpfung. Du bist bereits ein Schöpfer, eine Schöpferin, und wenn du mit den fünf Schlüsseln arbeitest, beginnst du deine schöpferische Kraft zu jenem

Leben hinzulenken, das du gerne leben möchtest, statt zu jenem, worauf du weniger erpicht bist.
Die *Fünf Schlüssel zur Meisterschaft* können mit jedem Glaubenssystem und jeder anderen Technik kombiniert werden. Sie sind auch nicht der *eine* richtige Weg, sondern ein möglicher Weg, um Ganzsein, Göttlichkeit, Liebe, inneres Licht und Licht für den Planeten zu bewirken.
Wir hoffen, dass dich dieses Buch über deine bisherigen Glaubenssysteme hinaus in eine viel weitere Existenz hinein führt, wo alles möglich ist und du für dich das höchste Potenzial wählen kannst. Wir hoffen, dass du so anderen zur Inspiration wirst, dass sie dir folgen.
Dieses Buch entstand als unsere Antwort auf den Ruf von weltweit Millionen von Menschen nach Veränderung. Täglich empfangen wir von Seiten der Menschheit zahlreiche Rufe in Form von Gebeten und Visionen. In ihrer Verzweiflung suchen die Menschen einen Ausweg aus ihren Problemen.
Dies hier ist unsere Antwort.
Und wir geben sie dir als ein Geschenk, das du annehmen kannst oder auch nicht, denn wir möchten niemandem Vorstellungen aufdrängen, die er nicht annehmen kann.

Damit wünschen wir dir viel Freude beim Erforschen dessen, was wir dir bringen.

Die Höheren Lichtkommandos

Kapitel 1

Du kannst alles haben, was du willst

Wir offerieren dir einen Weg ins Paradies

Weißt du eigentlich, warum du dieses Buch zur Hand genommen hast? Wir vermuten sehr, dass du dir eine kleinere Veränderung deiner Persönlichkeit wünschst und dich mehr der Göttlichkeit öffnen möchtest – was beides dasselbe ist.
Du möchtest Meister/Meisterin deines Lebens hier auf der Erde sein. Um das zu erreichen, ist es zunächst wichtig, dass du alles änderst, was du jetzt über die Wirklichkeit weißt, und alles loslässt, was du bisher für wirklich gehalten hast. Entsprechend kannst du auch gleich alle Konzepte loslassen, die du bisher über Meisterschaft gehabt hast. Einschließlich letztlich der *Fünf Schlüssel zur Meisterschaft.* Sobald du sie gut begriffen hast, wirst du sie wieder vergessen können, denn auch sie sind nur ein Konzept – obwohl dir dieses nach unserem Dafürhalten sehr helfen wird, das zu finden, was wirklich und wahr ist. Wenn du die fünf Schlüssel ausprobierst und es wagst, diesen Weg zu gehen, wirst du mehr Schönheit und Leichtigkeit, mehr Harmonie, Liebe und Erfolg sowie die Erfüllung deines höchsten Potenzials erfahren – letztlich das Paradies. Das ist es, was wir dir hiermit anbieten.

Übung: Entspanne dich nun, damit wir, die Höheren Lichtkommandos, für einige Momente näher zu dir kommen können. Wir bauen nun unsere energetische Verbindung zu dir noch weiter auf, damit du dich dem öffnen kannst, was wir dir anbieten.
Entspanne dich und wisse, dass wir deine Freunde sind. Wir sind eine Familie.
Stelle dir vor, dass du dein Gewahrsein höher und immer noch höher

und bis in Wirklichkeitsschichten hinein hebst, von denen du bisher keine Ahnung hattest. Schichten, wo alles vollkommen, harmonisch und hell ist.

Wir finden es wunderbar, dass wir dich in dieser illusionären Schicht der Existenz erreichen können, die du dir zusammen mit allen anderen Menschen erschaffen hast. Du lebst in der wirklichen Welt, aber umgeben von einem Kokon aus Illusionen.
Zu unserer großen Freude beginnt sich diese illusionäre Wirklichkeit jetzt sanft aufzulösen, weil immer mehr Menschen wie du ihr Bewusstsein immer mehr auf das Wirkliche lenken. Denn du bist, ihr alle seid in dieses Leben gekommen, um etwas zu bewirken, um etwas zu verändern. Ihr wollt einen Weg zurück zur Göttlichkeit, zurück zum Einssein anlegen, und zwar nicht nur für euch selbst, sondern für die ganze Menschheit. Ihr seid hier, um eine neue Lebensweise, mehr Liebe, mehr Gemeinsamkeit und mehr Einheit zu säen.
Da du – wie viele andere Menschen – mit der geschilderten Mission hier bist, irritieren dich ganz besonders oft die Probleme auf der Erde und die Art, wie die Menschen miteinander umgehen. Du warst in deinem Leben oft verzweifelt und frustriert, weil du das innere Wissen hast, dass das Leben auf der Erde eigentlich anders sein sollte. Wir wissen, dass ihr alle euch nach Frieden, Harmonie, Einssein und nach der Wahrheit sehnt.
Im Verlaufe deines Lebens hast du möglicherweise den höheren Zweck deines Lebens vergessen. Darum ist es jetzt an der Zeit, dass du dich daran erinnerst und herausfindest, wie du dein Leben wirklich leben möchtest. Denn dein Leben ist ein Geschenk an dich, und es steht dir frei, es so zu leben, wie es dir gefällt.
Wenn du deine Mission erfüllst und Neues säst, wenn du dir und der Menschheit einen Weg hin zum Einssein erschließt, wirst du sehr viel Freude erfahren, weil jede Zelle deines Körpers darauf mit Frequenzerhöhung reagieren und mehr Licht, mehr Essenz ausstrahlen wird. Sobald du mehr Essenz ausstrahlst, wird die Existenz darauf reagieren und mehr göttliche Essenz zu dir hin strahlen.
Durch das Licht, das du dann im Alltag ausstrahlst, wirst du ein Beispiel und eine Inspiration für andere Menschen.

Die Absicht dieses Buches ist, dies alles als bleibende Veränderung für dich in vielen Schichten der Wirklichkeit zu bewirken. Es will eine Veränderung deiner Persönlichkeit erschaffen und dir helfen, alles rasch zu transformieren, was dich daran hindert, zu sein, wer du wirklich bist, damit du immer bewusster und immer mehr zum Meister wirst. Ziel ist gleichzeitig, dass du mit den Energien und Energieverbindungen zu arbeiten lernst, die du auf dem Weg eines Meisters benötigst. Du kannst lernen, wie du dir in jeder Hinsicht das erfolgreiche Leben eines Meisters erschaffen kannst, der um seine eigene Schöpferkraft weiß und diese bewusst einsetzt. Und dadurch wirst du zu einem Menschen, der für sich und sein Leben zu hundert Prozent die Verantwortung übernimmt, denn du erkennst, dass du deine Wirklichkeit selbst erschaffst und beliebig umerschaffen kannst. Du bist in keiner Weise Opfer und kannst in keiner Weise andere Wesen für dein Leben verantwortlich machen.

Deine schöpferischen Fähigkeiten sind nicht nur ein Geschenk an dich, sondern an die ganze Menschheit. Auf deinem Lichtweg werden sie immer stärker, je heller dein Licht erstrahlt. Und damit kannst du für die Menschheit sehr viel erschaffen. Denn, wie schon erwähnt, bist du in dieses Leben gekommen, um in dir und für die Welt eine Veränderung herbeizuführen.

Die nötige Veränderung kann leicht, freudvoll und in deinem eigenen Tempo geschehen – langsam oder schnell. Du kannst mit den fünf Schlüsseln mehr oder weniger intensiv arbeiten. Wenn deine Persönlichkeit Veränderungen nicht so leicht zulässt, kannst du ihr mehr Zeit lassen. Mach es so, wie es dir am angenehmsten ist. Wisse jedoch, dass es in deinem Leben kein einziges Problem gibt, das du mit diesen Methoden nicht verändern könntest.

Das größte Geschenk, dass du dir und dem Planeten machen kannst, ist, deine göttliche Essenz zu werden, ist zu werden, wer du bist, damit du jenseits der Illusionen der Erde und doch auf der Erde leben kannst. Du kannst indessen selbst entscheiden, wie schnell du Du selbst werden und wieviel Veränderung du in deinem Leben haben möchtest.

Die *Fünf Schlüssel zur Meisterschaft* sind eine Technik, die sowohl die Anfänger wie auch die Fortgeschrittenen unter den Lichtarbeitern unterstützt. Sie wird so präsentiert, dass sie den Leserinnen und

Lesern nicht als zu weit hergeholt vorkommt. Mit ihrer Hilfe kann jeder verstehen, welche Rolle er oder sie beim Erschaffen bestimmter Situationen spielt. Ob du dabei glaubst, du hättest deine gegenwärtige Situation in der Vergangenheit angelegt oder im jetzigen Moment erschaffen, spielt keine Rolle. Die Anhänger beider Vorstellungen lernen, den Fokus im Jetzt zu verändern.

Wir wollen die eingangs gestellte Frage noch einmal wiederholen: Weißt du eigentlich, warum du dieses Buch zur Hand genommen hast?
Vielleicht denkst du, du habest es aus purer Neugierde getan. Das nehmen wir dir jedoch nicht ab. Wir wissen, dass es bei jeder Leserin, bei jedem Leser einen tieferen Grund dafür gibt.
Was ist es denn, das du in deinem Leben vermisst und gerne haben möchtest? Vielleicht ist es etwas, das schon da ist, wovon du aber mehr haben möchtest. Oder vielleicht ist es etwas völlig Neues, das du dir mit jeder Faser deines Wesens ersehnst.

Nimm nun bitte einen Notizblock und Schreibzeug zur Hand. Behalte diese Utensilien in der Nähe dieses Buches, denn du wirst sie im Verlaufe deiner Arbeit mit den fünf Schlüsseln immer wieder benötigen.

Übung: Entspanne dich nun und hole mit voller Absicht deine ganze Energie ins Hier und Jetzt. Lasse alles andere los, alle Gedanken, alle Gefühle, alle deine Vorstellungen von den Dingen, die du noch nicht erledigt hast und noch tun musst, alle Vorstellungen von Menschen in deiner nächsten Umgebung, und entspanne dich einfach.
Wir bitten dich nun, dein Gewahrsein eine Weile lang vollkommen nach innen zu richten, um dir darüber Klarheit zu verschaffen, wieso du dieses Buch lesen möchtest. Gibt es in deinem Leben etwas ganz besonders Wichtiges? Gibt es vielleicht einen Bereich, worin du mehr Klarheit benötigst? Gibt es einen Bereich, worin du Schwierigkeiten irgendwelcher Art erfährst? Mache dir einfach ganz bewusst, warum du dieses Buch wirklich zur Hand genommen hast.
Notiere dir sodann deine Erkenntnisse auf deinen Notizblock.

Alles, wovon du je geträumt hast, war eine Botschaft deiner Seele bezüglich dessen, was in deinem Leben möglich ist. Wäre es nicht möglich, hättest du nicht davon geträumt. Es wäre dir gar nicht in den Sinn gekommen. Wisse also, dass jeder kleinste deiner Träume in deinem Leben wirklich werden kann, falls du das willst. Du kannst alles haben, was du willst. Es gibt keine höhere Instanz, die dich beurteilt und sagt: »Jawohl, dies und das kannst du haben, jenes andere aber nicht!«

Bei der Verwirklichung deiner Träume sind dir die *Fünf Schlüssel zur Meisterschaft* große Diener und Helfer. Hier sind sie:

1. **Der Fokus**
2. **Die Projektion**
3. **Das Einssein**
4. **Die Wahrheit**
5. **Die Urangst**

Wir werden sie in den folgenden Kapitel einzeln durchgehen.

Alle fünf Schlüssel sind grundlegende Aspekte der Schöpfung – vom Beginn der physischen Schöpfung bis zurück zur Schöpfung des ersten Lichtpartikels. Anhand dieser fünf Schlüssel lernst du zu verstehen, wie diese Wirklichkeit und das, was du Existenz nennst, von der ersten Lichtzelle an erschaffen wurde. Du wirst erkennen, dass du die Wirklichkeit auf dieselbe Weise erschaffst wie die Quelle, dass du selbst dein Leben erschaffen hast und täglich neu erschaffst.
Die Schlüssel sind so kraftvoll und wirksam, weil sie in sieben Schichten der Wirklichkeit funktionieren.
Im Verlaufe unserer Zusammenarbeit wirst du mit höherfrequenten Seinszuständen und Existenzräumen in Berührung kommen, in denen wir dich zu deinen höchsten Möglichkeiten führen. Wir geben dir aber auch sehr irdisch anmutende Übungen und Ratschläge, wie du dein Leben fließender und einfacher gestalten und jegliche Situation nach deinen Wünschen verändern oder erschaffen kannst. Eines Tages wirst du sehen, dass diese beiden Ebenen voll und ganz zusammengehören.

Die gegenwärtig auf die Erde herein fließenden Energien erhöhen ständig und schnell ihre Schwingungsrate. Darum wird auch die Schwingungsfrequenz der energetischen Zustände, die du während der Meditationen erreichen kannst, immer höher. Dein Weg ins Licht, der Weg zu deinem eigenen Du dürfte deshalb einfacher sein, wenn du gewisse Veränderung schnell vollziehst, denn sonst wird die Diskrepanz zwischen den Frequenzen der Liebe, die du während der Meditationen erfährst, und den Frequenzen in deinem Alltag immer größer. Ein zu großer Frequenzunterschied kann dir die Orientierung im Alltag erschweren. Wenn deine Frequenzen während der Meditation viel höher sind als im Alltag, wirst du eher mehr als weniger Trennung erfahren. Dann riskierst du, dem Leben entfliehen zu wollen, statt den Alltag, genauer gesagt, deine Gedankenmuster und Gefühle im Alltag zu verändern. Du willst jedoch für andere ein Licht, ein Beispiel sein, indem du dein tägliches Leben umarmst und liebst und das Licht, die Wahrheit, das Einssein und vor allem dein ganzes Selbst in deinen Alltag bringst.

Wir schlagen dir vor, dass du dir vornimmst, täglich etwas zu verändern. Dies ist kein Muss, sondern lediglich eine Empfehlung, damit du dich auf hereinkommende Energien ausrichten, dich ihnen anpassen und mit ihnen im Einklang sein kannst. Du brauchst dazu nur Ja zu dir selbst zu sagen, Ja zum Licht und Ja zum Durchbrechen aller Gedankenmuster und Gefühle, die dich daran hindern, du selbst zu sein. Denn das Leben kann sehr einfach sein. Du brauchst lediglich allem Unwirklichen deine Aufmerksamkeit zu entziehen und sie auf das Wirkliche zu lenken. Dann wird sich alles in dir und um dich herum verändern.

Wenn die Dinge nicht vorwärts gehen, wenn sie nicht fließen, dann brauchst du zumeist nur ein winziges Glaubensmuster oder Glaubenssystem zu verändern und alles kommt wieder in Fluss. Es bedarf manchmal nur eines einzigen neuen Gedankens, damit sich eine Situation weiterbewegt.

Wenn du in deinem Leben hartnäckigere Schwierigkeiten hast, dann beruhen sie oft auf der Tatsache, dass sich viele deiner Gedanken und Gefühle auf bestimmte Weise um ein Thema drehen. Mit den Fünf Schlüsseln zur Meisterschaft bezwecken wir die Auflösung von

Gedanken und Gefühlen, die du bezüglich bestimmter Themen in deinem Leben hegst. Wenn du sie loslässt, befreist du deine Energien und erschaffst dir das Paradies. Wenn du in dir das Paradies findest, wirst du es in jeder Situation finden. Je offener du dafür bist, desto schneller findest du in dir Frieden und das Paradies.

Im Verlaufe dieses Buches wirst du dir einige Lebenssituationen genauer vornehmen und viel bewusster erkennen, wie du sie erschaffst. Du wirst deine Zielsetzungen klarer erkennen, deine gegenwärtige Situation besser einschätzen und sehen, wie du sie verändern kannst. Das Hauptziel dabei ist, dass du begreifst, dass du nur dich selbst verändern musst, worauf sich auch die Welt und jede Situation verändern wird. Du wirst zudem erkennen, wie du Wahrheit sein kannst, wie du die Trennung ungeschehen machen kannst, wie du das größere Ganze zurückbringen und ein Leben in Einssein auf der Erde leben kannst. Du kannst, wie gesagt, alles haben, was du willst. Das Einzige, was du tun musst, ist, tatsächlich mit den fünf Schlüsseln zu arbeiten.

Obwohl die fünf Schlüssel außerordentlich kraftvoll sind, brauchst du sie nicht zu fürchten, denn sie können weder dir noch anderen schaden. Sie können dir nur helfen, du selbst zu werden.

Es ist wichtig, dass du es mit Freude und auch mit Spaß machst, denn dadurch kannst du dich lebendiger fühlen und den Fluss deiner Körpersäfte verstärken. Wenn alles gut fließt, fühlt sich dein Körper gut an. Er kann mehr Energien hereinbringen und sich besser mit den höheren Dimensionen verbinden.

Hier nun ein kurzer Überblick über den Inhalt des Buches.

Im nächsten Kapitel zeigen wir dir, was Meisterschaft wirklich ist.

Anschließend erklären wir dir kapitelweise die fünf Schlüssel. Dazu geben wir dir Übungen und vor allem Meditationen. Vielleicht möchtest du die Meditationen auf ein Tonband aufnehmen, um besser damit arbeiten zu können.

Diese Meditationen sind das Kernstück unserer Arbeit und es lohnt sich sehr, sie immer wieder zu machen, weil sie sich gegenseitig ergänzen, aufeinander aufbauen und in dir jedes Mal neue Energien und Frequenzbereiche erschließen und immer mehr Licht um dich herum aufbauen.

Das kann sich auch im physischen Körper bemerkbar machen. Manchmal wird sich der Körper vielleicht verspannen, manchmal wirst du dich auch etwas unwohl fühlen – vielleicht wegen eines Gefühls der Übelkeit, wegen Kopfschmerzen oder anderer physischer Erscheinungen. Sie sind nicht gefährlich, sondern bedeuten einfach, dass sich dein Körper verändert.

Dennoch ist es wichtig, dass du deinen Körper während dieser Phasen unterstützt. Frage ihn, was er braucht. Sehr oft kann ihm schon sehr geholfen werden, wenn du in die Natur hinausgehst, deine nackten Füße auf den Boden setzt und deinen Körper mit der Erde verbindest. Auch andere Dinge können helfen. Wichtig ist, dass du dich auf deinen Körper einstimmst.

Falls du während der Meditationen einschläfst oder mit dem Bewusstsein weggehst, dann ist das in Ordnung. Dies kommt zumeist dann vor, wenn das Gehirn die Energien nicht mehr so übersetzen kann, dass auch der Körper sie versteht oder wenn du in Räume hineinreist, wo du unmöglich wach bleiben kannst. Denn oft reist du weit über die drittdimensionale Wirklichkeit hinaus, weshalb dein drittdimensionaler Teil nichts davon verstehen kann. Das macht nichts, wie gesagt. Die Meditationen wirken dennoch.

Im achten Kapitel erklären wir dir, wie du mit den fünf Schlüsseln Schritt für Schritt arbeiten kannst und im neunten Kapitel findest du einige Meditationen für Gruppen für den Fall, dass du Gelegenheit hast, mit anderen Menschen zusammenzuarbeiten.

Uns ist es wichtig, dass du die fünf Schlüssel anhand von Beispielen und praktisch gelebten Situationen zu begreifen lernst, weshalb wir dir in jedem Kapitel etliche unserer Antworten auf Fragen von Seminarteilnehmern zur Verfügung stellen. Außerdem findest du im zehnten Kapitel zahlreiche Antworten auf häufiger gestellte Fragen, die sich mit etwas allgemeineren Themen befassen, und überdies eine Checkliste, wo wir dir anhand kurzer Hinweise aufzeigen, vor welchem Denk- und Verhaltens-Hintergrund gewisse Situationen entstehen und welche Ratschläge wir bezüglich ihrer Veränderung geben.

Im ganzen Buch wird es immer wieder zu gewissen Wiederholungen kommen, nicht nur, weil die fünf Schlüssel eng miteinander verknüpft sind, sondern weil wir die Situationen aus verschiedenen Blickwin-

keln betrachten. Diese Wiederholungen sind jedoch sehr beabsichtigt und erwünscht, weil es erfahrungsgemäss vieler bedarf, bis dir gewisse grundlegende Sachverhalte in Fleisch und Blut übergegangen sind.
Im Anhang findest du schließlich in einem Glossar unsere Definitionen von einigen Wörtern, die wir immer wieder verwenden. Wir möchten hierzu betonen, dass wir mit diesen Definitionen in Worten aufzuzeigen versuchen, wie *wir* die Dinge sehen. Darum können sie von den Definitionen anderer Lehrer abweichen.
Wir wissen, dass einiges von dem, was wir in diesem Buch sagen, für manche Leserinnen und Leser nicht leicht anzunehmen ist. Und doch können wir diese Informationen nicht anders vorbringen, denn sie entsprechen dem, wie wir die Erschaffung der Wirklichkeit sehen. Vor allem die Projektion, der zweite Schlüssel, ist für viele anfänglich etwas schwer zu akzeptieren, ja einige empfinden ihn sogar als empörend. Wenn auch du dich irritiert fühlst, dann sage dir einfach: »Aha, das sagen die Höheren Lichtkommandos«, entspanne dich und lasse die Empörung verrauchen. Du brauchst nichts von dem anzunehmen, was wir sagen.
Wisse aber, dass zum Beispiel die Aussage, dass du selbst dir dein Leben, deine Wirklichkeit erschaffen hast, kein Hinweis auf Schuld und Strafe ist. Er besagt auch nicht, dass du etwas falsch gemacht hast. Jede Situation, die du dir erschaffen hast, selbst wenn sie noch so schwierig erscheint, hast du erschaffen, weil das im jeweiligen Augenblick so für dich richtig war und ist, und allein *du* weißt, warum du das tust oder getan hast.
Niemals sagen wir, dass deine Schöpfungen falsch sind, sondern wir zeigen dir lediglich Alternativen, durch die du dir ein Paradies erschaffen kannst.
Das hier Gesagte soll dir helfen, ganz zu werden, Frieden zu finden und ein Leben als Meister zu leben.
An dieser Stelle möchten wir noch kurz auf die Notizen zu sprechen kommen, die du dir im Laufe deiner Arbeit mit diesem Buch machen wirst. Sie sollen etwas möglichst Klares über dein Leben, über Situationen in deinem Leben, über deine Wünsche, Vorstellungen und Ziele aussagen.
Unserer Erfahrung nach haben viele Menschen nicht gelernt, sich

wirklich klar auszudrücken. Du magst zwar glauben, dass dir deine Ziele klar sind, doch wenn du sie dann in dein Notizbuch schreiben willst, fällt es dir möglicherweise schwer, sie klar zu formulieren.
Unklarheit dürfte auch der Grund dafür sein, dass sich viele deiner Ziele in deinem Leben noch nicht manifestiert haben. Wenn du dem Universum von dem, was du in deinem Leben willst, konfuse Botschaften schickst, dann verwirklichen sich diese konfusen Botschaften.
Es ist darum sehr wichtig, dass du klare Vorstellungen entwickelst. Wenn du sie niederschreibst, kannst du den Text so lange bearbeiten, bis er wirklich klar ausdrückt, was du möchtest – und dann kannst du es erschaffen.
Nehmen wir als Beispiel für klare oder unklare Formulierung eine Krankheit. Du könntest dir dafür eine wirksame Behandlung wünschen, doch wir halten das für ungünstig – denn dein Ziel ist nicht die Behandlung, sondern die Gesundheit. Darauf sollst du deinen Fokus legen. Fokussierst du Gesundheit, kann sich vielleicht tatsächlich eine Behandlung ergeben, vielleicht aber auch nicht. Es wird sich hingegen irgendeine wie immer geartete Hilfe oder Besserung manifestieren. Wenn du hingegen eine Behandlung fokussierst, dann kann es sein, dass du eine Behandlung nach der anderen manifestierst, und was soll daran schon sinnvoll sein?
Mache dir deine Ziele also ganz klar, denn du bringst alles, was du fokussierst, in dein Leben und in das der Menschheit. Was du fokussierst, das erschaffst du. Das werden wir in den kommenden Kapiteln näher ansehen. Wir werden auch sehen, wie du deinen Fokus auf genau das legen kannst, was du willst, und das Fokussierte so in deinem Leben erschaffen kannst.
Es ist so einfach, ein Wunschleben zu erschaffen, wenn du verstanden hast, wie das geht. Wenn du das fokussierst, was du willst und wenn du alle deine Gedanken und Vorstellungen darüber loslässt, dann kann sich das Fokussierte sehr rasch manifestieren. Meistens wird es aber etwas dauern, bis dein Wunschziel wirklich wird, weil viele deiner Gedanken es zurückweisen. Wisse jedoch, dass du alles haben kannst, was du willst.
Es gibt nichts Unmögliches.

Meditation

Öffne dich dem Fluss

Beginne dich nun sanft und leicht zu entspannen.
Es gibt nichts zu tun.
Entspanne dich einfach und genieße die schönen Frequenzen, die wir in deinen Raum bringen.

Und erlaube nun dem herabkommenden Licht, in dich hereinzuströmen, so dass du immer leichter und leichter wirst – leicht in dem Sinn, dass du dich physisch weniger schwer und auch psychisch immer weniger bedrückt fühlst.

Im Licht bist du frei. Und du lässt jetzt dieses Licht in dich herein.
Du bringst es in deinem Körper mehr und mehr hervor.
Und es liegt an dir, dieses Licht hinaus in die Welt zu bringen, um in dieser Welt Freiheit zu erschaffen.

Um mehr Licht in die Welt bringen zu können, baust du zuerst dein eigenes Licht auf, und du öffnest dich, um noch mehr Licht und noch mehr Bewusstsein zu empfangen. So kannst du immer mehr davon mit anderen teilen.

Wir ermutigen dich jetzt, dich zu öffnen, um zu empfangen.
Öffne dich, um noch viel mehr zu empfangen, als du dir jemals vorstellen konntest: mehr Licht, mehr Fülle, mehr Liebe, mehr Frieden.

Und jeden Tag nimmst du dir die Zeit, um zu empfangen – noch mehr Licht, mehr Erfolg, mehr Fluss, mehr Liebe.

Es ist wichtig, dass du empfangen kannst, damit du geben kannst.
Wenn beides ausgeglichen ist, dann bist du im Fluss, und die Dinge werden dir leicht zufließen. Auch kannst du dann Dinge leicht von dir

zu anderen hin fließen lassen, ohne Angst haben zu müssen, dass du etwas davon verlieren könntest.

Doch du weißt: Je mehr du gibst, desto mehr wird dir gegeben, damit du es weitergeben kannst.
Du brauchst dich nur zu öffnen, um zu empfangen und noch mehr geben zu können.

Bemühe dich nun, dich noch mehr zu öffnen.
Öffne in dir einen neuen Raum, worin du empfangen kannst, wo du Verständnis, Weisheit, Licht, Schönheit und Freude empfängst.

Öffne dich, um täglich mehr und mehr zu empfangen.

Und wann immer du bereit bist, bringst du dein Gewahrsein zurück.

Kapitel 2

Meisterschaft ist Liebe und bewusstes Schöpfertum

Ein Meister hat sein höheres Selbst und die Seele integriert

Dieses Buch will dir den Weg hin zur Meisterschaft aufzeigen. Es antwortet auf deinen Wunsch, zum Meister, zur Meisterin deines Lebens hier auf der Erde zu werden. Die *Fünf Schlüssel zur Meisterschaft* sind dafür ein mögliches Werkzeug unter vielen. Denn jeder Mensch geht seinen ureigenen Weg zur Meisterschaft. So verschieden wie die Menschen, so verschieden sind auch die Routen ihrer Lichtwege.

Und doch gibt es einige allgemeine Wegweiser, einige klare Richtlinien für die ersten Schritte hin zum angestrebten Ziel – zum Leben und Sein eines Meisters, einer Meisterin.

Zunächst aber: Was ist ein Meister überhaupt? Wodurch definiert sich ein spiritueller Meister? Wie lebt ein Meister? Und wie weiß einer, dass er zum Meister geworden ist?

Tatsächlich gibt es keine klare Definition eines spirituellen Meisters. Indessen gehören zur Meisterschaft das Wissen und das Vertrauen, dass es die Meisterschaft gibt.

Eine erste einfache Beschreibung von Meisterschaft wäre, dass du weißt, dass alles vollkommen ist, und dass du dieses Wissen lebst. Aber es gibt noch einige spezifischere Merkmale.

Grundlegendes Merkmal deines Lichtwegs ist unabdingbar deine Erleuchtung, das will heißen: Die Verstärkung und Vermehrung deines Lichts, damit du zu deinem höheren Selbst und zu einem Meister wirst. Du erreichst es, indem du, ganz allgemein gesagt, alles, was du bist, alles Licht, das du bist, integrierst und lebst und ja zum Leben sagst! Das Wesen, das du auf der Erde bist, entwickelt dabei so viel starkes und stabiles Licht, dass dein höheres Selbst dein Licht und deine Stabilität auf der Erde als Ankerpunkt benützt und für immer in dich herabsteigen kann – statt nur gelegentlich, wie das bisher der Fall war. Gleichzeitig geht es darum, dass du alles physische Leben in einem spirituellen Sinn verfeinerst und läuterst und die Erde erleuchtest. Denn es gehört zumWeg, den du gewählt hast, dass du die Erde zu einem leuchtenden Planeten machst. Du bist hier, um die Dichte zu durchlichten, damit von dieser physischen Schicht aus Einssein entstehen kann und es darin keine Trennung mehr gibt.

In deinem Umfeld brauchst du dabei gar nichts zu tun. Wenn du dich selbst erleuchtest, wird auch dein Umfeld lichtvoller.

Als Meister unternimmst du aktive Schritte, um deinen bewussten Geist und deine göttliche Essenz zu entwickeln, bis du schließlich ein sichtbarer, stabiler Lichtpunkt auf der Erde bist und anderen Menschen den Weg erhellst, indem du ganz einfach dein authentisches Selbst bist.

Zu deiner göttlichen Essenz zu werden und in deine höchste Leistungsfähigkeit hineinzuwachsen ist das größte Geschenk, das du der Welt also machen kannst. Das ist jetzt dein höchstes Potenzial, und um dieses zu erreichen, bist du jetzt auf der Erde.

Meister zu werden und zu sein, bedeutet also zunächst ganz einfach, dass du dich selbst veränderst, indem du dich laufend weiter entwickelst. Diese Veränderungen kannst du nach Belieben langsamer oder schneller machen.

Meisterschaft bedeutet außerdem bewusstes Schöpfertum.

Schöpfer warst und bist du zwar schon immer, nur wusstest du das nicht. Es gab niemals, gibt niemals und wird niemals einen Moment geben, da du nicht erschaffst.

Meister zu sein, bedeutet, dass du um deine permanent vorhandene Schöpferkraft und Schöpfertätigkeit weißt und bewusst mit ihr zu arbeiten verstehst.

Als Meister weißt du, dass du dein eigenes Leben und deine Wirklichkeit ausnahmslos selbst erschaffst und sie nach Belieben verändern kannst – und das auch tust. Du wählst bewusst die Art deiner Erfahrung der Wirklichkeit, deine Handlungen und dein Sein und bist niemals Opfer irgendwelcher äußeren Umstände. Als dieser bewusste

Schöpfer übernimmst du denn auch die volle Verantwortung für deine Wirklichkeit.

Als Meister verstehst du die wichtigsten Aspekte der Schöpfung, die grundlegenden Funktionsweisen schöpferischen Erschaffens miteinander zu verbinden und zum Nutzen des Ganzen anzuwenden. Du wählst deine Projektionen bewusst und energetisierst sie mit der schöpferischen Energie deines Fokusses, deines kreativen Zentrums. Du weißt, dass alles, was du in der Außenwelt siehst, ein Bild von dir ist. Du kannst in der Außenwelt niemals etwas sehen, was nicht du bist. Ein Meister hat gelernt, nur noch die Bilder eines Meisters in die Welt zu projizieren.

Wenn du in einem vollkommenen Paradies lebst, wenn alles so ist, wie es dir gefällt, dann weißt du, dass du ein Meister bist, der immer auf das Licht der Quelle antwortet. Dann erschaffst du, indem du das Bild der Quelle in die Wirklichkeit projizierst.

Du bist Meister/Meisterin deiner Wirklichkeit und deines Lebens, und das macht dich frei.

Meisterschaft bedeutet aber auch, Liebe zu sein. Ein Meister ist Liebe und lebt für die Liebe in allem, was er tut – immer und unter allen Umständen. Was immer er tut, dient dem Einssein, dient dem Ganzen. Was für ihn gut ist, ist auch für alle anderen, ist für das Gesamte gut.

Auf deinem Weg zur Meisterschaft bewegst du dich immer mehr in die Liebe hinein – in die Liebe, die du bist und die immer da ist. In Situationen, wo andere Schwierigkeiten sehen, sieht ein Meister das Potenzial für noch mehr Liebe und noch mehr Licht. Und das bietet er der Welt an: seine Liebe, sein Licht und seine Schöpferkraft. Als Meister siehst du keine Schwierigkeiten, sondern nur Gelegenheiten, um dich der Göttlichkeit zu öffnen.

Da ein Meister nirgendwo Probleme und Schwierigkeiten sieht, hat er auch kein Bedürfnis, etwas in seinem Umfeld zu verändern, andere Menschen zu kritisieren oder sie zu einem anderen Verhalten zu drängen. Er dehnt einfach seine Liebe aus und verstärkt sein Licht. Und er weiss, dass er anderen Menschen seine Liebe und sein Licht nur anbieten kann, und er muss es ihnen überlassen, ob sie diese Gabe annehmen wollen oder nicht.

Wie sieht denn nun eine im Alltag gelebte Meisterschaft aus? Wirst

du plötzlich lange Gewänder tragen und auf der Straße unter den Passanten Worte der Liebe und Weisheit verbreiten? Wohl kaum.
Wie ein Meister, eine Meisterin im Alltag lebt, lässt sich am besten anhand praktischer Beispiele illustrieren, wie sie vor allem in den Rubriken »Fragen und Antworten« in diesem und den folgenden Kapiteln erörtert werden. Darum begnügen wir uns hier mit allgemein gehaltenen Beispielen und Hinweisen.
Nehmen wir zunächst einmal eine herausfordernde Situation. Viele Menschen glauben zwar, ein Meister gerate in keine herausfordernden Situationen mehr, doch dem ist nicht so. Ein Meister wird auch weiterhin Herausforderungen antreffen. Die Meisterschaft liegt in der Art, wie der Meister mit dieser Situation umgeht und wie er sie erfährt. Dinge, die der Persönlichkeit als überwältigende Herausforderung, als schwierige Situationen vorkommen, werden vom Meister lediglich als Situationen gesehen, die des Lichts und der Liebe bedürfen. Da er die Art seiner Erfahrung wählt, wird er die Situation nicht als Herausforderung empfinden, sondern als Gelegenheit, sein Licht hinzuzufügen. Er sieht die göttliche Essenz – Licht, Liebe und Bewusstsein – und vermehrt sie, indem er sein Licht aktiviert. So transformiert er jegliche Situation in höheres Licht.
Konkreter gesagt: In einer herausfordernden Situation, in der die Persönlichkeit normalerweise Überlegenheit oder Unterlegenheit zur Schau trägt, würde ein Meister keines von beidem tun. Während die Persönlichkeit diese Situation als Herausforderung erfährt, weiß der Meister, dass es keine Notwendigkeit weder zum Weinen noch zum Streiten gibt, auch nicht, sich kraft- und machtlos zu fühlen oder andere Menschen zu verachten. Wer sich für die Meisterschaft entscheidet, ist bestrebt, auf den Verlauf der Situation so einzuwirken, dass sie schließlich jedem Beteiligten mehr Licht, Liebe und Bewusstsein bringt. Er zentriert sich und sieht in der Situation und in jedem beteiligten Menschen die Göttlichkeit, die göttliche Essenz – Liebe, Licht und Bewusstsein. Jede Handlung eines Meisters macht die Welt somit zu einem leuchtenderen und friedlicheren Ort, denn jede Herausforderung wird in ein höheres Potenzial transformiert.
Das physische Leben auf der Erde als Meister zu leben, ist viel einfacher und lohnender, denn als Persönlichkeit. Als Persönlichkeit zu

leben, ist das Erschöpfendste überhaupt. Es bedeutet ein Leben in Mühe und mit Machtkämpfen, und es bringt dir und anderen nur Leid. Dabei hattest du dich, bevor du in dieses Leben kamst, für den einfacheren Weg der Meisterschaft entschieden und wolltest sie hier leben. Du wolltest die Wirklichkeit verändern und der Menschheit dienen, indem du ihr neue Lebensweisen aufzeigst. Erinnere dich beständig daran.

Als Meister lebst du alle Eigenschaften der Göttlichkeit: Du transformierst dein physisches Selbst, bist im Herzen und strahlst dein höheres Selbst aus, du kommunizierst auf liebevolle Art von deinem höheren Selbst aus, siehst den höheren Sinn in allem, lebst Integrität, verströmst göttliches Licht, verstärkst die Stabilität und erhöhst laufend dein Gewahrsein bezüglich allen Lebens und der gesamten Existenz. Als Meister bringst du Licht in die Dunkelheit, du bringst Liebe dorthin, wo Angst herrscht, Frieden dorthin, wo kein Frieden ist, fügst Bewusstsein hinzu, wo Verwirrung herrscht, du bringst Einssein, wo Trennung herrscht, du vermittelst Fülle, wo Mangel herrscht, du übermittelst schöpferische Energien und du verschönerst das Leben, indem du in jedem Menschen und in jeder Situation das göttliche Potenzial siehst.

Indem du dich für die göttliche Wirklichkeit und die göttliche Erfahrung entscheidest, schaffst du einen Raum, worin sich deine Persönlichkeit zu deinem höheren Selbst entwickeln kann.

Wenn du dennoch einmal verzweifelt bist und Schwierigkeiten siehst, dann ist auch das deine Wahl, und du kannst umgehend etwas Höheres wählen, indem du dein Gewahrsein auf die Göttlichkeit lenkst und damit in dir und in der Welt die Göttlichkeit vermehrst. Schwierigkeiten und Einflüsse aus der Vergangenheit kannst du loslassen, indem du ganz einfach im Hier und Jetzt bist.

Dein oberstes Ziel ist es, in den göttlichen Seinszuständen deiner Seele zu leben – du willst in Frieden, Freude, Liebe und in all den anderen wunderbaren Seinszuständen sein. Dazu musst du dich vollkommen von den Gedanken und Gefühlen der Persönlichkeit befreien, denn diese sind Teil der illusionären Wirklichkeit. Erst, wenn du aufhörst, diese Energien durch deinen Emotional- und deinen Mentalkörper zu leiten, bist du im Hier und Jetzt und erfährst die

Stille, in der die Seele in deine Energiefelder eintreten kann. Denn dein Emotional- und dein Mentalkörper sind Instrumente deiner Seele, um in deinen Körper hereinzukommen. Solange dort viel Gefühls- und Gedankenenergie ist, kann sie das nicht. (Gefühle und Gedanken sind im Grunde dieselben Energien. Sie werden nur durch die beiden unterschiedlichen Energiekörper hindurchgeleitet und deswegen vom Gehirn etwas anders interpretiert.)
Da die Menschheit daran gewöhnt ist, Angst – nämlich Krieg, Hass, Mangel und dergleichen – auszudrücken und zu erforschen, wirst du dir anfänglich etwas seltsam vorkommen, wenn du dein Gewahrsein auf Liebe, Licht, Harmonie, Schönheit und dergleichen lenkst. Du könntest meinen, du würdest der Wirklichkeit entfliehen und dich in einen unwirklichen, ungeerdeten Zustand zurückziehen.
Unserer Meinung nach ist dies indessen der einzige Weg, wie sich das Leben auf der Erde verändern kann: Wenn die Menschheit ihr Gewahrsein auf das lenkt, was sie sich an Gutem wünscht, statt dass sie weiterhin die Angst erforscht und dadurch, wie in den folgenden Kapiteln noch weiter ausgeführt wird, unwissentlich immer noch mehr davon erschafft.
Wir können dir nur den Weg weisen und dir aufzeigen, dass es möglich ist – denn das ist es. Es liegt an dir, in jeder Situation deine Erfahrung zu wählen.
Unseres Erachtens gibt es allerdings überhaupt keine Notwendigkeit für schwierige Erfahrungen. Es gibt nichts zu lernen, keine Lebenslektionen. Wir leben in einer fortwährenden Schöpfung, zu der du, wenn du willst, noch mehr Licht, noch mehr Schönheit und noch mehr Frieden beitragen kannst.

Tägliche Arbeit macht den Meister

Wie weiter oben schon angedeutet, ist das Alpha und Omega deines Wegs zur Meisterschaft die Arbeit mit dir selbst. Meisterschaft beginnt dort, wo du dich selbst veränderst. In diesem Buch findest du dafür sehr viele Anleitungen. Wenn du regelmäßig mit ihnen arbeitest, wirst du riesige Fortschritte machen und dein Ziel rasch näher rücken sehen.

Hier ein erster Schritt:

Suche in deiner Erinnerung nach einer Erfahrung, einer Situation, die du als schwierig oder herausfordernd erlebt hast.
Wenn du sie gefunden hast, entspanne dich und rufe dein höheres Selbst.
Betrachte die Situation von einer erhöhten Warte aus und erkenne, wie du durch ein anderes Verhalten dem Leben mehr hättest geben und die Existenz hättest erleuchten können.
Und nimm wahr, wie einfach das zu erreichen ist.

Hier eine erste, ganz leichte und doch sehr wirksame Übung für den Alltag:

Beginne am Morgen nach dem Erwachen mit dem Aktivieren deines Lichts, indem du einfach des gesamten Lichtes deines Körpers und deiner Energiekörper gewahr wirst.
Bringe alle göttlichen Eigenschaften in dein Gewahrsein, die du für diesen Tag wählen möchtest, beispielsweise Einssein, Liebe, Licht, Mitgefühl, Weisheit, Glückseligkeit und Barmherzigkeit.
Stelle dir den kommenden Tag vor und bringe all diese lichtvollen Eigenschaften in jede Situation, der du im Laufe des Tages begegnen wirst.

1. Damit veränderst du die Energien des Tages.

2. Du lenkst Licht auf deinen Weg, damit es dir leichter fällt, diese Qualitäten zu finden, wenn du sie benötigst.

3. Du öffnest allen niedrigeren Energien einen Raum, worin sie sich in höhere Qualitäten transformieren können.

4. Erinnere dich während des Tages der Eigenschaften, die du für diesen Tag gewählt hast.

Abends vor dem Einschlafen nimmst du dir etwas Zeit, um über den

Tag nachzudenken, und du würdigst jeden Vorfall, in dessen Verlauf du deinem Leben und jenem anderer Menschen mehr Licht hinzugefügt hast.
Dann frage dich: »Gab es eine Situation, wo ich noch mehr Licht und Liebe hätte einbringen können?«
So findest du vielleicht einige Situationen, wo du denkst: »Das war nicht so klug von mir.«
Beschuldige dich dann nicht, sondern stelle dir die Situation nochmals so vor, dass dein Verhalten Liebe enthält. Füge diesen Situationen Licht und andere göttliche Eigenschaften hinzu. Dadurch veränderst du die Energie der Situationen und erhöhst ihr Potenzial.
Je länger du das einmal täglich machst, desto leichter wird es dir fallen, während des ganzen Tages Licht zu sein.
Es wird dir auch immer leichter fallen, dir selbst gegenüber noch liebevoller zu sein.
Stelle dir dann vor, dass sich all deine Beschränkungen, alle deine Belastungen von selbst ablösen und gib ihnen die Erlaubnis, zu gehen.
Gleichzeitig siehst du das Licht deines höheren Selbstes, das von oben in dich herabsteigt und deinen Körper und alle deine Energiekörper erleuchtet.
Erlaube deinen Begrenzungen einfach, sich abzulösen. Du schickst sie mit Liebe fort, indem du ein höheres Potenzial wählst und dich dafür entscheidest, in deinem Alltag ein höheres Licht zum Ausdruck zu bringen.

Es gibt in jeder Situation unendlich viele Möglichkeiten. Wenn ein Weg nicht richtig funktioniert, dann beginne Begrenzungen und Belastungen loszulassen. Erleuchte dich und finde neue Möglichkeiten. Es gibt unendlich viele Wege, in jeder Situation Liebe und Licht zu erfahren. Wähle die höchste Möglichkeit – jene, die dir und der Welt am meisten Licht bringt.
Wenn du dich für die unendlich vielen Wege öffnest und den höchsten wählst, ermöglichst du sie der ganzen Menschheit.
Deine göttliche Essenz – Liebe, Licht und Bewusstsein – ist bis zu einem bestimmten Grad immer da. Wenn du dein Gewahrsein darauf lenkst, verstärkst und vermehrst du sie, machst sie stabiler und strah-

lender, so dass du sie in ihrem höchsten Potenzial benutzen kannst. Das ist der entscheidende Faktor. Nach einiger Zeit wird dieses Licht von jedem Punkt der Existenz aus sichtbar sein.
Es ist ganz so, als ob du Muskeln aufbautest. Wenn du dein ganzes Leben lang nur im Bett liegst, schwindet die Muskelmasse und du hast keine Kraft. Wenn du deine Muskeln hingegen benützt, baust du ihre Kraft auf und du kannst mit ihnen mehr Spaß haben. Je mehr du dein Licht stärkst und stabilisierst, desto mehr Spaß wirst du damit haben. So einfach ist es.
Wenn du einmal diese Lebensweise angenommen hast, wirst du nicht mehr verstehen, wie du dich je hattest anders verhalten können. Wenn du einmal die natürliche Verhaltensweise eines Meisters angenommen hast, Liebe und Licht beizutragen, wirst du feststellen, dass du wahrlich frei bist. Endlich frei.

Merkmale eines Meisters

Im Folgenden sind einige der vielen Verhaltensweisen eines Meisters/einer Meisterin aufgelistet:

Er/sie
fokussiert, was gut funktioniert und was er/sie vermehren möchte;
erschafft Freiheit;
lebt in Integrität;
erschafft Fülle;
erschafft das Paradies;
erschafft göttlichen Frieden;
verschönert das Leben;
unterstützt die Menschheit;
nimmt die gesamte Schöpfung an;
erforscht die Existenz;
akzeptiert reine Lebensenergie;
spielt mit Gott-/Göttin-Energien;
fokussiert die göttliche Essenz;
erfährt vollkommene Glückseligkeit;
teleportiert;

spielt mit intra- und interdimensionalem Reisen;
spielt mit Sofort-Schöpfung und -Manifestation des göttlichen Willens;
entspannt sich in den allerschönsten Energien;
verstärkt die Leuchtkraft der Existenz mit jedem Impuls, jedem Gedanken oder jeder Handlung;
weiß, dass er für alles in seinem Leben ganz allein selbst verantwortlich ist;
akzeptiert sich und seine Rolle im Leben vollkommen;
liebt jeden und erschafft mehr Liebe, indem er einfach Liebe ist
und viele weitere wunderbare Dinge.

Merkmale der Persönlichkeit

Hier sind einige von vielen Verhaltensweisen der Persönlichkeit:

stresst sich;
macht sich Sorgen;
hat vor den meisten Dingen Angst;
glaubt, dass es nicht genug gibt;
verurteilt endlos sich selbst und andere;
beschuldigt andere;
fühlt sich als Opfer;
spielt die Überlegene;
erschafft Beschränkungen;
verletzt sich und andere;
zweifelt an ihren Fähigkeiten;
zweifelt am göttlichen Geist;
zweifelt an allem, was sie gerade getan hat, und verwendet viel Zeit darauf;
aus Angst, nicht die beste Gelegenheit zu finden, tut sie lieber gar nichts;
erwartet, dass es andere für sie tun;
treibt sich vorwärts im Bestreben, sich zu verbessern;
und so weiter.

Wenn du dir diese beiden Listen anschaust und weißt, dass du stets eingeladen bist, ein Meister zu werden, dann fällt dir die Entscheidung sicher leicht, oder?

Meditation

Erforsche dich als Meister

Entspanne dein Gewahrsein, entspanne deinen Körper und erlaube dir, noch tiefer in deinen Körper hineinzusinken, damit du geerdet, anwesend, entspannt und wachsam bist.

Sei deines Lichts gewahr, des Lichts in deinem Körper, des Lichts in deinen Energiekörpern und des Lichts in deinem Lichtkörper.
Stelle dir jetzt vor, dass diese Aspekte deines Lichts miteinander verschmelzen und zu einer flüssigen Lichtform werden – zu einer schwebenden Form flüssigen Lichts.

Und als diese schwebst du sanft hinauf und hinaus.
Je mehr du hinausschwebst, desto mehr verlierst du die Identität der Persönlichkeit und desto mehr trittst du in Harmonie mit Göttlichkeit, Wahrheit, Einssein und mit deiner Seele.

Du reist immer weiter in Richtung eines Ortes, der deine Aufmerksamkeit auf sich zieht.
Vielleicht nimmst du ihn als einen wunderschönen Garten wahr, als einen wunderschönen Lichtort oder als den Tempel der Meister.
Es ist nicht wichtig, wie du ihn wahrnimmst.
Reise einfach auf diesen Ort zu, der deine Aufmerksamkeit auf sich zieht.

Nimm bei der Ankunft ein Gefühl des Nachhause-Kommens wahr – ja, hier gehöre ich hin – in diesen wunderschönen Garten der Meister.

Du schwebst nun als flüssiges Licht in diesen Ort hinein. Während du weiter in diesen Ort hineinschwebst, nimmst du viele Lichtwesen wahr, die dich begrüßen und willkommen heißen – sie heißen dich zu Hause willkommen.
Alle diese Lichtwesen verschmelzen nun ihre Lichter und dein Licht miteinander, so dass ihr alle zu einem einzigen großen Lichtwesen werdet – zu einem großen Meister.

In diesem Licht bist du zu Hause. Du lässt dich von einer Welle des Wohlbefindens durchfluten.
Es ist ein Gefühl von Heimat, ein Gefühl hier zu Hause zu sein, hierher zu gehören. Du erkennst und weißt um Sinn und Zweck dieses Ortes, und du weißt: Wenn ich ein Meister bin, bin ich im Frieden.

Du spürst nun, wie dich ein Impuls durchfließt. Es ist der Impuls zu lieben, die Liebe auszudehnen und die Göttlichkeit zu erforschen.

Stelle dir nun vor, dass du – als dieses große Lichtwesen – die Erde betrachtest. Du siehst die Menschheit, wie sie heute lebt: Sie strebt nach mehr Licht, sie betet um Frieden, sie bittet um Liebe. Einige Menschen sind verzweifelt und einige machen sich unsichtbar.

Als Meister verspürst du nun den Impuls, deine Liebe auf all diese Menschen auszudehnen – dein Licht, dein Bewusstsein, deine göttliche Gegenwart auf all die Wesen auszudehnen, die die Erde bewohnen.

Du stellst auch fest, dass du als Meister keinen Impuls verspürst, diese Menschen zu verändern. Dein einziger Impuls besteht darin, deine Göttlichkeit auszudehnen und noch mehr zu lieben – und diesen Wesen auf der Erde als göttliches Geschenk Licht und ein höheres Bewusstsein anzubieten.

Als Meister ist das dein Impuls: zu lieben.

Du nimmst dir nun die Zeit, dich selbst als Meister mit deinen Impulsen zu erforschen.

Du erforschst, wie du als Meister – als dieses große Lichtwesen – alles und jeden gewahrst und du schließt alles und jeden in deine Liebe ein.

Nun ist es Zeit, zurückzukehren.
Du wirst wieder zu einem individuellen Licht, zu diesem schwebenden Licht.
Als dieses Licht reist du nun zurück zur Erde. Du weißt, dass du jederzeit an jenen Ort zurückkehren kannst und du bleibst mit ihm verbunden.

Nun kehrst du in deinen Körper zurück, wirst zu deinem normalen Selbst und entspannst dich im Innern.
Du nimmst dir Zeit, um dich in deinem Alltag zu erforschen.
Du siehst, wie du dich verändern kannst, damit du besser als Meister leben kannst.

Wenn dir Menschen in den Sinn kommen, die mit dir in einen Machtkampf verstrickt sind, dehne deine Liebe auf sie aus und schließe sie in deine Liebe ein.
Deine Persönlichkeit mag andere korrigieren und ihnen den richtigen Weg zeigen wollen, als Meister hingegen verspürst du nur den Impuls zu lieben.

Finde nun in deinem Alltag Situationen, wo du noch mehr als Meister leben kannst, indem du deine Liebe und dein Licht ausdehnst und jedem die Freiheit lässt, so zu reagieren, wie es ihm gefällt – ohne von dir kontrolliert zu werden.
Du bewegst dich ganz einfach mit der Wahrheit und in Integrität.

Wenn du etwas siehst, das verändert werden muss, dann vollziehst du diese Veränderung in dir und strebst nicht danach, dass sich andere verändern.
Denn sie werden sich erst verändern, wenn sie das wollen, und nicht, wenn du es willst. Als Meister fühlst du dich dabei sicher, denn du weißt, dass man andere nicht zu zwingen braucht. Es steht ihnen frei,

nach eigenem Gutdünken auf deine Liebe zu reagieren – oder auch nicht zu reagieren.

Wenn du wie ein Meister lebst, ziehst du Situationen und Menschen in dein Leben, die dich unterstützen oder dich herausfordern, dieser Meister zu sein.
Deine einzige Antwort darauf ist stets, deine Liebe und dein Licht auszudehnen.
Sobald du in der Außenwelt etwas siehst, was geändert werden muss, nimmst du diese Veränderung in dir selbst vor, statt anderen eine Veränderung aufzudrängen.

Wenn du beispielsweise die Kriege auf der Erde siehst, dann dehnst du deine Liebe zu jedem Menschen aus, der in einen solchen Krieg verwickelt ist.
Statt ihn und sein Verhalten verändern zu wollen, veränderst du dich.
Du findest heraus, welche Veränderung du in dir vornehmen kannst, um Frieden in die Welt zu bringen. Vielleicht kannst du mehr mit dir selbst daran arbeiten, friedlicher zu werden, vielleicht arbeitest du auch aktiv mit dem Seinszustand des göttlichen Friedens, um ihn in die Welt zu bringen.

Wenn du dich über jemanden in deiner Umgebung ärgerst, dann dehnst du deine Liebe auf diesen Menschen aus und fragst dich: »Wie kann ich ihn noch mehr lieben?«
Und du änderst in dir deine Projektionen.

Du lebst bei allem, was du tust, als Meister.
Du dehnst deine Liebe aus und nimmst in dir selbst Veränderungen vor, statt andere ändern zu wollen – das wird für alle die größte Veränderung herbeiführen.

Erforsche nun Situationen in deinem Leben, wo du dich noch mehr als Meister verhalten kannst.

Wenn du zurückkommst, notierst du auf deinem Papier die entsprechenden Situationen, damit du dich daran erinnerst, wenn du in deinen Alltag zurückgekehrt bist.

Fragen und Antworten

Der Meister und sein Arbeitsteam

Würde ich als Meister nur ein Arbeitsteam anziehen, das keine Probleme hat und bei dem sich alles geschmeidig abwickelt?

Du würdest eine Gruppe von Menschen anziehen und sehen, dass in diesem Team alles in Vollkommenheit funktioniert. Diese Vollkommenheit würdest du deshalb sehen, weil es in dir keine Resonanz zu den Problemen gäbe, die in Arbeitsteams normalerweise vorkommen – sie würden dir nichts bedeuten. Du könntest in deiner Liebe bleiben, selbst wenn die Mitarbeiter untereinander streiten.
Meisterschaft bedeutet also nicht, dass in deinem Leben keine Situationen mehr entstehen, wo Menschen Trennung erschaffen. Doch du würdest nicht mehr aus der Persönlichkeit heraus darauf reagieren. Für dich gäbe es keine Probleme mehr. Und du würdest mit jedem Mitarbeiter eine harmonische Beziehung pflegen.

Der Meister als Personalchef

Dann wäre ein Meister wohl ein schlechter Personalchef in einem wirtschaftlichen Unternehmen, weil er keinen feuert, der notorisch zu spät kommt, viele Fehler macht und seine Arbeit nicht richtig ausführt. Der Meister würde diese Menschen nicht entlassen, sondern alles vollkommen finden und sie in seine Liebe hüllen. Ist das so?

So sehen wir das nicht. Als Meister erstreckst du deine Liebe auf den

Menschen, der regelmäßig zu spät kommt und trittst nicht in einen Machtkampf mit ihm ein (»Himmelherrschaft, du bist schon wieder zu spät!«), denn du verstehst sein Zuspätkommen nicht als persönlichen Angriff. Du siehst lediglich, dass dieser Mensch gerne später kommt als du.
Du wirst dich darum fragen: »Wie kann ich eine Situation schaffen, von der beide Seiten profitieren?« Du könntest beispielsweise flexible Arbeitszeit einführen, damit jeder dann kommen kann, wann es am besten in sein Leben passt.
Oder du würdest ihm liebevoll sagen: »Ich sehe, dass du gerne spät kommst. In unserem Unternehmen haben wir aber beschlossen, unsere Sitzungen schon früh abzuhalten. Deshalb meine ich, dass dir ein Arbeitsplatz mit gleitender Arbeitszeit besser dienen würde. Ich bin sicher, dass du einen solchen finden wirst.«
Du würdest also eine Win-Win-Situation erschaffen.

Als Meister in der Gesellschaft leben

Ich empfinde es, jedenfalls anfänglich, als schwierige Aufgabe, als Meister in unserer Gesellschaft zu leben. Die Gesellschaft stützt sich auf drittdimensionale Gesetze. Wenn ich nicht danach funktioniere, bin ich und fühle ich mich entweder ausgeschlossen – oder ich verliere mein Potenzial. Ich glaube, ich würde lieber zuerst in der Wüste üben, ein Meister zu sein, und erst nachher in die Gesellschaft zurückkehren.

Das wäre unserer Auffassung nach keine weise Strategie, denn in der Einsiedelei begegnest du als Meister keinen Schwierigkeiten. Wenn du dich zurückziehst, hast du um dich herum niemanden mehr, auf den du projizieren kannst. Sobald du zur Gesellschaft zurückkehrst, findest du jedoch wieder viele Gelegenheiten dazu.
Genau wie deine persönlichen Veränderungsmöglichkeiten in dir selbst sind, wird sich auch diese dritte Dimension zu den höheren Dimensionen hin entwickeln, wenn du sie innerhalb der Gesellschaft, also von innen heraus, veränderst – und nicht indem du ihr entfliehst.

Natürlich gibt es mehr Herausforderungen, wenn du in der Gesellschaft bleibst. Dadurch gibt es aber auch ein größeres Potenzial. Ihr seid alle hier, um die Gesellschaft von innen heraus zu verändern, indem ihr als Vorbild lebt, und nicht, indem ihr versucht, ihr eine Veränderung aufzuzwingen.
Es ist eine größere Herausforderung, diese Veränderungen innerhalb der Gesellschaft zu bewirken, als in der Wüste oder auf einer Insel als einziger Mensch zu leben. Aber auch das Potenzial ist viel größer.

Der Meister dehnt sein Licht aus

Ist es mir als Meister erlaubt, mehr Licht in Dinge zu bringen, die meines Erachtens mehr Licht benötigen?

Ja, du würdest dein Licht ausdehnen, und alles, was mehr Licht braucht – dunklere Energien – wird davon angezogen, weil es auch das Licht sucht. Du würdest diese dunkleren Kräfte, die deiner Liebe bedürfen, lieben.

Der Meister und die Gewalttat

Wenn ich als Meister sehe, wie eine Frau vergewaltigt wird, wie verhalte ich mich dann?

Dehne deine Liebe auf den Vergewaltiger und auf die Frau aus.
Wir kennen viele Frauen, denen sich ein potenzieller Vergewaltiger näherte und die in einem derart großen Licht und so in Frieden waren, dass sie nicht mit Angst reagierten, sondern mit Liebe.
In all diesen Situationen kam es nicht zur Vergewaltigung.
Du kannst diese Liebe natürlich nicht vortäuschen. Doch wenn sie wirklich da ist, wenn sie authentisch ist, dann bewirkt sie eine Veränderung. Denn es gibt keine größere schöpferische Kraft als die Liebe.

Der Meister und herumtobende Kinder

Wie verhält sich ein Meister oder eine Meisterin zu Hause, wenn die Kinder herumtoben?

Wenn dein Kind schreit, aufgeregt ist oder auf dem Sofa herumhüpft, dann sagst du dir einfach: »Okay, mein Kind hat einen Anfall von ... was immer.« Die Persönlichkeit einer Mutter oder eines Vaters würde sagen: »He! Hör sofort auf damit! Das tut man nicht!« Und: »Ich will, dass du ruhig bist! Ich will, dass du gut bist!«

Doch als Meister kannst du nicht beschließen, dass jemand ruhig oder gut sein soll, auch nicht dein Kind. Du kannst nicht entscheiden, wann dein Kind wütend oder glücklich sein soll. Das liegt allein in der freien Wahl deines Kindes. Wenn es auf dem Sofa herumhüpfen will, dann wird es das tun. Du kannst einzig dafür sorgen, dass es das dann tut, wenn du nicht da bist. Aber das Kind entscheidet für sich selbst.

Als Meisterin erstreckst du in dieser Situation deine Liebe auf dein Kind, und wenn diese Liebe wirklich ernst, authentisch und nicht gespielt ist, wird sich dein Kind beruhigen und sagen: »Oh, jetzt habe ich das Sofa verschmutzt« und wird etwas holen, um das Sofa zu reinigen.

Wenn das Kind unglücklich ist, dann wird es dir sicher nicht leicht fallen, nicht für dein Kind entscheiden zu wollen. Doch wenn du dir dann sagst: »Hier ist mein weinendes und trauriges Kind« und deine Liebe das Kind umfängt, dann entsteht ein Raum für Veränderung – falls dein Kind sie will. Es wird wissen, dass es akzeptiert ist, sich aber nicht verändern muss – sondern sich verändern darf, wenn es will.

Wenn du die Gefühle deines Kindes spürst und sie verändern möchtest, dann drängst du dich in seinen Energieraum – denn nur darum kannst du sie fühlen.

Als Meister oder Meisterin bist du einfach ruhig. Du verspürst keinen Impuls, etwas verändern zu wollen. Als Meisterin hast du keine Gedanken und Gefühle wie: »Oh, das darfst du nicht. Es verunsichert mich, weil ich eine schlechte Mutter bin, wenn sich mein Kind schlecht aufführt.« Mit solchen Vorstellungen begibst du dich in einen Machtkampf, weil du dein Kind dazu bringen willst, dir durch sein

Verhalten zu beweisen, dass du eine gute Mutter bist. Als Meisterin weißt du, dass du die vollkommene Mutter für dieses Kind bist, denn dieses Kind hat beschlossen, bei dir ins Leben zu kommen, und das ist perfekt und Beweis genug.

Der Meister gibt den Kindern, was sie suchen

Wenn aber das Kind beschließt, weiterhin auf dem Sofa rumzuhüpfen, dann benötige ich einen zweiten Job, um neue Sofas erstehen zu können.

Ja, siehst du. In dieser Situation ist genau das dein Problem: »Ich muss ein neues Sofa kaufen; und wo kommt das Geld her?«
Statt dich deswegen zu sorgen, könntest du in deinem Leben einfach Fülle erschaffen.
Jemand anderes würde vielleicht sagen: »Ich hätte gerne Stille, ich möchte meine Ruhe haben; doch die Kinder sind so laut!«
Dann erschaffe dir deinen Raum, wo du diesen Frieden haben kannst.
Du kannst dir auch sagen: »Meine Kinder scheinen gern zu hüpfen. Ich werde ihnen ein Trampolin besorgen.«
Finde heraus, was sie suchen, und gib es ihnen.

Der Meister verändert sich selbst

Welches ist denn nun die Botschaft oder die Projektion, die das Kind aussendet?

Das hängt natürlich vom einzelnen Kind ab. Als Meisterin siehst du nur: Hier ist ein Kind und hier ist ein Raum, der auf Liebe wartet. Du würdest deine Liebe ausdehnen, um sie dem Kind anzubieten.
Deine Persönlichkeit beginnt vielleicht, die Situation auf vielerlei Art zu interpretieren. Wenn das geschieht, dann schreibe deine Interpretationen auf und bringe sie zu dir zurück, wie im Kapitel über die Projektionen beschrieben. Verändere dann deine Projektion und du wirst sie auch für das Kind verändern. Du offerierst ihm diesen Raum.

Du bist der einzige Mensch, der sich gestört fühlt, wenn das Kind einen Anfall hat oder traurig ist, und zwar dann, wenn du selbst traurig bist. Du siehst dieses traurige Kind und dann kommt dein Schmerz hoch. Du willst ihn in dem Kind stoppen, damit du nicht deinen eigenen Schmerz freisetzt. Du kannst nur den Schmerz spüren, den du selbst kennst und mit dem du in Resonanz bist.
Wenn du als Kind oft korrigiert und kontrolliert wurdest, dann verspürst du vielleicht den Impuls, dich gegenüber deinem Kind ebenso zu verhalten. Schau dir das an und verändere es in dir. Das Leben zu Hause wird dann viel einfacher werden.
Solange du nicht sagen kannst: »Hier ist jemand, der Liebe braucht«, ist in dir noch etwas veränderungsbedürftig.

Der Meister und andere spirituelle Techniken

Bis jetzt habe ich immer mit der Violetten Flamme von Saint Germain gearbeitet, um gewisse Situationen zu transformieren oder aufzulösen. Und ich hüllte sie in weißes Licht. Darf ich das weiterhin so machen? Ist das auch als Meister in Ordnung?

Absolut. Du kannst machen, was immer für dich im Moment stimmt. Die Arbeit mit den fünf Schlüsseln widerspricht keinen anderen Methoden, die du anwendest. Die fünf Schlüssel sind Arbeitsmittel für jene, die sich zu Meistern entwickeln, die mit Liebe leben und in jede Situation Liebe und Licht bringen wollen.
Wir möchten nochmals darauf hinweisen, dass es aus dem Blickwinkel eines Meisters kein Positiv oder Negativ gibt. Es gibt nur Situationen, die Liebe benötigen oder die Liebe sind, aber durch mehr Liebe noch besser werden.
Es geht also viel mehr darum, was du willst und was du nicht willst, als um positive und negative oder gute und schlechte Situationen.

Der Meister lädt das höchste Potenzial ein

Ich kann manche Ereignisse schon eine Woche im Voraus fühlen. Kann ich mit Liebe arbeiten, um ihren Verlauf zu verändern?

Wenn du deine Liebe ausdehnst, dann lädst du das höchste Potenzial ein, was immer das in diesem Fall ist. So werden sich manche Situationen vielleicht verändern und manche nicht.

Der Meister sagt seine Wahrheit klar

Auch als Lichtarbeiter kommt in uns manchmal etwas hoch, obwohl wir oft das Gefühl haben, wir müssten sanft und liebevoll sein. Wieso können wir als Lichtarbeiter nicht auch manchmal sagen: »Scheiße, das pisst mich an?« Wenn ich es tue, habe ich ein schlechtes Gewissen.

Niemand sagt, du dürfest das nicht sagen. Du kannst sagen, was du willst.
Bei schlechtem Gewissen weißt du ja, was zu machen ist: Liebe dich selbst. Du bist es, die sich ein schlechtes Gewissen macht.
Je mehr du dich in die Meisterschaft hinein entwickelst, desto klarer wirst du dich ausdrücken. Du wirst deine Wahrheit sagen und anderen deine Wünsche mitteilen können, ohne ihnen zu sagen, wie sie sich verhalten müssen, ohne sie zu beschuldigen oder sie kontrollieren zu wollen. Sag einfach, was du siehst und wie du es haben willst.
Wenn du dich klar ausdrückst, fühlen sich einige Menschen vielleicht beleidigt. Dennoch ist es die einzige Möglichkeit. Dadurch schaffst du den Raum für immer mehr Veränderung. Denn wenn du klar sagst, was du willst, ohne andere durch ein Kontrollverhalten einzuschränken, schaffst du einen offenen Raum für neuen Input, der die Situation zu lösen hilft.

Der Meister und die Astrologie

Wie kann ich als Meister leben, wenn Pluto in Konjunktion zur Sonne ist? Es beeinflusst sich ja alles gegenseitig. Ich weiß nicht, ob ich das richtig gesagt habe, weil ich keine Astrologin bin.

Auch die Astrologie ist ein Glaubenssystem, demzufolge ihr auf eine bestimmte Weise beeinflusst werdet, wenn gewisse Sterne und Planeten eine bestimmte Konstellation bilden. Würdest du Astrologie studieren, könntest du erkennen, dass diese Konstellationen nur einen Einfluss auf Menschen haben, die nicht in ihrer Kraft sind.
Wenn du in deine Meisterschaft hineingehst, dann sind es für dich lediglich von Sternen und Planeten ausgehende Energien, die sich auf bestimmte Art bewegen. Du bewegst dich mit diesem energetischen Fluss, doch du hast auch deine eigene Bewegung, und du allein befindest darüber.
Man kann es so sagen: Die Astrologie kann Menschen, die am Anfang ihres Wachstumswegs stehen, Hinweise geben, damit sie sagen können: »Nun, für dieses Ereignis gibt es einen Grund.« Dann fällt es ihnen leichter, etwas zu verändern.
Als Meister bist du im Jetzt und lenkst den Fluss mit deinem Gewahrsein. Je mehr du deine Meisterschaft entwickelst, desto weniger werden dich irgendwelche Konstellationen beeinflussen. Auch die Konstellationen der politischen Führer der Erde werden dich nicht beeinflussen. Bei ihnen ist es dasselbe: Es sind einfach Energien, die von ihnen ausgehen und sich in einer bestimmten Richtung bewegen. Auch dies sind lediglich Bewegungen.
Damit sagen wir, dass du nie ein Opfer bist, das von Planeten regiert wird. Diese mögen dich so lange beeinflussen, wie du noch unbewusster bist, und auch dann nur, wenn du in Resonanz bist. Wenn beispielsweise jemand viel Aggression in sich trägt und mit einer bestimmten Konstellation in Resonanz steht, dann könnte er behaupten: »Deshalb bin ich jetzt aggressiv.« Aber du wirst nur wegen dir selbst aggressiv.
Wenn du deine Meisterschaft entwickelt hast, gibt es nichts dergleichen. Dann gibt es keine Resonanz für noch mehr Schwierigkei-

ten wegen einer bestimmten Sternenkonstellation. Es ist bloß eine Energie.

Der Meister und Feng Shui

Gilt dasselbe für Feng Shui?

Ja, natürlich. Wenn du dich wirklich in die Meisterschaft hinein entwickelst und zu einem kraftvollen Schöpfer wirst, dann erschaffst du dir deinen eigenen Raum.

Die Energien um dich herum haben nur Einfluss auf dich, wenn du nicht in deinem eigenen Energieraum bist. Du kannst deinen eigenen Energiefluss erschaffen. Es gibt keine Gesetze, wonach du eine Pflanze in eine bestimmte Ecke des Zimmers setzen musst, um einen guten Energiefluss zu erreichen.

Auch Feng Shui ist ein Glaubenssystem, aufgrund dessen du dir sagen kannst: »Wenn ich die Pflanze dorthin setze, dann ist es besser.« Dadurch beschließt du, dass es besser ist. Diese Absicht erschafft es. Deshalb kann das für viele sehr gut sein.

Bitte versteh, dass wir damit nicht sagen, das gewisse Dinge richtig oder falsch sind, sondern nur, dass du die Energie mit deiner Absicht lenkst und du aufgrund deiner Absicht jegliche Energie und jeglichen Energiefluss nach deinem Belieben erschaffen kannst, wenn du es bewusst tust.

Du entscheidest, und deine Entscheidungen lenken dein Gewahrsein. Das Leben ist jedoch einfacher, wenn du alles zur bewussten Ebene hochhebst, damit du sehen kannst, wofür du dich entschieden hast und dich wirklich nur noch für das entscheidest, was du willst.

Hier handelt es sich also fast um einen Aufstieg in sich selbst – das Unterbewusste und das Unbewusste steigen zum Bewussten auf, oder das Bewusste steigt zum Unterbewussten oder Unbewussten ab, damit sie bewusst werden.

Kapitel 3

Der erste Schlüssel: Fokus

Was du fokussierst, das erschaffst du

In diesem Kapitel führen wir dich in dein kraftvollstes schöpferisches Zentrum ein: den Fokus. Du erfährst, was der Fokus beim Menschen auf der Erde und was er auf anderen Seinsebenen ist, denn es gibt mehrere Arten von Fokus. Es ist unser Ziel, dass du nicht nur die Wirkungsweise des Fokusses sehr gut begreifst, sondern ihn auch bewusst zu aktivieren und zu lenken lernst.
Wenn du bewusst mit dem Fokus zu arbeiten beginnst, bist du auf dem Weg zur Meisterschaft. Der Fokus ist ein ganz wichtiges Instrumentarium deines meisterlichen Schöpfertums. Damit kannst du alles erschaffen, was du willst. Vorläufig erschaffst du mit ihm unbewusst vieles, das du nicht willst.

Den Auftakt zu den weiteren Erläuterungen bildet ein kurzer und prägnanter Merksatz:
Was du fokussierst, das erschaffst du!
Er benennt die Grundlage allen schöpferischen Geschehens – ein ewiges, universelles Gesetz.
Präge dir diesen Merksatz darum ein, bis er dich mit ganzer Kraft durchdrungen hat. Wir werden ihn im Verlaufe des Buches noch bei verschiedenen Gelegenheiten wiederholen.
Er bedeutet, dass schöpferische Energie dorthin fließt, wo deine Aufmerksamkeit und dein Gewahrsein sind. Nach diesem Schöpfungsprinzip wurde die gesamte Existenz, wurden Universen, Planeten, Sterne und alle Wesen erschaffen. Entsprechend erschaffst auch du

mit deinem Fokus beständig deine eigene Wirklichkeit. So war es schon immer, so ist es immer, und so wird es immer sein. Denn so bist du ganz einfach beschaffen. Du warst und bist in jedem Augenblick deines Seins ein Schöpfer und kannst nicht frei entscheiden, ob du es so haben willst oder nicht; du kannst deinen Fokus nicht beliebig anschalten und abstellen. Lenken hingegen kannst du ihn.
Darum ist es letztlich das Alpha und Omega des meisterlichen Gebrauchs deiner schöpferischen Kraft, dass du, wie schon eingangs betont, deinen Fokus bewusst zu lenken lernst und nur das fokussierst, was du erschaffen und in deinem Leben und für die ganze Menschheit manifestiert sehen willst. Da du Teil des Ganzen bist, erschaffst du niemals nur für dich allein. Davon wird im Verlaufe der folgenden Kapitel wiederholt die Rede sein.
Wie schon erwähnt, gibt es verschiedene Arten von Fokus. Zunächst einmal musst du zwischen dem Fokus der Persönlichkeit und dem Fokus des Lichtkörpers unterscheiden. Mit diesen beiden Fokus-Arten lenkst du unterschiedliche Schöpfungsenergien in das, was du fokussierst.

Der Fokus der Persönlichkeit: Gefühle und Gedanken

Der Fokus der Persönlichkeit besteht im Wesentlichen aus Gedanken und Gefühlen sowie dem allgemeinen Gewahrsein der Persönlichkeitsebene. Da es dabei gleichgültig ist, ob das allgemeine Gewahrsein bewusst, unterbewusst oder unbewusst ist, wird es immer wichtiger, dass du den Inhalt deines unterbewussten und unbewussten Gewahrseins zu erkennen beginnst, damit du deinen Fokus von allem abziehen kannst, was nicht deinen bewussten Zielen entspricht.
Auf der Persönlichkeitsebene erschaffst du dir deine Wirklichkeit entsprechend des Gehalts deiner Gedanken und Gefühle.
Wo immer der Fokus deiner Persönlichkeit ist, dort schickst du Gefühls- und Gedankenenergien hin. Die entsprechenden Energien entnimmst du der riesigen Energieform, die die Menschen im Laufe ihrer Geschichte rund um den Planeten aufgebaut haben. Aus dieser riesigen Energieform leitest du Gefühls- und Gedankenenergien durch deinen Emotional- und deinen Mentalkörper und lenkst sie weiter in

das, was du fokussierst – in deine Projektion, die wir im nächsten Kapitel näher betrachten werden. So erschaffst du für dich und für andere Menschen mehr von dem, womit du dich gerade befasst.

Für die Manifestation einer Energieform gilt ein ganz einfaches Prinzip: Je mehr Energie sie bekommt, desto größer ist die Wahrscheinlichkeit, dass sie sich in deiner oder in der Wirklichkeit anderer Menschen manifestiert.
Du kannst dir somit unschwer vorstellen, was geschieht, wenn ein Mensch seine Gefühle und Gedanken ständig um dieselben Sorgen und Ängste kreisen lässt: Er erschafft sich davon noch mehr.
Es wird auch klar, was geschieht, wenn sich allabendlich Millionen von Menschen dieselben Kriegsnachrichten, Konflikte, Machtkämpfe, Dramen, Thriller, Horror- und Actionfilme und dergleichen anschauen: Mit ihren Gedanken und Gefühlen energetisieren sie diese Themen so stark, dass noch mehr der entsprechenden Gedankenformen, noch mehr dieser Konflikte entstehen und Wirklichkeit werden.
Das bedeutet ganz konkret, dass beispielsweise ein Amoklauf auf einer Energieform beruht, die zuvor von vielen Menschen gemeinsam erschaffen wurde. Klinkt sich nun ein aus irgendeinem Grund destabilisierter Mensch in diese Energieform ein, dann dreht er durch und bringt sie in die Wirklichkeit. Er erschafft diese Erfahrung also nicht allein, sondern ganz viele Menschen wirken zusammen, indem sie vorher die entsprechende Energieform erzeugen.
Entsprechend können viele Menschen gemeinsam natürlich auch die Energieform »Frieden« erschaffen und energetisieren.

Es könnten hier zur näheren Veranschaulichung dieses Vorgangs viele weitere Beispiele aufgeführt werden. Viele davon findest du in den Kapitelabschnitten, wo wir Fragen beantworten. An dieser Stelle genügt es vorerst, dass du das grundlegende Prinzip begreifst und deine unglaubliche schöpferische Kraft erkennst.
So kannst du nun auch besser verstehen, warum du lernen sollst, deinen Fokus auf das zu lenken, was du liebst und was du in deinem Leben verwirklicht sehen möchtest, statt auf das, was du nicht liebst und vermeiden möchtest.

Das gilt ausnahmslos für alles, zum Beispiel auch für das Ergründen und Erforschen, das Analysieren und Besprechen einer bestimmten Situation oder Erfahrung. Mit der Energie, die du dabei automatisch dorthin lenkst, erschaffst du diese Situation entsprechend deiner Vorstellungen – das heißt entsprechend deiner Glaubenssysteme – immer wieder neu.

Entwickle nun aber keine Schuldgefühle, wenn du mit einem Freund etwas Bestimmtes besprechen oder dir im Fernsehen ein gefühlvolles Drama ansehen möchtest. Die Vorstellung, etwas unterlassen zu müssen, lässt dich aus Angst heraus agieren, und das ist nicht schöpferisch. Bremse dich nicht, sondern lerne ganz einfach, nur noch das zu fokussieren, was du wirklich liebst und in deinem Leben sehen möchtest. Dann beginnst du, deine schöpferische Kraft ganz bewusst zu nutzen.

Wenn du deine Gedanken bemeisterst, kannst du deine Wirklichkeit aktiv verändern beziehungsweise jede beliebige Wirklichkeit erschaffen. Dafür wählst du ganz einfach Gedanken, die deinem Wunschbild entsprechen. Sobald du einen Gedanken hast, der nicht deinem Wunschbild entspricht, neutralisierst du ihn mit der Kraft deiner Absicht. Mit einiger Übung kannst du mit dieser simplen Technik großartige Ergebnisse erzielen.

Viele Lichtarbeiter haben durch Bücher und in Seminaren dieses bewusste Arbeiten mit den Gefühls- und Gedankenenergien kennengelernt. Sie haben geübt, das Erwünschte als Vision festzuhalten und mit starken Gefühlen zu energetisieren. Und sie haben gelernt, ihre Gedanken zu verändern, wenn sie eine bestimmte Wirklichkeit verändern wollen. So konnten sie real erfahren, wie sie und dass sie ihre Wirklichkeit verändern können. Das war für sie ein wichtiger Schritt in ihrem persönlichen Wachstum.

Hast du diesen Wirkmechanismus einmal begriffen, kannst du aktiv wählen, ob du auf der Erde mehr Illusionen oder mehr Wahrheit und Liebe erschaffen willst. Gegenwärtig wird auf der Erde ebenso viel Illusion wie Wahrheit erschaffen.

Du kannst also mitentscheiden, welchen weiteren Verlauf die Menschheitsgeschichte nehmen soll.

Der Fokus des Lichtkörpers: Das Zentrum der göttlichen Kreativität

Meister arbeiten nicht mit dem soeben geschilderten Fokus. Sie arbeiten nicht mit Gefühls- und Gedankenenergien, denn diese sind Teil der illusionären Wirklichkeit.

Auf dem Weg zur Meisterschaft befreist du dich allmählich davon und hörst schließlich auf, Gefühle und Gedanken durch den Emotional- und den Mentalkörper hindurchzuleiten. Dein Mental- und dein Emotionalkörper werden still, was eindeutig das Ziel des Aufstiegsvorgangs ist. Denn erst, wenn diese Energiekörper still sind, kann deine Seele durch sie hindurch in deinen physischen Körper eintreten. Dann bist du permanent in göttlichen Seinszuständen – du bist Frieden, bist Liebe, bist Freude, bist Weisheit und so weiter. Göttliche Seinszustände sind permanente Seinszustände.

Bei den *Fünf Schlüsseln zur Meisterschaft* arbeitest du also nicht mit den Gefühls- und Gedankenenergien, die von außen aus dem planetaren Energiefeld hereingeholt werden. Meister arbeiten mit ihrer eigenen Kraft, und zwar mit der Kraft des Fokusses ihres Lichtkörpers.

Der Fokus des Lichtkörpers muss erst erweckt werden. Dieser Vorgang setzt ein, wenn deine Energiefelder allmählich an Licht und Strahlkraft zunehmen. Dieses wiederum geschieht, wenn du deine illusionären Gedanken und Gefühle loslässt, dein Leben sich zu einem Leben in Liebe und für die Liebe entwickelt und du deine Vorstellung von dir selbst als Energie und Licht erweiterst.

Wenn du bewusst mit Licht arbeitest, wird das Licht deiner Energiefelder immer stärker, wodurch du in den höheren Dimensionen sichtbar wirst. Das heißt: Du wirst dort wahrgenommen. Damit signalisierst du den höheren Dimensionen, dass du bereit bist – bereit für die Verstärkung deiner schöpferischen Kraft, bereit für die Aktivierung des Fokusses in deinem Lichtkörper.

Dein Lichtkörper ist nicht dasselbe wie deine Energiekörper. Er ist eine Lichtstruktur, die deinen Körper dreißig bis fünfzig Meter weit umgibt. Diese Struktur ist eine Projektion der Quelle und dient dir als Vehikel, das du mit jeglicher göttlichen Energie füllen kannst. Das zunehmende Licht in deinen Energiefeldern wird natürlich auch von der Quelle wahrgenommen, und sie beginnt, mit ihrem Fokus deinen Fokus zu aktivieren und zum Leben zu erwecken. Der Fokus der Quelle ist eine Lichtstruktur, worin sich ihr ganzes Licht in einem Punkt bündelt und von wo es wieder wegbricht. Wenn die Quelle diesen Punkt zu einer Projektion hinlenkt, dann sendet sie ihre schöpferische Kraft dort hin.

Wenn die Quelle dein stärker werdendes Licht gewahrt, lenkt sie Licht zum Fokus in deinem Lichtkörper und aktiviert diesen. Dieser Fokus ist ein klar identifizierbares und definierbares Zentrum und befindet sich im Bereich der Sexualzentren. Bei Frauen ist es gleich über der Gebärmutter oder dort, wo die Gebärmutter war, falls sie entfernt wurde, bei Männern auf derselben Höhe, aber etwas weiter in Richtung Wirbelsäule.

Dieser Fokus ist dein kraftvollstes und schöpferischstes Zentrum auf dieser Stufe, weshalb er auch »Zentrum der göttlichen Kreativität« genannt wird. Es ist winzig klein – eine unendlich kleine Lichtkugel, die du nicht sehen kannst. In ihr treffen alle Lichtstrahlen zusammen, die du in deinen Energiefeldern bereits aktiviert hast. Es sind Millionen von Lichtfäden, die im allerkleinsten Punkt in der Mitte der Lichtkugel gebündelt werden. Von dort brechen die Lichtstrahlen weg und werden wie ein Suchlicht überall dorthin gelenkt, wo dein Gewahrsein ist – ob bewusst, unbewusst oder unterbewusst.

Je mehr du mit Licht arbeitest, desto stärker wird dein Zentrum der göttlichen Kreativität. Es ist wie bei einem Muskel, den du aufbaust, indem du regelmäßig damit arbeitest. Und je mehr du mit diesem kraftvollen Punkt und seiner Energie arbeitest, desto besser spürst du ihn auch. Dabei kannst du dort anfänglich sogar einige Krämpfe verspüren.

Bei der Arbeit mit diesem Zentrum wirst du es oft auch ausdehnen, wodurch es noch mehr Kraft bekommt. Zudem schickt die Quelle immer mehr Licht von ihrem zu deinem Fokus und durch diesen auf die Erde, damit von dem Licht und der Liebe, die du in zunehmendem Maße bist, immer mehr zur Erde fließt. So verstärkt sie deine schöpferische Kraft, wodurch deine Projektionen, deine Bilder, zum Leben erwachen. Das heißt, dass du nun beginnst, deine schöpferischste Energie in alles hineinzustrahlen, was du projizierst und gewahrst. Auch das ist ein automatischer Vorgang, und du kannst ihn nicht kontrollieren.

Lichtarbeiter erschaffen rascher

Im Unterschied zu Menschen, die nur mit Gedanken- und Gefühlsenergien erschaffen, können Menschen, deren Fokus im Lichtkörper schon erweckt ist, viel rascher und unmittelbarer manifestieren, denn von den göttlichen Ebenen fließen viel mehr und viel stärkere schöpferische Energien direkt in ihren Fokus. Die Lichtarbeiter haben dadurch auch einen sehr viel stärkeren Einfluss beim Erschaffen von Bildern. Wenn sie weiterhin Ängste nähren und angstbestimmte Dinge wie Thriller, Krimis und menschliche Dramen in ihrem Gewahrsein halten, werden sie diese Gedankenformen für sich und die Menschheit in hohem Maße energetisieren, denn der Fokus des Lichtkörpers wird automatisch auf alles gelenkt, was die Persönlichkeit fokussiert. Der Lichtkörperfokus ist ganz einfach so beschaffen: Er folgt beständig dem Fokus der Persönlichkeit. Lichtarbeiter haben darum eine große Verantwortung und es wird immer wichtiger, dass sie besonders darauf achten, was sie energetisieren.
Letztlich gilt es zu lernen, ununterbrochen einen klaren Fokus zu halten. Wir haben beobachtet, dass viele Probleme der Menschheit von fehlgelenkten Energien der Lichtarbeiter bewirkt werden, weil diese die volle Kraft ihres Fokusses noch nicht richtig begriffen haben.
Dies ist wahrscheinlich einer der herausforderndsten Punkte für die erwachenden Lichtarbeiter. Und es ist ebenso herausfordernd für sie, sich selbst dann zu lieben, wenn ihr Fokus weggeglitten ist.
Hier gilt, was vorher schon beim »ursprünglichen« Fokus gesagt wurde: Lasst ab von Schuldgefühlen, falls ihr euer Gewahrsein auf Dinge gerichtet habt, die ihr gar nicht energetisieren wolltet. Fürchtet euch nicht vor eurer Schöpferkraft. Lernt ganz einfach, immer konstanter nur jene Dinge in eurem Gewahrsein zu halten, die ihr energetisieren und erschaffen möchtet.

Nun fällt es jedem Menschen und wohl auch dir anfänglich etwas schwer, ständig klare Gedanken zu haben, denn das Unterbewusst-

sein spult andauernd seine Programme ab und diese enthalten oft etwas anderes als die Ziele eines Lichtarbeiters.
Unser Rat an dich ist, dass du dir als ersten Schritt deutlicher bewusst machst, wo dein Persönlichkeitsfokus und wo dein Lichtfokus ist. Ziehe dann mit Hilfe deiner Absicht deinen Lichtkörperfokus von deinen Gedanken und Gefühlen oder deinem allgemeinen Gewahrsein zurück, sobald du merkst, dass sie sich mit Dingen befassen, von denen du nicht noch mehr manifestiert sehen oder sie wenigstens nicht mit derart großer Kraft erschaffen möchtest.
Achte darauf, dich nicht als Opfer deines Unterbewusstseins zu betrachten. Wie alle anderen bist du hier, um Meister zu sein. Liebe diese kraftvolle Energie, die du bist, und liebe auch dein Dasein auf der Erde. Höre auf, dich über dein Unterbewusstsein zu ärgern, denn das hilft nichts. Mache es dir einfach und liebe alles, was du bist. Du hattest dich einst für diese Programme entschieden, weil sie dir für deinen Weg als zweckdienlich erschienen. Jetzt, da du dich veränderst, kannst du auch diese Programme ändern. Das geht so einfach wie das Ändern von Programmen auf deinem Computer: Du löschst und entfernst alte Programme und installierst solche, die deinen Zielen entsprechen.
Nach dem Meditieren ist es besonders wichtig, dass du deinen Fokus bewusst lenkst. In Meditationsgruppen zum Beispiel erhältst du sehr kraftvolle Energien. Wenn du danach nach Hause gehst, hast du dieses Licht weiterhin um dich herum, weshalb es dann ganz besonders wichtig ist, dass du den Fokus auf das richtest, wovon du auf der Welt mehr sehen willst.
Das, was du fokussierst, wird nicht immer für dich selbst zur Wirklichkeit – aber für irgendjemanden, der damit in Resonanz ist, wird es zur Wirklichkeit werden. Und nicht alles, was du energetisierst, wird in deinem Leben sofort wirklich werden. Aber du schickst jedem deiner Bilder Energie, und wenn massenhaft andere Menschen ähnliche Bilder haben, kann diese Energieform so stark werden, dass irgendein Mensch sich einklinken und sie in die Wirklichkeit bringen kann.
Das bedeutet auch, dass viele Menschen, die zusammen meditieren, mit bewusster Wahl und Absicht eine riesige neue Energieform erschaffen können, die sich dank ihrer Kraft viel leichter verwirkli-

chen kann. Große Gruppenmeditationen können einen sehr großen Einfluss auf die Erde und das Erdgitter haben.
Darum einmal mehr: Dein Zentrum der göttlichen Kreativität ist so beschaffen, dass es den Fokus auf alles lenkt, dessen du bewusst, unterbewusst oder unbewusst gewahr bist. So gibst du ihm deine Energie. So funktionierst du, sobald du dein Licht aktivierst. Du kannst es nicht stoppen.

Der Fokus der Seele: Energie für den schöpferischen Plan

Auf der Stufe der Seele ist der Fokus jener Punkt, an dem sich ihr gesamtes Licht bündelt. In diesem Punkt hast du als Seele Zugang zu allen göttlichen Seinszuständen und du bist mit dem Licht der Quelle direkt verbunden. Das bedeutet, dass der Seelenfokus nur das erschafft, was für diese Schöpfung geplant ist. Deine Seele ist sich ihres Fokusses vollkommen bewusst, und sie lenkt ihn einzig auf das, was im schöpferischen Plan vorgesehen ist. Du kannst den Seelenfokus also nicht von der Erde aus lenken. Hingegen kannst du die beiden Fokusse, über die du auf der Erde verfügst, auf den Seelenfokus ausrichten. So kannst du beginnen, dir ein von der Seele durchdrungenes Leben zu erschaffen und dich auf den höchsten Plan auszurichten. Beachte aber, dass dich das nicht der Verantwortung entbindet, in deinen beiden Erdenfokussen eine klare Energie zu halten. Vielmehr wird deine Verantwortung noch viel größer, weil du deine Seelenenergie einbringst.
Es gibt auch noch einen Fokus des höheren Selbstes. Diesen hier zu erläutern, würde jedoch eine genauere Erklärung des Wesens des höheren Selbstes und der holographischen Wirklichkeit erfordern, was nicht Thema dieses Buches ist.
Der Fokus ist eng verbunden mit dem zweiten Schlüssel, der Projektion, der im folgenden Kapitel besprochen wird. Die Wirksamkeit der Arbeit mit dem Fokus hängt zentral mit dem Inhalt deiner Glaubenssätze – deiner Projektionen oder Bilder der Wirklichkeit – zusammen. Wenn du beispielsweise Weltfrieden miterschaffen möchtest, ist es wichtig, dass keines deiner Glaubenssysteme diesem Ziel widerspricht. Frieden wird auf diesem Planeten erst dann erschaffen, wenn die Men-

schen so sehr daran glauben und einen so starken Fokus auf diesen Glauben lenken und ihn auch leben, dass er zur Wirklichkeit wird.
Frieden wird erschaffen, wenn du Frieden lebst, wenn du Frieden liebst und in jeder Situation Frieden wählst. Wenn du deinen Fokus zum Beispiel häufig auf Gewaltberichte und -filme in den Massenmedien lenkst, läuft das der Verwirklichung dieses Ziels zuwider.
Wohl möchten viele Menschen annehmen, sie könnten sich alles im Fernsehen anschauen, ohne dadurch den Planeten zu beeinflussen. Sie tun es aber. Ihr könnt euch Medienbeiträge nur dann anschauen, ohne Energie hineinzugeben, wenn ihr sie von der Seelenebene oder von darüber liegenden Ebenen aus anschaut. Als Seele habt ihr die Kontrolle über den Fokus.

Das Erschaffen mit dem Fokus

Die Grundtechnik für das Arbeiten mit dem Fokus ist ganz einfach: Wenn du in deinem Leben etwas Bestimmtes erschaffen möchtest, dann nimmst du es klar in dein Gewahrsein, bringst es in deinen Fokus und energetisierst es dort. Was immer du manifestieren möchtest, wird zu dir kommen, wenn du es dann loslässt und nicht genau festlegst, wann es zu dir kommen soll. Öffne einfach einen Raum, um es zu empfangen. Wenn du vertraust, dann kommt es.
Je nachdem, was du erschaffen willst, wirst du es kürzer oder länger im Fokus halten müssen. Damit deine Kreationen in dieser Dimension wahr werden können, müssen, ganz allgemein gesagt, größere Dinge mehr Energie erhalten als kleinere.
Am besten gehst du so vor:
Du entspannst dich, zentrierst dein Gewahrsein und dehnst mit deiner Absicht oder mit der Hilfe deiner Seele deinen Fokus mehr und mehr aus, bis er dich als riesiger Kokon aus Millionen von Lichtfäden umgibt. Sieh dich selbst im Zentrum dieser Lichtfäden. Sei einfach als Ganzes in deinem Fokus.
Bringe sodann das, was du auf der Erde und in deinem Leben erschaffen möchtest, in den Fokus und halte es dort einige Minuten lang fest.
Damit energetisierst du es und es kann sich verwirklichen.

Wenn es nicht sofort klappt

Du wirst anfänglich merken, dass dir das Erschaffen gewisser Dinge schwerer fällt. Wie wir schon erwähnten, hängt das unter anderem von der Menge an Energie ab, die ein Ziel benötigt.
Wenn du dir hohe Ziele steckst, wirst du sie erst erschaffen können, wenn du die Energie für das Erschaffen dieses Ziels halten kannst.
Wie weißt du, ob du die Energie eines Ziels halten kannst? Zunächst einmal dadurch, dass du dir dieses Ziel vorstellst und dann in dir nachforschst, wie realistisch es sich anfühlt.
Nehmen wir einmal an, du wolltest eine Million Euro erschaffen. Wie wirklich kommt dir dieser Betrag vor, wenn du in dir nachforschst? Ist es deine volle Wahrheit, dass du diese Geldsumme bekommen kannst? Oder fühlt sie sich zu groß an?
Wenn du es dir nicht vorstellen kannst, ist die Summe zu groß und du kannst sie dir nicht erschaffen. In diesem Fall ist es besser, mit kleineren Summen zu beginnen, die du dir leichter vorstellen kannst.
Hast du dir den kleineren Betrag einmal erschaffen, wächst dein Vertrauen, so dass du dir auch einen größeren vorstellen kannst. So kannst du schrittweise weitergehen und dein Ziel ausbauen.
Wenn du Weltfrieden miterschaffen willst, dann spüre nach, wie wirklich sich das für dich anfühlt. Wie friedvoll bist du in deinem Alltag? Wie gelingt es dir, in jeder Situation die Energie des Friedens zu halten? Wenn ihr alle eure Fähigkeit ausbaut, Frieden zu sein, dann wird er sich allmählich auf der Erde manifestieren.
Es gibt noch einen weiteren Grund dafür, dass viele Lichtarbeiter ihre Ziele nicht erreichen können. Er hat mit der Tatsache zu tun, dass viele Lichtarbeiter nicht gerne auf der Erde sind und das Leben nicht lieben. Wenn du mit deinen Gedanken lieber in den spirituellen Dimensionen herumhängst, statt das Leben auf der Erde zu leben, dann dürftest du Schwierigkeiten haben, das von dir Erwünschte zu erschaffen. Denn erst, wenn du die Energie dessen, was du dir wünschst, in deinen Körper auf der Erde bringst, kannst du die Dinge in dieser Wirklichkeit erschaffen. Viele Lichtarbeiter haben in den höheren Dimensionen zahlreiche Dinge erschaffen, die sie auf die Erde bringen möchten. Doch weil sie diese Energie nicht hierher

bringen können, manifestieren sich diese Ziele nicht in der dritten Dimension. Das wird sich erst ändern, wenn ihr alle gerne auf der Erde lebt und euren wunderbaren Körper annehmt. Ihr könnt dieses Problem in kleinen Schritten ändern. Bringt dem Leben auf der Erde und der Schönheit des Planeten täglich mehr Wertschätzung entgegen. Verschafft euch einen Grund, um auf der Erde zu sein, indem ihr euch ein wunderbares Leben einrichtet. Seht die kleinen Wunder des Lebens und schätzt sie. Eure Ziele werden wahr, wenn ihr liebt und schätzt, was ihr auf der Erde seid. Findet einen Weg, um euch selbst täglich immer mehr zu schätzen. Es gibt natürlich noch viele andere Gründe, weshalb es anfänglich schwierig sein kann, gewisse Dinge zu erschaffen. Ein Grund etwa ist, dass ihr glaubt, es *sei* schwierig.Mit solchen Glaubenssystemen befassen wir uns im folgenden Kapitel.

Meditation

Deine Seele zeigt dir, was dir in deinem Leben dienen würde

Entspanne dich nun und stelle dir vor, dass deine Seele in dich, in deinen Körper auf der Erde herabsteigt. Deine Seele ist ein riesiges, göttliches Wesen.
Sie wurde aus göttlicher Essenz erschaffen – aus Liebe, Licht und Bewusstsein.
Wenn du nach diesem Teil deiner selbst, nach deiner Essenz greifst, dann erschaffst du für dich und die Welt noch mehr davon – noch mehr Liebe, Licht und Bewusstsein.
Während sie zu dir herabsteigt, wird dein Atem immer entspannter, offener und fließender, nährender.
Und du bist vollkommen im Frieden.
Du brauchst nichts zu tun.
Entspanne dich einfach in der Gegenwart deiner Seele.
Spüre die grenzenlose Liebe deiner Seele, das schöne Licht und das riesige Bewusstsein.

Entspanne dich nun weiter und lasse dir von deiner Seele zeigen, wo sich in deinem Körper der Fokus befindet – ein unglaublich kleiner Lichtpunkt, wo alles Licht nach innen zu jenem Punkt der Kreativität strahlt. Das ist dein Fokus.

Stelle dir nun vor, dass deine Seele diesen Fokus der göttlichen Kreativität, diese Lichtkugel ausdehnt, bis sie dich vollkommen umgibt und du genau in ihrer Mitte, im innersten Punkt sitzt.

Du bist nun von einer riesigen Kugel umgeben, worin Millionen und Abermillionen von Lichtfäden nach innen in deine Richtung strahlen, so dass du vom Licht deiner Seele erleuchtet wirst.
Du badest in deiner eigenen Kreativität, öffnest dich für deine eigene Kreativität und entspannst dich in deiner eigenen Kreativität.
Du spürst, wie leicht du dich fühlst, wenn du loslässt, wenn du dich dir selbst, deinem höchsten Potenzial hingibst.

Du badest in diesem Licht und lässt dir nun von deiner Seele einige Situationen aufzeigen – Beziehungen oder Dinge – die du dir erschaffen könntest, weil sie dir in deinem jetzigen Leben dienlich wären.
Lass einfach los und lass dir von deiner Seele zeigen, welche Schöpfungen dir in deinem Leben nützlich wären. Vielleicht mehr Frieden, mehr liebevolle Beziehungen oder andere Dinge, die für deine Seele von Interesse sind und die dein Leben und das Leben anderer Menschen liebevoller, fließender und schöner gestalten würden.

Nimm diese Dinge, die dir deine Seele aufzeigt, vollkommen in dein Gewahrsein.
Sei dir der Dinge, die dein Leben erleichtern würden, vollkommen bewusst.
Während du sie in deinem Gewahrsein hältst, baden auch sie in diesem Licht deiner eigenen kreativen Kraft.
Auch sie sind im kraftvollsten Punkt der Schöpfung.
Halte sie in deinem Gewahrsein, solange du willst.
Sonst gibt es nichts zu tun. Versuche nicht, irgendetwas irgendwie zu beeinflussen.

Sei einfach gewahr, sei einfach Schöpfungskraft.
Sei in deinem Fokus und gewahre, was du erschaffen willst – du als deine Seele in diesem Leben auf der Erde.

Falls du dein Gewahrsein in all dieser Kraft nicht stabil halten kannst, dann bitte deine Seele, dir immer und immer wieder die Dinge zu zeigen, die du als Seele für dich auf der Erde erschaffen möchtest. Belasse sie im Licht deiner eigenen Kreativität und entspanne dich.

Sieh nun, wie deine Seele sachte beginnt, deinen Fokus zurückzubringen, bis er wieder dieser unglaublich kleine Punkt im Innern deines Körpers ist.

Bewege nun dein Gewahrsein zurück in deinen physischen Körper.
Erde dich gut und dehne deinen Körper.
Und wann immer du bereit bist, bewegst du dein Gewahrsein wieder zurück in den Raum, in dem du dich befindest.
Du kannst diese Meditation häufig wiederholen. Lasse dir von deiner Seele immer wieder jene Dinge aufzeigen, deren Erschaffung sie dir nahelegt.

Meditation

Erschaffe dir deinen Wunschberuf

Richte dein Gewahrsein nach innen und entspanne dich.
Befreie deinen Körper von aller Spannung, vielleicht indem du seine Stellung etwas veränderst, deine Kleidung lockerst und es dir ganz einfach so bequem wie möglich machst.

Seit du auf die Erde kamst, hat dein Leben den einen großen Sinn: Einssein zu erschaffen – diese physische Schicht und alle Schichten der Wirklichkeit wieder zu vereinen, das heißt, ins Einssein zurück zu bringen.

Auf diesem Weg kannst du vielerlei tun, um der Welt zu dienen. Es ist wichtig, dass du es tust – dass du der Welt auf immer noch bessere Weise dienst und so immer noch mehr Seinsschichten und Wesen beeinflusst.

Atme nun tief und leicht, entspanne dich und nimm dir jetzt vor, den bestmöglichen Ausdruck deines Lebenssinns zu energetisieren.
Fülle dich jetzt mit noch mehr Licht, Leichtigkeit und Behaglichkeit.

Stelle dir nun vor, dass du an einem schönen Ort in der Natur oder im Weltraum bist, wo du dich entspannen kannst und die Dinge für dich arbeiten.

Wir stellen dir nun einige Fragen und du beantwortest sie in deinem Inneren.

Vergegenwärtige dir zunächst drei oder vier Aktivitäten, die du am allerliebsten tun möchtest.
Was ist es, was du gerne tun möchtest?
Welches wäre dein Wunschberuf, wenn du ihn dir erschaffen könntest?

Sind es diese drei, vier Dinge, denen du deinen Tag am liebsten widmen würdest?
Wenn du etwas gerne tust, dann erschaffst du dadurch in dieser Wirklichkeit die wirksamste Veränderung.

Vergegenwärtige dir sodann drei oder vier Dinge, die du nicht gerne tust, weil sie dir keine Freude bereiten.
Was tust du, ohne dass du Freude daran hast?
Siehst du eine Möglichkeit, wie du diese Dinge loslassen oder mehr Freude daran finden könntest?
Es gibt auf dieser Welt viele Menschen, die dir dienen könnten, während du anderen dienst. Könntest du vielleicht diese Menschen die Dinge tun lassen, die dir keine Freude bereiten?

Du erweist weder dir noch anderen Menschen einen Dienst, wenn du etwas tust, das dir keine Freude bereitet.
Andere Menschen machen vielerlei gern, so etwa auch Dinge, die dir keine Freude bereiten.
Rufe jetzt nach diesen Menschen, damit sie dir zu Hilfe kommen und du dein Gewahrsein auf das richten kannst, was dir gefällt.

Vergegenwärtige dir nun deutlich, wie dein Wunschberuf aussehen könnte.
Wie kannst du ihn verwirklichen?
Wie kannst du diesen Dienst in die Welt hinaus bringen?
Was sind die nächsten Schritte, die du unternehmen musst?

Sieh nun deinen Fokus sehr klar in jenem Zentrum, wo all dein Licht in einem Punkt zusammenkommt.
Dehne ihn so lange aus, bis er dich umgibt und du in seiner Mitte bist.
Stell dir gleichzeitig diesen Beruf vor.
Stell dir vor, dass du ihn täglich mehr lieben kannst und er dir täglich mehr Freude beschert.

Lasse den Fokus zurückkehren, wann immer du dazu bereit bist und lenke dein Gewahrsein in das Zimmer zurück, in dem du bist.
Mache dir dann über deine nächsten Schritte einige Notizen.

Fragen und Antworten

Mit dem Fokus für andere Menschen erschaffen

Darf ich auch für andere Menschen fokussieren?

Nun, ja und nein. Fokussiere zunächst einmal einfach für dich selbst. Was du für dich erschaffst, erschaffst du auch für andere, denn die

von dir erschaffene Energieform ist dann auf der Erde und jeder, der will, kann sich in sie einklinken. Du bist ja mit allen Wesen verbunden; du bist eins mit ihnen.
Niemals kannst du etwas nur für dich allein erschaffen. Du erschaffst immer auch für die Menschheit. Es ist somit klar: Was immer du für dich tust, bringst du auf die Erde.
Eine andere Frage ist, ob du berechtigt bist, das Licht von anderen Menschen direkt zu beeinflussen.
Jeder Mensch ist frei, für sich selbst zu entscheiden. Wenn du jemanden beeinflussen willst, dann beschränkst du dessen Freiheit. Wer will, kann sich ja in das, was du für dich erschaffst, einschwingen.
Warum möchtest du einen anderen beeinflussen? Möchtest du ihn beispielsweise glücklich machen, weil du nicht erträgst, dass er unglücklich ist? Du beschränkst damit seine Wahlfreiheit.
Unsere ganz allgemeine Empfehlung ist darum, dass du andere nur dann unterstützt, wenn sie das wollen. Du kannst einen anderen Menschen jederzeit in deinem Gewahrsein halten, während du mit Licht arbeitest – aber ohne zu versuchen, ihn damit zu beeinflussen. Damit bietest du ihm deinen Lichtraum an und gewährst diesem Menschen die Freiheit, dieses Licht aufzunehmen oder auch nicht.
Hinter dem Wunsch, den freien Willen eines anderen Menschen zu manipulieren oder zu beschränken, steht dein Wunsch, im Licht des anderen eine Veränderung zu sehen. Wenn du dann keine Reaktion auf deine Lichtarbeit erkennst und deine Bemühungen darum noch verstärkst, dann schränkst du diesen Menschen und dich selbst ein.
Lasse andere darum frei entscheiden, ob sie auf dein Licht reagieren wollen oder nicht.

Für andere fokussieren als Geschenk

Ist die Logik vom eben Gesagten, dass ich niemandem ein Geschenk machen darf?

Ein Geschenk ist per Definition etwas Freies. Es ist kein Geschenk, wenn du daran eine Bedingung knüpfst – etwa: »Schau aber zu, dass

du dadurch gesund wirst!« oder »Du bekommst es nur, wenn du so und so darauf reagierst.«
Siehst du den Unterschied? Wenn du deinen Lichtraum anbietest, ist das ein Geschenk. Der Beschenkte kann dann frei wählen, ob er das Geschenk behalten möchte oder nicht. Es gehört nun ihm und nicht mehr dir.

Der Fokus und das Gedankengewirr

Wie gehe ich mit all den Gefühlen und Gedanken um, die ständig durch mich hindurchgehen?
Wenn ich sie wegschiebe, kommen sie einfach von irgendwoher wieder zurück.

Dies ist unser bevorzugtes Thema: »Ein Gedanke...oh! Und noch dazu ein schlechter Gedanke! Wieso ist er da? Was will er mir sagen? Ich muss in eine Therapie gehen! Ich muss ihn lieben – aber ich hasse ihn! Aber ich bin doch ein Lichtarbeiter, und darum muss ich ihn nun analysieren. Ooohh! Da ist schon wieder ein Gedanke! Wer bist du? Wo kommst du her? Es muss wegen meiner Eltern sein oder wegen früherer Leben. Oder nein, vielmehr war es mein Lehrer. Ich muss meine Schullehrer lieben! Aber ich hasse sie!! Aber ich muss!«
Und so geht es dahin. Eigentlich ist es lustig. Tatsache ist, dass ihr euch etwas besser fühlt, nachdem ihr einen Gedanken analysiert habt. Danach kommt ein nächster Gedanke, und auch diesen analysiert ihr, und so geht es weiter und weiter.
Dieses Analysieren beschäftigt euer Gewahrsein, und euer Fokus richtet sich darauf – wodurch ihr das Thema immer wieder neu erschafft. Deshalb kommen diese Gedanken immer und immer wieder zu euch.
Dies ist die Wirklichkeit, die sich die Lichtarbeiter erschaffen haben: Sie analysieren Gedanken und Gefühle. Das ist nichts Schlechtes. Es stellt sich jedoch die Frage, ob ihr das in alle Ewigkeit tun wollt, denn wann immer ihr euch damit befasst, erschafft ihr noch mehr davon. Ihr erzeugt eine Gedankenschleife mit immer und immer wieder

ähnlichen Gedanken. Dann sagt ihr: »Ah, da kommt etwas Ähnliches. Habe ich das nicht schon analysiert? Ich dachte, ich hätte dieses Muster schon losgelassen. Doch hier ist es ja schon wieder. Wahrscheinlich bin ich letztes Mal nicht tief genug hineingegangen.« Dann geht ihr immer und immer wieder hinein.

Stattdessen könntet ihr ganz einfach sagen: »Aha, ich scheine meinen Schullehrer gehasst zu haben« – und euren Fokus sofort auf etwas lenken, was ihr wirklich für euch erschaffen möchtet: »Ich möchte ein Leben, das für mich gut funktioniert. Ich möchte Frieden sein.« Sagt ganz einfach »Aha«, wenn ein Gedanke kommt. Wenn ihr versucht, ihn loszuwerden, dann nährt ihr ihn mit eurer Energie.

Es steht euch natürlich auch frei, die Gedankenschleife immer und immer wieder und in alle Ewigkeit zu analysieren. Ihr braucht deswegen kein ungutes Gefühl zu haben. Ihr seid vollkommen frei. Wisst einfach: Was immer ihr fokussiert, das vermehrt ihr.

Nun geht es auf diesem Weg aber darum, dass ihr werdet, wer ihr seid: Lichtwesen. Anfänglich mag es vielen von euch helfen, dieses und jenes zu unternehmen, um überhaupt erst einmal zu erkennen, dass ihr euer Leben verändern könnt. Wenn ihr an einem Gedanken hängen bleibt und deshalb meint, bis in die Kindheit zurückgehen zu müssen, um etwas zu verändern, dann dürftet ihr immerhin erkennen, dass ihr euer Leben verändern könnt. Das kann euch anfänglich sehr helfen, wird euch aber nicht ewig unterstützen.

Tatsache ist, dass ihr alles im Jetzt erschaffen könnt. Je weiter ihr auf diesem Weg vorankommt, desto besser werdet ihr erkennen, wie die Wirklichkeit erschaffen wird und dass ihr eure jetzige Wirklichkeit in jedem Moment neu erschafft. Sie wurde nicht in der Vergangenheit, nicht in der Kindheit und nicht in einem früheren Leben erschaffen. Ihr erschafft alles im Jetzt. Selbst die Erfahrungen eurer früheren Leben. Vielleicht fand damals eine bestimmte Erfahrung gar nicht statt, aber ihr glaubt, sie habe stattgefunden, und damit erschafft ihr sie im Jetzt.

Zu erkennen, dass ihr alles jetzt erschafft, selbst die Erfahrungen der Vergangenheit, ist für viele von euch eine ziemlich große Herausforderung. Sobald ihr es aber begreift, befreit ihr euch von all dem.

Die eigentliche Frage ist darum, ob ihr euch von der Vergangenheit befreien oder sie im Gegenteil als kleinen Schatz behalten wollt, damit ihr ihn dann und wann hervorholen, euch selbst und anderen zeigen und damit vielleicht Mitgefühl erwirken könnt. Wir können das öfters beobachten.

Der Fokus und der Glaube an das Böse

Ich kenne eine Frau, die seit sieben Jahren durch Schwarze Magie belästigt wird. Sie hat deswegen keine Arbeit, ist allein und hat keine Freunde. Sie lebt von der Sozialhilfe. Wann immer sie sich wieder etwas kräftiger fühlt, machen die anderen Sitzungen und entziehen ihr diese Kraft wieder. Sie hat nun gelernt, sich zu schützen, damit ihr die Kraft nicht mehr entzogen werden kann. Und sie meditiert täglich dreimal, morgens, mittags und abends. Sie möchte wieder ein normales Leben führen, eine Arbeit finden und einen neuen Partner.
Als wir über den Fokus sprachen, kam mir die Idee, dass sie sich vorstellen könnte, wieder ein normales Leben zu führen und einen Job zu finden. Dann würde sich alles zum Guten wenden. Ich versprach ihr, die Höheren Lichtkommandos zu fragen, ob sie sie unterstützen könnten.

Meine Liebe, wir sind immer da, aber wir beteiligen uns nicht an Machtkämpfen. Für uns gibt es kein »Gut gegen Böse«. Wir würden ihr empfehlen, nicht mehr daran zu glauben, dass irgendjemand außer ihr selbst sie beeinflussen kann. Solange sie glaubt, dass andere ihr Energie wegnehmen können, können sie das, denn das ist Teil ihres Glaubenssystems. Sobald es nicht mehr ihr Glaubenssystem ist, kann nichts sie mehr erreichen.
Es gibt Millionen von möglichen Schritten, die sie unternehmen könnte. Gewiss kann sie Rituale durchführen. Diese könnten jedoch Trennung bewirken. Solange sie jedoch noch nicht bereit ist, die eigentliche Wirklichkeit zu erkennen, können solche Rituale sie zunächst einmal unterstützen.
Wie du schon sagtest, schützt sie sich bereits. In Wirklichkeit braucht sie sich vor gar nichts zu schützen. Wovor und wieso denn? Doch nur, weil sie an Gut und Böse und an Dunkelheit glaubt. Sobald sie

erkennt, dass es nichts dergleichen gibt, gibt es nichts mehr, wovor sie sich schützen müsste. Sie kann sich eigentlich auch vor nichts schützen. Wenn sie sich mit viel Licht umgibt und danach eine dichtere Frequenz in ihr Energiefeld hereinkommt, transformiert sich diese Energie im Licht. Die Persönlichkeit meint dann, sie habe sich »geschützt«. Wahr ist jedoch, dass sie sich mit einem kraftvollen Licht umgeben hat, worin sich alles andere transformiert.
Und allein darum geht es auf der Erde: Dass sich alles im Licht transformieren kann und die Wirklichkeit wieder vereint wird.
Wir empfehlen ihr also, keine Angst zu haben, sondern zu erkennen, dass ihr nichts schaden kann. Sie verliert ihre Energie durch ihre eigene Angst. Niemand kann ihr etwas wegnehmen, auch keine Energie. Wenn sie meint, ihr werde Energie entzogen, jemand sauge ihr Energie ab, dann geschieht das, weil dieser Jemand sie mit seiner Energie erreichen kann. Wenn sie mit Angst reagiert, gibt sie ihre Energie weg; sie lässt die Energie von sich wegfließen. Sie muss also nur aufhören, ihre Energie wegzugeben.
Darum muss hier, wie bei allem, die Änderung von innen kommen. Sie braucht das Außen nicht zu verändern. Sie muss diese Programmierung von innen verändern. Ihre eigene Reaktionsweise muss sie verändern.

Fokus und Wunschvorstellungen

Ich möchte, dass mein Körper wächst. Brauche ich mir nun einfach vorzustellen, dass mein Körper größer wird?

Wenn du dich von deinen Gedanken und Gefühlen, von allen Vorstellungen von dem, was du mit dem Körper tun und nicht tun kannst, befreist – kurz, wenn du alle deine Illusionen bezüglich deiner physischen Wirklichkeit losgelassen hast, nimmst du deinen Körper nicht mehr als physische Gestalt wahr, sondern als Abermillionen von durchsichtigen Energieteilchen, mit denen du spielerisch jede beliebige Gestalt annehmen kannst. Das ist viel kraftvoller, als dir bloß vorzustellen, dass dein Körper wächst.

Denn siehst du, jener Teil von dir, der sich einen größeren Körper wünscht, ist mit Illusionen bezüglich deines Körpers behaftet, mit allem, was er daran mag und nicht mag – oder was andere Menschen von ihm halten mögen und so weiter.
Es würde dir sehr viel mehr helfen, würdest du all deine Vorstellungen von deinem Körper loslassen, dich von allen Illusionen befreien und dich stattdessen als das zu erfahren beginnen, was du wirklich bist. Und dann setze das in jeglicher beliebigen Form zusammen.
Solange du deinen Körper verändern möchtest, weil du ihn nicht magst, wirst du nicht zu dieser Kraft kommen. Denn du liebst deinen Körper nicht.
Und hier sprechen wir zu allen: Die schöpferische Kraft kommt erst dann zu euch, wenn ihr bereit seid, die Wirklichkeit so zu erforschen, wie sie ist. Erst dann könnt ihr die Wirklichkeit in jegliche beliebige Form verwandeln. Solange ihr etwas verändern wollt, weil ihr es nicht mögt, agiert ihr aus Illusionen heraus. In der Illusion habt ihr sehr viel weniger Kraft, als wenn ihr euch davon befreit habt.

Fokus und medizinische Diagnosen

Wenn ich als Heilpraktiker meine Klienten untersuche und etwas diagnostiziere, verstärke ich denn dann die Krankheit, weil ich sie gewahre?

Ja, wenn du ein Problem durch deinen Fokus verstärkst, warum nicht auch eine Krankheit? Auch wenn du zum Fenster hinausschaust und diesen schönen Planeten und all die liebevollen Menschen siehst, dann erschaffst du Frieden auf dem Planeten.
Tatsache ist, dass Projektionen und Fokus Teil der Schöpfung sind, und so wird es immer sein. Darum ist es klar, dass du alles, was du fokussierst, vermehrst. Das bedeutet indessen nicht, dass du dich von allem abwenden solltest. Das wäre kein geeignetes Mittel des Erschaffens.
Deinem Klienten könntest du aber sagen: »Deine Gesundheit würde sich verbessern, wenn du dieses hier einnimmst.« Oder: »Dein Problem kann sich bessern mit diesem oder jenem. Dies wird den Kreislauf in diesem Organ unterstützen« oder was immer.

So würdest du euer Gewahrsein auf das lenken, was dein Klient erschaffen will, nämlich Gesundheit. Du lenkst also deine schöpferische Kraft und auch die des Klienten auf das, was ihr erschaffen wollt – beispielsweise einen besseren Kreislauf in einem bestimmten Organ. Bei der Behandlung kannst du dann mit einem viel größeren Potenzial arbeiten, weil dein Klient dafür offen ist.
Die Alternative wäre, dass du sagst: »Okay, du hast dieses Problem. Dieses Organ arbeitet nicht richtig. Nimm darum diese Pille. Sie wird dir helfen«. Dann geht der Klient heim und sagt sich: »Das Organ arbeitet nicht richtig. Diese Pille wird mir helfen, aber das Organ arbeitet nicht richtig«.
Es ist in der Tat sinnlos, über Probleme zu sprechen, denn natürlich lenken die Klienten dadurch ihr Gewahrsein darauf und halten es dort. Wenn jemand Probleme liebt, wird er daran festhalten.
Es geht also darum, dass du aufzeigst, was du anstrebst. Du brauchst nicht zu lügen, sondern dich einfach auf das zu konzentrieren, was verbessert werden kann.

Der Fokus und unerwünschte Gedanken und Gefühle

Was muss ich tun, wenn ich etwas erschaffen habe, das ich nicht mag?

Der Hauptschlüssel dafür ist die Liebe. Damit fokussierst du mit deiner schöpferischen Kraft, was du liebst. Wenn du etwas erschaffen hast, das du nicht liebst, dann reagiere mit Liebe. Wann immer du erkennst, dass du einen Gedanken oder ein Gefühl hast, die du nicht gerne in der Wirklichkeit sehen möchtest, dann liebe dich selbst. Liebe diese Gedanken, damit sie sich ins Licht und in die Liebe entwickeln können.
Umgebt die Gedanken mit Liebe, damit auch sie sich entwickeln können.
Du brauchst deinen Fokus nicht zu fürchten. Er ist eine Gabe. Er ist eine Antwort der Quelle auf dein erwachendes Licht.

Fokus und unerwünschte Schöpfungen

Ich habe gut verstanden, dass ich von allem, was ich sehe und gewahre, mehr erschaffe, und dass es darum geht, das zu fokussieren, was ich erschaffen will. Wenn ich mir nun mein Leben ansehe, dann erkenne ich, dass ich Situationen erschaffe, die ich nicht will. Und doch mache ich es immer wieder. Manchmal erschaffe ich Freude und noch mehr davon. Doch dann kommt wieder mein anderer Teil, der angstbesetzte Situationen erschafft, die ich nicht brauche. Ich realisiere dann, dass ich meinen Fokus verliere, als ob ich eingeschlafen wäre. Danach erwache ich wieder und sage: »Hey, das wollte ich nicht.«

Du vergisst dabei, dich für deine Schöpfungen zu lieben. Wenn du erkennst, dass du eine Situation erschaffen hast, die du nicht liebst, dann sage dir: »Toll, schau dir das an! Schau, was ich erschaffen kann!« Oder sage einfach: »Aha, schau, was ich erschaffen habe. Ich will es nicht. Dann erschaffe ich einfach etwas anderes« oder »Ich bin ein Schöpfer. Toll. Ich hab's schon wieder gemacht!« und dann lenke deine Kraft auf das, was du gern hast. Du kannst deine Schöpfungen als einen Beweis deiner Schöpferkraft schätzen. Liebe dich dafür.
Wir wissen nicht, warum sich die Lichtarbeiter so gerne selbst mental verprügeln: »Ach, jetzt habe ich es wieder so gemacht! Himmel noch mal! Ich bin nicht gut genug! Ich schaffe es einfach nicht!« Diese Selbstkritik ist unnötig. Warum ein Problem aus der Tatsache machen, dass du ein Problem erschaffen hast? Du hast ja eh schon eines.
Und leide nicht. Habe es lustig. Dann bist du offener und freier und hast Spaß. So ist es viel einfacher, dich dem zuzuwenden, was du liebst – statt dir jedes Mal die Peitsche zu geben.

Wenn zwei nicht dasselbe fokussieren

Wenn jemand in meinem Umfeld die Situation ablehnt, die ich fokussiere und erschaffen will, wird dann dieser Mensch bewusst oder unbewusst das Gegenteil erschaffen?

Was hat das, was du möchtest, mit dem zu tun, was ein anderer Mensch will? Du kannst dir alles erschaffen, was du willst, unabhängig davon, was sich andere Menschen erschaffen wollen.
Wenn der andere Mensch etwas fokussiert, dann ist es das, was er erschaffen wird. Und du erschaffst, was du fokussierst.
Dieser Mensch fokussiert ja nicht dasselbe wie du. Jeder hat seinen eigenen Fokus.
Sage dir: »Dies ist, was ich fokussiere. Dies ist, was ich erschaffen will. Und jener Mensch erschafft, was ihm passt.« Betrachte das, was der andere will, nicht als etwas, das deine Situation beeinflusst.
Nimm das Beispiel einer Beziehung, denn darum dürfte es sich hier ja auch handeln: Du hast eine bestimmte Vorstellung von eurer Beziehung, und deine Frau hat eine andere Vorstellung davon.
Dennoch kannst du diese Beziehung als vollkommen erfahren, egal, was deine Frau tut oder nicht tut. Gleichgültig auch, ob es ihr gefällt oder nicht. Denn genau so verhält sich ein Meister. Er liebt und gewahrt in allen menschlichen Beziehungen die Liebe und die Vollkommenheit.
Wir versichern dir: Auf der Erde gibt es keine zwei Menschen, die dieselbe Beziehung auf die gleiche Art erfahren.
Nehmen wir an, du habest ein Haus und eine Familie und ein Teil dieser Familie verändere sich. Beispielsweise beginnt deine Frau anderen Dingen mehr Beachtung zu schenken als früher, was bedeutet, dass sie dich nicht mehr so bedient und sich weniger um das Haus und die Kinder kümmert.
Du hingegen hast die Vorstellung, dass dein Haus immer in perfekter Ordnung sein muss. Und du willst, dass deine Kinder gut betreut sind und immer jemand für sie da ist.
Du kannst diese Situation erschaffen, und sie wird sich verwirklichen, wenn du aufrichtig daran glaubst, dass du sie erschaffen kannst. Das kann auf vielerlei Art geschehen. Vielleicht, indem du dich inspiriert fühlst, selbst mehr im Haus zu putzen. Oder vielleicht sagst du dir: »Wir könnten ganz gut auch jemanden anstellen, der das Haus putzt.« Oder vielleicht besinnt sich deine Frau anders und möchte wieder mehr im Haus tun.
Du kannst alles erschaffen, was du haben willst: perfekte Ordnung,

umfassende Betreuung der Kinder und andere Dinge, gleichgültig, wie sich andere Menschen entscheiden. Das Schöne an dieser Tatsache ist, dass sie der Beziehung mehr Freiheit gibt. Eure Beziehung, die vielleicht schon längere Zeit stagnierte, kann plötzlich wieder aufblühen und zur besten Beziehung werden, die sie je war – schöner und besser als je zuvor.

Erkenne, dass du einen anderen Menschen nicht kontrollieren und ihm nicht sagen kannst: »Du musst diese oder jene Rolle spielen.« Jeder Mensch muss sich für sich selbst entscheiden.

Wenn wir dir sagen, du könnest dieses oder jenes haben, dann liegt es natürlich an dir, das zu glauben. Wenn wir sagen: Du kannst jemanden für den Garten und jemanden für die Betreuung deiner Kinder anstellen, dann wirst du dem vielleicht widersprechen: »Nein! Dann muss ich mehr arbeiten und mehr Geld verdienen« oder dergleichen. Deine Annahme ist nicht richtig. Sie beruht lediglich auf deinen Glaubenssätzen.

Erschaffe dein Leben, wie du es haben willst. Frage dich: »Wieviel möchte ich arbeiten? Wieviel möchte ich verdienen? Was möchte ich gerne tun?« Was du wählst, kannst du erschaffen. Es gibt keine Vorschrift, wonach du täglich acht bis zehn Stunden arbeiten musst, um dir dein Leben zu verdienen. Es ist durchaus möglich, dass du weniger arbeitest und mehr Zeit für die Kinder hast, jemanden anstellst, der sich um das Haus kümmert, über mehr Geld als vorher verfügst und eine blühende Beziehung mit deiner Frau hast.

Das alles kannst du erreichen, wenn du es zuerst in deinem Innern erschaffst. Erschaffe neue Glaubenssysteme und öffne dich etwas Besserem. Wähle anstelle der Glaubenssysteme, wonach du etwas nicht haben kannst, solche, die unterstützen, was du haben möchtest.

Wir sagen also nicht: »Geh nach Hause und höre sofort auf zu arbeiten.« Mache die Veränderung in deinem Innern und folge dem Flüstern deiner Seele. Sie wird deine Schritte lenken und dir stets jeden nächsten Schritt zeigen.

Die Persönlichkeit möchte gleich alle Schritte auf einmal tun und sich auch gleich alle künftigen Schritte ausmalen, statt einfach im Hier und Jetzt zu bleiben. Mach deine Veränderungen entsprechend der Führung deiner Seele Schritt für Schritt.

Zusammenfassend also nochmals: Alles ist möglich, und du kannst das Leben haben, das du haben möchtest, gleichgültig, wie sich deine Frau entscheidet. Auch sie möchte eine blühende Beziehung. Darum kamt ihr ja auch zusammen – bevor ihr euch mit all den »Müssten« und »Sollten« gefesselt habt. Erkenne die Liebe, die da ist.

Fokus und mehrere Wünsche

Ist es von Vorteil, wenn man nur einen Wunsch fokussiert und wartet, bis er sich manifestiert, und dann zum nächsten weitergeht?

Du kannst alle deine Ziele auflisten und energetisieren. Du weißt dabei ja nicht, welches Ziel sich als erstes manifestieren wird.
Mache dir also von allem, was du willst, eine klare Vorstellung und überlasse ihre Verwirklichung dem richtigen Zeitpunkt. Je klarer du bist, desto mehr kannst du erschaffen.
Du kannst also so viele Ziele haben, wie du willst, und sie können groß oder klein sein.

Der Glaube an die schöpferische Kraft

Geht es also darum, dass ich wirklich an meine schöpferische Kraft glaube und ihr vertraue, bevor ich erschaffen kann?

Du erschaffst immer – ob du nun vertraust und daran glaubst oder nicht. Unser Ziel ist es, dass du deine Visionen ausdehnst und noch schönere und großartigere Dinge erschaffst. Erlaube deiner Vision, viel weitreichender zu sein als das, was du dir vorstellen kannst. Es wird sich auf jeden Fall die Essenz dessen einstellen, was du erbeten hast. Was immer du erbittest, was immer du willst, wird zu dir kommen. Sei aber auch offen, um es zu empfangen.
Je mehr du vertraust, desto besser weißt du, dass du alles haben kannst, was du willst und um so leichter wird es zu dir kommen. Denn dann bist du offen, um es zu empfangen.

Auch mit der Liebe ist es so. Liebe ist immer da – für jeden Menschen gibt es Liebe. Und doch sind viele Menschen allein, sind traurig und bemitleiden sich: »Keiner ist für mich da!« Weil sie das glauben, halten sie andere Menschen von sich fern, selbst jene, die vorbeikommen und »Hallo« sagen.
Es kommt also alles zu dir, worum du bittest, alles, was du möchtest. Sei also offen sein, um es zu empfangen. Erkenne, dass alles in deinem Leben deine Schöpfung ist, weil du diese Situation gewählt hast.

Widerspricht der Fokus dem Vertrag?

Wir können also fokussieren, was wir haben möchten. Wie lässt sich das aber mit dem Vertrag vereinbaren, den wir abschlossen, bevor wir auf die Erde kamen?

Es ist tatsächlich so, dass du einen Vertrag unterschrieben hast. Du bist hier, um etwas Bestimmtes zu tun. Es geht darum, dass du bestimmte Energien zur Erde bringst, um anderen zu helfen, zu erwachen und zu werden, wer sie sind. Du bist hier, um mehr Liebe, Frieden, Weisheit und ähnliche Seinszustände zu verankern.
Das kann sich auf vielerlei Art ausdrücken. Du kannst dafür eine einzige, ganz spezifische Art oder sämtliche möglichen Arten wählen. Die Bestimmung ist gegeben. Die Umstände hingegen, in denen du sie erfüllst, kannst du frei wählen.
Wenn du einmal hier bist, kannst du sogar wählen, ob du deinen Vertrag erfüllen willst oder nicht. Wenn du es tust, dann wirst du große Freude erleben, denn du wirst in dem Frieden sein, der dem Wissen um deine Bestimmung erwächst. Es steht dir frei, es nicht zu tun; das wäre aber nicht gerade schlau von dir. Wir wissen jedoch, dass du schlau bist.
Die Erde ist ein Planet des freien Willens – eine unweise Entscheidung, die einst getroffen wurde. Keiner hatte damals vorausgesehen, dass ihr Armut, Kämpfe, Krieg und Gewalt der Möglichkeit vorziehen würdet, in einem Paradies voll Freude, Schönheit und Liebe zu leben. Ganz im Gegenteil wurde angenommen, dass ihr zu dem Zeitpunkt,

da der Planet den angestrebten tiefsten Punkt der Dichte erreicht, freudevoll ausruft: »Hurra! Jetzt geht es zurück zur Quelle!!«
Stattdessen sagen die Menschen: »Liebe? Ich habe keine Ahnung, warum jener Mensch mir zulächelt. Was will der denn von mir?«
Das wurde tatsächlich nicht vorausgesehen.
Die Energien hier machen offenbar süchtig. Die Trennung macht so süchtig, dass die Menschen mit ihren täglichen Ritualen glücklich sind. Wenn sie morgens aufstehen, sagen sie: »Schon wieder ein neuer Morgen. Wie hasse ich doch das Aufstehen. Wo ist mein Kaffee? Heute habe ich im Büro eine Besprechung mit diesem Idioten.«
Statt dass sie sagen: »Hurra, ein neuer Tag! Mehr Liebe, mehr Zusammensein, mehr gute Erlebnisse.«
Wir hatten tatsächlich nicht vorausgesehen, dass die Illusionen sehr süchtig und abhängig machen. Niemand beschuldigt euch deswegen. Nehmt uns diese Worte nicht übel. Wir selbst nämlich waren jene, die es nicht vorausgesehen hatten. Alles kann jedoch rückgängig gemacht werden. Ihr beeinflusst die gesamte Existenz. Wenn ihr in eurem persönlichen Leben etwas verändert, verändert sich alles.

Wenn der Fokus mit Angst einhergeht

Wann immer ich mir etwas wünsche, verspüre ich automatisch einen Widerstand. Ich frage mich dann, woher er kommt. Kommt er von mir oder von meinem Ego? Und dann bekomme ich Angst. Wie kann ich das loslassen?

Du brauchst es nicht loszulassen. Fokussiere einfach, was du möchtest. Dann wird das andere von selbst weggehen. Dies ist für die meisten Menschen die größte Herausforderung, weil sie so sehr daran gewöhnt sind, zu fokussieren, was sie nicht möchten.
Es geht um die Manifestation dessen, was deinem höchsten Plan und dem höchsten Gut für alle entspricht. Setze diese Absicht und bringe den Fokus immer wieder darauf zurück. Dann wird es sich manifestieren, und du wirst dich nicht fragen müssen, ob es richtig oder falsch ist. Wenn du es fokussierst, wird es sich manifestieren.

Wenn du deinen Fokus auf die Frage lenkst, ob es nun dein Ego oder dergleichen ist, dann wird sich das manifestieren. Immer wieder diese Situation. Du brauchst also deinen Fokus nicht auf die Absicht zu legen, etwas zu transformieren oder etwas loszulassen, sondern auf das, was du haben möchtest.

Anfänglich mag dir das ungewohnt vorkommen, und du möchtest zu deinen Sorgen zurückkehren. Macht nichts. Bringe einfach den Fokus wieder zurück. Du brauchst die Dinge nicht zu verarbeiten. Du brauchst in keine Einzelheiten hineinzugehen und nichts zu analysieren.

Schau auf das höchste Gut. Was du willst, ist Frieden für die Menschheit. Du möchtest, dass sich die Menschen gegenseitig lieben, freudvoll und mit Leichtigkeit leben.

Beginne, indem du das für dich selbst erschaffst. Dadurch bereitest du auch anderen den Weg. Wenn du hingegen dauernd deinen Fokus auf deinen Sorgen hältst, dann erschaffst du diese für dich und die Menschheit. Solange du Situationen analysieren und möglichst in alle ihre Gefühlstiefen vordringen möchtest, wirst du die ganze Menschheit dasselbe tun sehen. Du brauchst nicht endlos jedes kleinste widerspenstige Teilchen von dir zu analysieren. Es ist überhaupt nicht von Belang.

Falls du das jedoch gerne machst und deine Sorgen immer wieder erschaffen willst – dann wohlan. Niemand verurteilt dich deswegen. Ist es das, was du willst? Nein! Du willst Frieden, Harmonie und dergleichen.

Du siehst also, warum der Fokus ein Schlüssel zur Meisterschaft ist. Was du fokussierst, das erschaffst du. Du brauchst lediglich deinen Fokus auf das zu lenken, was du haben möchtest, und deinen nächsten Schritt in diese Richtung zu gehen.

Verschwende keine Zeit darauf, dich selbst zu verurteilen: »Oh, ich habe schon wieder etwas fokussiert, das ich nicht möchte!« Du bist nicht ewig verdammt. Bringe einfach deinen Fokus auf das zurück, was du möchtest.

Der Fokus energetisiert Hell und Dunkel

Wenn ich etwas fokussiere, das weniger lichtvoll ist, verwirklicht es sich rascher als etwas Lichtvolles, das ich fokussiere. Warum ist das so?

Das kann viele Gründe haben.
Zunächst einmal: Alles kann rasch erschaffen werden, gleichgültig, ob es für dich gut oder nicht gut ist. Denn die Schöpfung ist in sich urteilslos. Ihr geht es lediglich um das Erforschen, und du kannst sowohl Schwierigkeiten wie auch Freude erforschen. Beides kann sich gleichermaßen rasch manifestieren, wenn dein Fokus darauf gelenkt wird und er seine Kraft dorthin schickt.
Wenn du erlebst, dass Schwierigkeiten leichter zu erschaffen sind als freudvolle Dinge, dann ist der Grund dafür sehr wahrscheinlich, dass du mehr unterstützende Vorstellungen in bezug auf Schwierigkeiten als auf Freude hast. Das heißt, du hast Programmierungen wie etwa: »Oh ja, das Leben ist schwer«, und »weißt du, es ist nicht leicht, ein Lichtarbeiter zu sein« oder was auch immer.
Das unterstützt dich beim Erschaffen von Situationen, in denen du siehst, dass es schwierig ist, ein Lichtarbeiter zu sein.
Vielleicht hast du keine unterstützenden Programmierungen, um dir freudvolle Situationen zu erschaffen, wie etwa: »Ja, es ist wundervoll, ein Lichtarbeiter zu sein« und »Oh ja, das Leben ist voller Freude!«
Vergleiche dein schöpferisches Licht mit einem Dünger. Dünger nährt unterschiedslos alles. Wenn du in deinem Garten statt Unkraut lieber Rosen und andere auserlesene Blumen haben willst, dann düngst du wohl eher die Blumen und nicht das Unkraut, nicht wahr?
Doch die meisten von euch düngen häufiger das Unkraut, weshalb in ihrem Garten mehr Unkräuter als schöne Blumen wachsen.
Niemand in der Schöpfung sagt, dass ihr in eurem Garten kein Unkraut haben dürft. Mit eurem Gewahrsein zeigt ihr dem Universum, was ihr haben möchtet und ihr lenkt schöpferische Kraft dorthin. Achtet darum auf das, was ihr düngt, und düngt nur das, was ihr liebt.

Fokus und Menstruation

Wenn ich mit dem Zentrum der göttlichen Kreativität arbeite, dann habe ich dort während meiner Periode Schmerzen. Warum ist das so?

Dort ist ein schöpferischer Bereich, der sich verändert. Und je mehr du damit arbeitest, desto mehr Energie ist dort. Je mehr du daran arbeitest, dein Licht aufzubauen, desto mehr bekommt das Zentrum der göttlichen Kreativität Kraft. Dein Körper mag eine Weile brauchen, um sich daran anzupassen.
Es bedeutet also nicht, dass du dich nicht anpasst. Es bedeutet nur, dass stets noch mehr Licht hineinkommt und sich dein Körper immer wieder neu anpassen muss.

Fokus und Schwangerschaft

Kann ich während der Schwangerschaft mit dem Zentrum der göttlichen Kreativität arbeiten?

Normalerweise ist eine Schwangerschaft kein Hindernis für die Schöpfung. Nur in seltenen Fällen, wenn der Fötus früher als erwünscht abgehen möchte und man ihn aber zurückhalten will, kann es sein, dass die Schwangere nicht sehr intensiv mit dem Zentrum der göttlichen Kreativität arbeiten kann. Sonst geht der Fötus früher ab.

Fokus und Schmerzen

Seit zwei Wochen habe ich einen Schmerz im Solarplexus. Ich nehme an, dass es mit Ängsten zu tun hat. Wenn ich den Schmerz nun einfach ignoriere und das Licht fokussiere – lässt der Schmerz dann nach?

Du kannst fokussieren, was immer du willst. Du kannst dir alles vorstellen, was du willst.
Den Schmerz im Solarplexus kannst du als etwas sehen, das für dich

arbeitet, oder als etwas, das du hast, weil du etwas falsch gemacht hast. Keines ist wahrer als das andere. Verstricke dich nicht in Glaubenssystemen. Der Solarplexus ist das Zentrum des Willens: das Zentrum des Egos, das der Wille der Persönlichkeit ist, und das Zentrum des göttlichen Willens. Du kannst wählen und sagen: »Großartig, mein Zentrum des göttlichen Willens dehnt sich aus. Ich richte mich mehr auf den göttlichen Willen aus!« Oder du kannst sagen: »Wie blöd! Ich habe etwas falsch gemacht!« Es hängt von dir ab, ob du eine unterstützende Weltsicht annehmen willst, oder eine, in der du etwas »Falsches« machst, das gegen dich arbeitet.

Schmerz wird normalerweise aufgelöst, indem man vollkommen in ihn hinein statt von ihm weggeht. Gehe hinein, dehne den Bereich aus, und der Schmerz wird sich auflösen. Mach das jedoch nicht, indem du angstvoll auf diesen Ort starrst und »Ahhh!« schreist. Das würde den Schmerz nur nähren.

Der Fokus in der Meditation

Kann ich alle meine Visionen in einer einzigem Meditation energetisieren – eine nach der anderen? Und reicht es, wenn ich es einmal tue, oder muss ich es wiederholen?

Wenn du ein Bild hast, das du manifestieren möchtest, schickst du deine schöpferische Kraft hinein, damit dort Energie ist. Die erforderliche Menge hängt von deiner Vision ab. Ein Beutel Erdnüsschen braucht weniger Energie als der Weltfrieden. Darum ist die Frage: »Wieviel Nahrung, wieviel Energie muss ich in dieses Bild schicken, damit es lebendig wird?«

Es gibt keine allgemeinen Richtlinien. Es hängt von dem ab, was du erschaffen möchtest.

Je weniger Erwartungen du hast, desto leichter geht es. Wenn du dich jeden Tag fragst: »Kommt es wohl heute? Wird dieser Mensch es mir bringen?«, dann stößt du es von dir weg. Je mehr du dich ganz einfach entspannst, desto offener bist du, um zu empfangen. Es geht darum, dass du diese Offenheit bewahrst.

Der Fokus ist der schöpferischste Teil von dir

Wieso fokussieren wir nicht einfach von unserem Herzen aus?

Weil dein Fokus nicht dort ist. Fokus ist Fokus. Er ist dort, wo alle deine Lichtstrahlen in einem Punkt zusammenkommen, und dieser Punkt befindet sich nicht im Herzen. Wieso sollte er?

Wieso kannst du in anderen Punkten nicht die gleiche Schönheit finden – ganz besonders in den Punkten im Bereich der Sexualität? Dort ist sehr viel Schönheit. Der Fokus ist schöpferischer als das Herz. Im Bereich der Sexualität kannst du Leben erschaffen, darum spiegelt er göttliche Kreativität. Und wir können dir versichern, dass göttliche Kreativität sehr viel Liebe enthält. Im Bereich der Genitalien befinden sich Liebe und Kreativität im Physischen.

Diese göttliche Liebe und göttliche Kreativität ist der schöpferischste Teil von dir. Dort ist deine Kraft, mit der du alles erschaffen kannst, was du willst. Leben erschaffen zu können ist an und für sich schon ein Wunder.

Die meisten Menschen haben ein Problem mit der Sexualität. Sie erleben in diesem Bereich viele Enttäuschungen, denn jeder Mensch hat die Sehnsucht, mit einem anderen Menschen physisch zu verschmelzen. Und weil die meisten Menschen das nicht erleben, erschaffen sie Glaubenssysteme rund um die Sexualität. Bei vielen Lichtarbeitern sind diese etwa: »Spirituelle Menschen brauchen keine Sexualität« oder »Wenn ich mich sexuell betätige, verliere ich Lebenskraft.«

Sexualität ist jedoch eine frei fließende Energie, die durch deinen Körper strömt, damit du einen anderen Menschen erfahren kannst – ihn im Physischen erfahren und mit ihm zu einem einzigen Bild der Quelle verschmelzen kannst.

Enttäuschungen verschwinden nicht dadurch, dass du Sexualität meidest, sondern nur indem du deine Glaubenssysteme änderst. Du veränderst sie nicht nur für dich, sondern für die ganze Menschheit. Ein Leben in Keuschheit heißt nicht, dass du das Glaubenssystem verändert hast. Wir sehen es als ein großes Ziel an, dass die Menschheit die Sexualität verändert. Sie ist bereits auf dem Weg dorthin.

Ich habe die Vision, ein Haus mit Garten zu erwerben, das gleich neben dem Bahnhof steht. Ich möchte dort auch Gruppenarbeit machen. Mich stört der Bahnlärm nicht, aber vielleicht fühlen sich die Mitglieder der Gruppe gestört und möchten lieber mehr in der Natur sein. Soll ich dennoch den Erwerb dieses Hauses fokussieren?

Bringe zunächst einfach einmal deine ganze Energie ins Jetzt. Und dann beantworte die Frage: »Was möchte ich diesen Menschen anbieten?«
Dann erschaffe zunächst einmal das – was immer es ist – Meditationen, Abendveranstaltungen oder dergleichen. Sage dir: »Das will ich tun. Ich erschaffe diese Abende für die Teilnehmer an einem Ort, wo die Umgebung dafür ideal ist.« Höre dabei auf das Flüstern der Seele, die dir sagt, ob es im fraglichen Haus sein wird oder eben woanders.
Ein weiteres Ziel ist ein Haus, wie du es geschildert hast. Du möchtest, dass es zu einem Kraftort wird – oder was immer. Energetisiere auch diese Vision.
Es ist gut, sowohl mit den Unterzielen als auch mit der größeren Vision zu arbeiten, denn es kann sehr wohl sein, dass sich nicht alles gleichzeitig einstellt – oder nicht genau so, wie es sich deine Persönlichkeit ausmalt. Die Persönlichkeit hat stets beschränkte Vorstellungen.
Wenn du darum an deine Bitte »...... oder etwas Besseres« anfügst, dann schaffst du die Möglichkeit, dass sich die Vision auf die bestmögliche Art einstellt, ohne dass du jeden einzelnen Schritt kontrollieren musst.
Vertraue, sei offen und klar – ohne Einschränkungen. Du musst klar wissen, was du in dieser Situation willst, ohne es auf eine bestimmte Form zu beschränken.

Kapitel 4

Der zweite Schlüssel: Projektion

Deine Wirklichkeit spiegelt deine Glaubenssysteme

Im Folgenden möchten wir dir die Schönheit der Projektion näher bringen. Sie ist zusammen mit dem Fokus eines der wichtigsten göttlichen Werkzeuge für das Erschaffen von Wirklichkeit. Und sie ist ein Thema, dem wir aus gutem Grund viel Raum geben, um es von verschiedenen Seiten betrachten zu können. Die Welt der Projektionen verdient es, dass du dich wirklich intensiv mit ihr befassst.

Kurz gefasst besagt dieser Schlüssel, dass alles, was du in der Welt siehst, eine Projektion deiner selbst ist. Von dieser Regel gibt es keine Ausnahme, denn genau so funktioniert die Wirklichkeit. Es gibt in deiner Dimension keine objektive Wirklichkeit. Dennoch versuchen die meisten Menschen, eine solche zu finden.

Mit Projektionen wurde die ganze Existenz erschaffen, und auch du erschaffst dir damit fortlaufend deine Wirklichkeit und deinen Alltag, und zwar indem du dich selbst projizierst und diese Projektion mit dem Licht deines Fokusses energetisierst. Genau so begann auch alles: Die Quelle projizierte sich selbst und blies dieser Projektion mit ihrem Licht Leben ein.

Ihr Menschen habt euch in der illusionären Vorstellung verfangen, dass das, was ihr in der Außenwelt seht, nicht zu euch, sondern eben zur Außenwelt gehört. Mit diesem Spiel verschließt du dich der Göttlichkeit. Tatsache ist: Du bist Teil von allem, und alles, was du siehst, ist Teil von dir. Wenn du begriffen hast, dass alles, was du in deinem Leben siehst, was immer du in anderen Menschen und in jeglicher Situation siehst, in dir selbst ist, bist du dabei, ein bewusster Schöpfer

zu werden. Und du lernst, nur noch das zu projizieren, was du sehen möchtest.
Der letzte Satz dürfte dich an das erinnern, was wir im letzten Kapitel über den Fokus sagten. Diese beiden Schlüssel zur Meisterschaft, der Fokus und die Projektion, sind eng miteinander verbunden. Du projizierst deine Bilder nach außen und siehst sie dort. Dabei lenkst du automatisch deinen Fokus dorthin und schickst dein Licht in die Projektionen. Damit hauchst du ihnen Leben ein und lässt sie zur Wirklichkeit werden. So ergibt sich von selbst, dass du mit Vorteil lernst, deine Projektionen bewusst zu wählen.
Je mehr du zum Licht erwachst, desto stärker wird deine Projektionskraft und desto stärker werden deine Bilder. Wenn du das realisierst, kannst du jegliche Art von Welt nach deinem Belieben erschaffen. Es steht dir frei, jegliches Bild von dir zu projizieren. Du kannst auch aufhören, Bilder zu projizieren, die nicht mehr deinem Wunsch entsprechen. Du tust das, indem du die der Projektion zugrunde liegenden Glaubenssätze veränderst. Aber die unendliche Schöpfung der Quelle und all deren Bilder kannst du nicht stoppen.
Sobald du erkannt hast, wie einfach die Wirklichkeit funktioniert, wird auch dein Leben einfach.
Sobald du in einem vollkommenen Paradies lebst und alles ist, wie du es haben möchtest, bist du ein Meister, der auf das Licht der Quelle reagiert und das Bild der Quelle in die Welt projiziert.

Damit du das besser verstehen kannst, nehmen wir dich nun auf eine geistige Wanderung mit:
Setze dich hin, entspanne dich und zentriere dein Gewahrsein in deinem Innern.
Umhülle dich mit einer sanften, entspannenden und beruhigenden Energie und fülle dich damit auf.
Vergiss nun, dass du physisch bist und einen physischen Körper hast und begib dich einfach mit deinem Bewusstsein hinaus in den Raum. Bewege dich durch Planeten, Sterne, Räume und Leerräume.
Während du nun die Universen und die physische Existenz wahrnimmst, erkennst du die Vollkommenheit der Schöpfung – und dein Gewahrsein öffnet sich für eine Kraft, die darüber ist und alles über-

sieht. Du begibst dich hinauf zu dieser Kraft und wirst zu ihr, zu dieser Kraft, die die gesamte physische Existenz übersieht und beobachtet.
So siehst du nun von oben die gesamte physische Wirklichkeit – alle Universen, die gesamte Existenz.
Nun wirst du eines kraftvollen, festen Lichts gewahr, das die gesamte Wirklichkeit erhellt. Es ist das Licht der Quelle.
Sachte schwebst du in das Licht der Quelle hinein und wirst zu ihm.
Du bist deiner selbst als des Lichts der Quelle gewahr.
Nun wirst du neugierig und bewegst dich weiter hinauf, bis du die Quelle selbst erreichst, die Quelle der gesamten Schöpfung.
Und du begibst dich in die Quelle hinein und wirst zu ihr.
Du erfährst dich nun als die Quelle, und etwas bewegt sich in dir – es ist ein Forscherdrang, ein Drang, die Wirklichkeit zu erforschen, dich selbst zu erkunden.
Du erinnerst dich daran, wie die Schöpfung begann, bevor du dich als Quelle erschaffen hattest.
Bevor es eine physische Existenz gab, existiertest du als eine Bewegung, als ein Ton, der dich zum Erkunden drängte, zur Selbsterforschung drängte. Damals hast du dich als diese Bewegung, als dieser Ton erforscht.
Dieser Forscherdrang ist der Motor der gesamten Schöpfung. Die Quelle hat damit eine unendliche Schöpfung in Gang gesetzt. Indem sie ihre Projektionen, ihre Bilder hinausschickte, sie anschaute und erforschte – und im ewigen Jetzt laufend weiter erforscht, erweckte sie diese mit ihrem Licht, mit ihrem Fokus zum Leben. Dieses Forschen ist der Katalysator des Schöpfungsvorgangs.
So bist auch du als Bild der Quelle entstanden und als das setzt du den Schöpfungsvorgang fort. Auch hier auf der Erde ist dir dieser Forscherdrang zu eigen. Schon immer hast du deine Wirklichkeit auf der Erde erkundet. Wie die Quelle erschaffst auch du Bilder, Projektionen von dir. Indem du sie erkundest, fokussierst du deine schöpferische Kraft, dein Licht auf sie und erschaffst immer mehr, je mehr du erforschst.
Das war schon immer so, es ist so und es wird immer so sein. Es garantiert eine endlose, ewige Schöpfung, und du bist ein Teil davon.
Du bist ein unendlicher, ewiger Schöpfer, obwohl du auf der Erde das meiste davon vergessen hast.

Alles kann verändert werden

In diesem Leben hast du also Bilder erschaffen – Vorstellungen, das heißt deine Glaubenssysteme bezüglich der Wirklichkeit. Du hast sie mit deinem Licht zum Leben erweckt und damit für dich oder für andere Menschen Wirklichkeit erschaffen. Es gibt in deinem Leben keinen Moment, da du nicht schöpferisch tätig bist. Das kann nicht sein und wird nie sein können.

Die Fähigkeit des Projizierens ist ein unbegrenztes Potenzial und steht deinem Aufstieg nicht im Weg, denn du kannst wählen, was du erschaffen willst. Es gibt eine unendliche Zahl der Wahlmöglichkeiten, aber wir wollen hier nur zwei anschauen:

1. Du hast das Potenzial, ein zu hundert Prozent verantwortungsbewusstes Wesen zu sein, das auf das Licht der Quelle reagiert, das Bild der Quelle in die Welt projiziert und in vollkommener Glückseligkeit lebt.
2. Deine andere Möglichkeit ist, in deinem Leben weiterhin kleinere oder größere Schwierigkeiten zu erschaffen, wie du das jetzt schon tust.

Was du erlebst, hängt vollkommen von deiner Wahl ab. Niemand kann dich zwingen, irgendetwas zu verändern, niemand kann für dich entscheiden, was für dich richtig oder falsch ist. Es steht dir frei, deine Wirklichkeit nach eigenem Gutdünken zu erschaffen.

Doch nun bist du an einem Punkt, da du dieser Tatsache bewusst wirst und dich zu einem bewussten Schöpfer deiner Wirklichkeit entwickelst. Du hast beschlossen, dich auf die Stufe eines Meisters zu erheben, was bedingt, dass du nur Projektionen eines Meisters in die Welt hinausschickst. Jeder kann sich zur Quelle zurückwenden und seine Fähigkeit, auf die Quelle zu reagieren, verbessern.

Ein Meister weiß sich selbst vollkommen verantwortlich für seine Schöpfungen. Er reagiert auf das Licht der Quelle und strahlt das Licht der Quelle hinaus in die Welt und zurück zur Quelle. Wenn du zu hundert Prozent auf das Licht der Quelle reagierst, dann sind alle deine Projektionen Bilder der Quelle.

Dein erster Schritt ist also, genau zu beachten, was du in die Welt projizierst, und dich zu fragen, ob du das haben willst oder nicht. Wenn du der Bilder, die du erschaffst, bewusst gewahr wirst, tust du deinen ersten Schritt zur angestrebten Meisterschaft. Und wenn dann alles genauso ist, wie es dir gefällt, dann bist du ein Meister.
Solltest du heute noch nicht so weit sein, dann wisse, dass du diese Fähigkeit noch in diesem Leben erreichen kannst – falls du das willst.

Übung: Setze dich nun hin, entspanne dich und zentriere dein Gewahrsein in deinem Innern.
Lasse dann dein gegenwärtiges Leben vor deinem inneren Auge vorbeiziehen und suche nach fünf Situationen, die du darin gerne verändern möchtest. Siehe fünf Situationen, die du jetzt nicht liebst, die dir keine Freude bereiten und die du darum verändern möchtest. Dann schreibe sie auf den Notizblock.
Schreibe nicht deine Ziele auf, sondern die Lebensverhältnisse und Lebensbedingungen, die du verändern möchtest.
Notiere bei jeder Situation einige Einzelheiten, die dir nicht gefallen.
Wenn es beispielsweise um deine wirtschaftlichen Verhältnisse geht, dann schreibe auf, wie sie jetzt sind und welchen Mangel du empfindest.
Wenn es um eine menschliche Beziehung geht, dann notiere, was dir daran nicht gefällt.

Warum nicht Situationen verändern, worin nicht alles vollkommen ist? Es würde dir sehr dienen, das zu tun. Darum möchten wir, dass du diese Situationen anschaust und veränderst und dir dadurch ein höheres Potenzial verschaffst.
Gerade bei Lichtarbeitern, die mit immer mehr Licht zu arbeiten und sich ihr Wunschleben zu erschaffen beginnen, gibt es häufig noch einzelne Situationen, wo nicht alles so ist, wie sie es haben möchten – und sei es nur eine Kleinigkeit. Wenn sie das änderten, wäre eine enorme Lichtentwicklung möglich, ein Feuerwerk im Universum. Denn es sind oft solche Kleinigkeiten, die euch am völligen Aufstieg hindern.

Damit würde nicht nur euer Leben besser, sondern ihr würdet die Welt verändern.

Glaubenssysteme entstehend laufend

Zunächst musst du aber erfahren, woraus diese Projektionen überhaupt bestehen und wie sie entstehen. Sie beruhen auf Glaubenssätzen, auf Programmierungen, die zu Glaubenssystemen bezüglich der Wirklichkeit gehören.

Weltweit gibt es in unterschiedlichen Kulturen viele verschieden starke Glaubenssysteme. Die Menschen jeder Kultur halten ihre Glaubenssysteme für wahr. Tatsächlich sind diese aber nichts anderes, als gemeinsame Übereinkünfte darüber, wie das Leben in dieser Kultur sein sollte. All diese Glaubenssysteme sind Illusionen und haben mit der wahren Wirklichkeit wenig gemein, aber sie geben den Menschen, die sie miteinander teilen, im Leben allgemein und im Umgang miteinander eine illusionäre Sicherheit und das Gefühl der Zugehörigkeit. In der Regel werden solche Glaubenssysteme zu derart eingefleischten Gewohnheiten, dass viele Menschen sie selbst dann kaum zu ändern vermögen, wenn sie erkannt haben, dass sie aus lauter Illusionen bestehen.

So lebt die Menschheit umgeben von einem Kokon von Illusionen – das heißt, sie hat sich eine illusionäre Existenzschicht erschaffen. Die Gründe dafür werden wir später näher erläutern.

Ein Baby hat noch keine Glaubenssysteme. Es hat noch keine ausgeprägte Persönlichkeit, die aus lauter Illusionen besteht. Diese entwickelt sich im Verlaufe der Kindheit aufgrund dessen, was dem Kind von seinem Umfeld gesagt und vorgelebt wird – von den Eltern, Schullehrern, Priestern oder Pfarrern, Schul- und Freizeitfreunden. Die Programmierung erfolgt, wenn das Kind den fraglichen Energien erlaubt, in seine Energiekörper einzudringen.

Programmierungen finden jedoch nicht nur während der Kindheit statt, sondern ein ganzes Leben lang: Sämtliche Ausdrucksformen von Glaubenssystemen können einen Menschen fortlaufend weiter programmieren.

Einige Beispiele: Ausdrucksform eines Glaubenssystems kann allein

schon der Text eines Popsongs sein oder was in Film- und Fernsehdialogen und in Nachrichtensendungen gesagt wird und was in Printmedien und Büchern geschrieben steht. Sogar das beiläufige Mithören eines Gesprächs im Zug oder in der Straßenbahn kann einen Menschen programmieren.
Diese Programmierungen werden sich früher oder später im Leben dieses Menschen oder der gesamten Menschheit spiegeln – was dann wiederum ihre vermeintliche Richtigkeit bestätigt.

So entstehen in dir beständig neue Glaubenssysteme. Wenn du beispielsweise eine bestimmte Erfahrung machst, dann filterst du sie durch die bereits vorhandenen Illusionen und erschaffst damit ein neues Glaubenssystem. Du erfährst somit nicht die Erfahrung an sich, sondern dein von dir in diesem Augenblick erschaffenes Glaubenssystem in bezug auf diese Situation.
Wenn du in einer deiner Meinung nach schwierigen Situation steckst, dann sind diese Schwierigkeiten deine Interpretationen aufgrund deiner Programmierungen. An sich ist eine Situation lediglich eine Situation. Sie ist Energie. Die Wahrnehmung, dass die Situation schwierig ist, beruht auf deinen Gedanken und Gefühlen, deinen illusionären Vorstellungen bezüglich dieser Situation. Wenn du irgendwo feststeckst, dann ist es wegen eines Glaubenssystems. Hier einige Beispiele von häufigen Projektionen, etwa:

ich genüge nicht;
ich befriedige nicht;
ich habe keine befriedigende Beziehung;
ich habe zu wenig Geld;
ich habe kein Selbstvertrauen;
ich bin das Opfer der anderen;
das Leben ist gegen mich;
ich fühle mich gefangen;
die anderen sind immer so... was auch immer.

Wie also siehst du die Welt? Was siehst du dort? Erinnere dich: Du siehst nichts, das nicht du bist. Anders kann es nicht sein.

Übung: Erinnere dich der Tatsache, dass alles, was du in dieser Welt siehst und alles, was du in anderen Menschen siehst, lediglich ein Abbild deiner Vorstellungen von der Wirklichkeit ist. Du siehst in der Welt nur immer deine eigenen Bilder. Es gibt nichts Objektives. Diese Projektionen sind es, die deine Probleme bewirken. Was du in deine Welt projizierst, bekommst du zurück. Ausnahmslos alle Situationen, in denen du dich befindest, sind deine Schöpfungen. Und zwar erschaffst du sie stets genau jetzt.

Nimm dir nun etwas Zeit, um dir in deiner subjektiven Wirklichkeit drei deiner häufigsten Projektionen bewusst zu werden.
Welche drei Dinge siehst du am häufigsten in anderen Menschen oder in deiner Welt?
Lass sie einfach an die Oberfläche kommen.
Wenn du sie erkannt hast, schreibe dir darüber einige Notizen in dein Arbeitsheft.

Schau dir diese Projektionen nun an und wisse, dass sie mit den Situationen zusammenhängen, die du verändern möchtest.
Es geht hier allerdings nicht darum, dass du herausfinden sollst, wie deine Projektionen mit den Situationen zusammenhängen, die du verändern möchtest. Erkenne einfach, dass du so deine Wirklichkeit erschaffst.

Das Ziel dieser Übung ist, dass du erkennst, dass du durch das Projizieren von Bildern deine Wirklichkeit erschaffst.

Tatsache ist: Wenn du begreifst, wie einfach die Wirklichkeit zustandekommt, kannst du ebenso leicht eine neue Wirklichkeit erschaffen. Denn es gibt keine Wirklichkeit, die nicht verändert werden könnte. Dazu ist es wichtig zu erkennen, dass du nicht nur in jedem Moment beständig erschaffst, sondern auch in jedem Moment alles neu erschaffen kannst – indem du deine Projektionen veränderst.
Wichtig ist, zu wissen, dass du die Kraft deiner Projektion nicht zu fürchten brauchst. Diese Kraft soll dich nicht belasten. Erkenne viel-

mehr die wunderbaren Möglichkeiten, die sie dir bietet, zum Beispiel die Möglichkeit, alles nach deinen Wünschen zu verändern. Mit den fünf Schlüsseln kannst du das leicht und mühelos bewirken. Die Betonung liegt auf »leicht und mühelos«, denn nichts wird leichter, wenn es mit Mühe getan wird.

Glaubenssysteme können verändert werden

Deine Projektionen sind das Hauptmerkmal deiner Persönlichkeit. Wenn du sie veränderst, verändert sich deine Wirklichkeit. Da du nun weißt, wie die Glaubenssysteme entstehen, weißt du auch, wie du sie verändern kannst.

Die Persönlichkeit wird in der Regel jedoch alles daran setzen, dich zu hindern, die Illusionen fallen zu lassen und in die Wahrheit hineinzugehen, denn dann würde sie sich transformieren und damit die Rolle verlieren, die sie bisher spielte.

Deine Persönlichkeit will weiter in der illusionären Wirklichkeit leben. Dazu muss sie sich weiterhin nach außen projizieren und durch deinen Fokus illusionäre Wirklichkeit erschaffen. Willst du dennoch die Veränderung vorwärts treiben, dann erkenne, dass dir deine Persönlichkeiten mit Hilfe ihrer/deiner Projektionen alle Illusionen vor Augen hält, aus denen sie besteht. Die gesamte Wirklichkeit der dritt-dimensionalen Erdenebene besteht aus lauter solchen manifestierten Illusionen.

Diese illusionäre Wirklichkeit, die die Menschen für wahr halten, wird so lange bestehen bleiben, wie die Menschen an illusionären Glaubenssätzen festhalten und der Persönlichkeit statt dem höheren Selbst und der Seele den Vorzug geben.

Sobald ihr über die Illusionen hinausgehen wollt und willens seid, sie vollkommen loszulassen, werden sie sich transformieren. Dann ist die Erde das Paradies, in dem ihr alle leben möchtet.

Man kann leicht zum Meister werden, wenn man es beschließt, denn es ist viel leichter, an die Wahrheit zu glauben statt an die Illusion. Der Wechsel von der Illusion zur Wahrheit ist eine Bewusstseinsveränderung, und diese bewirkt den Aufstieg. Hast du den Aufstieg einmal

erreicht, wirst du kaum mehr verstehen können, dass du einst die Illusionen und Schwierigkeiten der schönen Wirklichkeit vorzogst.
Alles, was du zu deinem Aufstieg brauchst, ist zunächst deine entschiedene Bereitschaft, deine Illusionen und deinen logischen Verstand loszulassen und in die Wahrheit hineinzugehen. Bei den meisten Lichtarbeitern – mittlerweile sind es Millionen – die sich irgendwann diese Frage stellten, lautet die Antwort: »Ja, klar ich bin bereit.«
Doch nur wenige – weniger als ein Dutzend – haben bisher den Aufstieg gemacht.
Wären weltweit nur fünf- bis sechstausend Lichtarbeiter dazu bereit und täten sie es wirklich, würde sich eure Wirklichkeit sofort transformieren, und der planetare Aufstieg wäre erfolgt.
Warum ist es noch nicht so? Es gibt nur eine Antwort, und diese lautet: *Illusionen.* Eure Persönlichkeit ist die Meisterin der Illusionen und sie wird alles tun, um euch mit allen möglichen Tricks in der Illusion zu halten. Sie tut das, weil sie dafür geschaffen wurde. Es ist sogar das Einzige, was sie tun kann, und sie tut es meisterlich.
Wo beginnen, wenn du dich mit aller Entschiedenheit zu verändern beschlossen hast?
Beginne, dich selbst zu verändern, indem du Bilder von Dingen erschaffst, die du liebst. Damit beginnst du, deiner Seele zu entsprechen. Sie sieht die Wirklichkeit völlig anders als deine Persönlichkeit. Sie weiß, dass sie und die ganze Schöpfung aus göttlicher Essenz erschaffen sind – aus Liebe, Licht und Bewusstsein. Darum sieht sie in der Existenz – und damit auch in dir und der ganzen Erde – nur Liebe, Licht und Bewusstsein – das Potenzial für ein Paradies, für ein harmonisches Leben auf der Erde.
Deine illusionsbestimmte Erdenpersönlichkeit schaut indessen hinaus in die Welt und verurteilt dieses und jenes, und sie sieht Dinge, die sie an anderen Persönlichkeiten nicht liebt.
Die Konflikte, die die Menschen auf der Erde erfahren, sind also einfach die Illusionen, aus denen ihre Persönlichkeiten bestehen. Sobald sie aufhören, an diese Illusionen zu glauben, hören diese auf, in der menschlichen Wirklichkeit wirklich zu sein.

Setze die Projektion in die Ich-Form

Wenn du in deinem Alltag mit jemandem nicht zufrieden bist, wenn du dich wegen eines anderen Menschen ärgerst – weil er sich so und so verhält oder weil er sich so und so kleidet – dann blockiert das den Fluss der Liebe zu allem, was ist. Wenn du nun aber realisierst, dass alles, was du in der Außenwelt siehst, in dir ist, dann kannst du dich öffnen, indem du dich selbst liebst – statt dich über dich selbst wegen dieser »unschönen Gedanken und Gefühle« zu ärgern. Du öffnest damit in dir einen Raum, um Liebe zu empfangen.

Du kannst alles, was du im Außen siehst, auf dich selbst beziehen und in die Ich-Form setzen. Wenn du also beispielsweise sagst: »Ich mag meine Nachbarin nicht«, dann könntest du ebenso gut sagen: »Ich mag mich nicht.«

Wenn du findest, ein bestimmter Mensch sei nicht nett zu dir, dann kannst du zu dir sagen: »Ich bin nicht nett zu mir.«

Wenn du glaubst, jemand behandle dich nicht respektvoll, dann weißt du, dass dieser Mensch nur eine Spiegelung von dir ist und dass das, was du siehst, deine Projektion ist. Du kannst dich darum fragen: »In welcher Hinsicht behandle ich andere respektlos? Und wie kann ich das verändern?«

So lernst du, dich selbst zu sehen.

Wenn du dich ansiehst und sagst: »Ja! Was ich in jenem Menschen oder in dieser Situation sehe, ist in mir«, dann nimmst du deine Kraft in Anspruch und eröffnest dir die Möglichkeit, etwas Neues zu erschaffen.

Wir können dir versichern, dass es zu deinem Vorteil ist, in deine Kraft und Eigenverantwortung hineinzugehen, denn du verlässt damit die Position des Opfers, das seine Lebensumstände oder die Welt nicht beeinflussen kann.

Wenn du aufhörst, andere zu beschuldigen und weißt: »Ja, dies hat mit mir zu tun!«, dann öffnet sich dir ein großes Potenzial.

Es geht also keineswegs darum, dass du dich selbst beschuldigst, wenn du diese Dinge in dir anschaust. Verstehe sie einfach als etwas, das noch entwickelt werden kann – Bereiche in dir, die deiner Liebe bedürfen. Erlaube ihnen, sich in deiner Liebe und durch deine Liebe

zu entwickeln und verändere dich durch deine Liebe. Dadurch erhält die gesamte Schöpfung von dir mehr Liebe, Licht und Bewusstsein. Und all die schönen Eigenschaften, die du gleichzeitig bei dir entdeckst, kannst du täglich anerkennen und nähren.
Wir wissen, dass dieser Schlüssel vielen Anfängern eine harte Nuss zu knacken gibt: »Wie denn? Der da drüben ist doch so und so und hat das und das gemacht. Mein Ärger ist doch voll und ganz gerechtfertigt!« Es braucht etwas guten Willen, um die Persönlichkeit vom Gegenteil zu überzeugen.
Deine Projektionen sind aber nicht nur die Dinge, die du an anderen nicht magst, sondern auch alles, was dir an anderen Menschen gefällt. Was dir an anderen gefällt, spiegelt dich ebenso, denn sonst sähest du es nicht.
Wenn du also bei einem anderen Menschen schöne Eigenschaften siehst und dir sagst: »Schau, wie talentiert, wie begabt er ist – und ich bin's nicht!«, dann ist das, was du in anderen Menschen siehst, auch in dir. Was du projizierst, ist in dir.
Wenn du eines anderen Menschen Talent bewunderst, dann ist dieses Talent in dir. All die schönen Dinge, die du in der Außenwelt siehst, sind deine Projektionen, die dir etwas über deine Gaben und Fähigkeiten, über deine guten Eigenschaften erzählen. Und wenn du, wie das oft bei Lichtarbeitern geschieht, uns, die spirituellen Lehrer bewunderst und sagst: »Sie sind so weise, so lichtvoll, so liebevoll«, dann weißt du, dass auch du das bist. Sonst könntest du es nicht sehen. Darum kannst du mit diesem Schlüssel in dir immer mehr liebenswerte Dinge entdecken.
Wenn du den Schlüssel der Projektion begriffen hast, dann bringst du sehr viel mehr Kraft in dein Leben. Das wird dir helfen, großartige Eigenschaften zu entfalten und zu stärken. Dadurch wird nicht nur dein Alltag schöner, sondern du kannst damit auch die Welt verändern. Das kennzeichnet die besondere Schönheit von Projektionen.

Es ist ein sehr schöpferischer Vorgang, wenn du deine Projektionen zu dir selbst zurückbringst, denn damit erhebst du Anspruch auf deine volle Verantwortung für dich, für dein Leben und für jede Situation in der du bist. Dann beginnst du, dir als Meister dein Leben so zu erschaffen, wie du es haben möchtest. Du veränderst dich und öffnest dich damit für deine Essenz: für Liebe, Licht und Bewusstsein. Und du beginnst, deine Essenz in die Welt zu projizieren. Wenn du auf deine Essenz schaust, erschaffst du mit deinem Fokus noch mehr davon. So einfach ist es.

Falls du ein Leben voller Dramen und Probleme hinter dir hast, dann magst du das bezweifeln. Dennoch sagen wir dir: »Versuche es einfach!« Nimm eine Situation und untersuche, was sie über dich sagt. Frage dich, wie du dich verändern kannst, damit du Göttlichkeit in die Welt zu projizieren beginnst statt Feindseligkeit, Respektlosigkeit und dergleichen.

Wenn du dich wie deine Seele der Göttlichkeit öffnest, wirst du in allem die Schönheit und das Potenzial sehen und in anderen Menschen die Liebe.

Das Schöne daran ist, dass du ab dann auch Göttlichkeit anziehen wirst, denn alles in dieser Welt reagiert durch Resonanz. Solange du an Probleme, Dramen und Schwierigkeiten glaubst, wirst du wie ein Magnet solche Dinge in dein Leben ziehen.

Wie schon früher erwähnt, brauchst du nichts von dem, was wir sagen, anzunehmen. Wir bitten dich lediglich, es wenigstens zu erforschen, dir näher anzuschauen und dich zu fragen: »Was, wenn es nun wirklich wahr wäre? Was würde das für mich bedeuten? Wie würde es mein Leben verbessern? Und wie meine Beziehung zur Welt?«

Bringe alles, was du in der Außenwelt siehst, zurück in die »Ich«-Form, und warte ab, was sich verändert, wenn du einen Glaubenssatz veränderst und in der Welt nur noch Liebe, Licht und Bewusstsein siehst – Einssein.

Es ist nicht unser Wunsch, dich zu überzeugen. Wir wollen dich nur dazu inspirieren, die Welt mit anderen Augen zu sehen und dir ein Leben zu erschaffen, das für dich gut funktioniert – ein erfolgreiches Leben in Harmonie, Frieden, Liebe und Verständnis. Ein Leben, worin du mit dem Fluss mitfließt und freudvoll und leicht alles anziehst, was du brauchst. Wir möchten, dass du dich selbst liebst, damit du anderen liebevoll und respektvoll begegnen kannst und ihnen gegenüber integer bist, so dass du auf sie aus deiner Kraft und aus deiner Liebe heraus reagierst statt aus deinen Ängsten.

Wenn du das tust, wirst du deine Kraft erheblich vermehren, und die ganze Welt wird mehr Kraft bekommen. Denn weißt du, es ist völlig gefahrlos, so zu sein, wie du bist. Du brauchst nichts zu verbergen und nichts zu befürchten. Und vor allem kannst du aufhören, vor dir selbst Dinge zu verstecken. Solange du deine illusionären Projektionen hinausschickst, versteckst du vor dir, was du in dir sehen könntest. Das entzieht dir Energie, was dich zu einem Opfer macht, das sein Leben nicht selbst bestimmen kann.
Wohl gibt es auf der Erde immer noch viele Projektionen, mit denen die Menschen laufend neue Illusionen erschaffen, doch wir können an dieser Stelle darauf hinweisen, dass sich diese illusionäre Wirklichkeit zu unserer Freude allmählich aufzulösen beginnt, weil ihr euer bewusstes Gewahrsein immer mehr auf das lenkt, was wirklich ist.

Du kannst nicht für andere wählen

Nach all diesen Ausführungen möchten wir auf einen wichtigen Punkt hinweisen, der dann aktuell wird, wenn du die fünf Schlüssel, und insbesondere die Projektion im Alltag anwendest. Wir möchten das Folgende ganz besonders deshalb betonen, weil wir wissen, dass bei den meisten Menschen die Neigung besteht, andere korrigieren zu wollen. Du könntest dich versucht fühlen, mit deinem neuen Wissen zu deinem Gatten, deiner Gattin, Freund, Freundin oder Chef/in zu sagen: »Aaaha! Wenn du das über mich sagst, dann betrifft das dich selbst« und »Nein, nein, nein! Das hat einzig und allein mit dir zu tun!« oder »Jajaahh! Schau doch genau dieses Thema bei dir selbst an!«
So spricht die Persönlichkeit. Nur sie möchte andere korrigieren. Doch du liest diese Informationen, um deine Persönlichkeit zu verändern. Verwechsle darum die *Fünf Schlüssel zur Meisterschaft* nicht mit fünf Schlüsseln, um andere zu verändern, denn das sind sie nicht.
Arbeite mit diesen Schlüsseln an dir selbst. Sie funktionieren für dich, und zwar dann, wenn du die Verhältnisse in dir selbst anschaust und dich in dir selbst veränderst, wenn du deine Liebe in die Außenwelt ausdehnst und deinen Boss oder deinen Gatten, oder wer immer dich kritisiert, in deine Liebe hineinnimmst. Ein Meister erstreckt einzig seine Liebe auf andere.

Die Veränderung, von der jeder profitiert, ist in dir. Du kannst sie in die Außenwelt ausdehnen, indem du als Beispiel lebst und ein neues Verhalten auf der Erde vorlebst. Indem du deine Liebe erweiterst, bietest du den anderen einen Raum an, in dem sie sich wahlweise verändern können – oder auch nicht.
Du selbst kannst nicht für andere wählen, sondern nur für dich. Du kannst den anderen einzig einen Raum der Liebe anbieten und es ihnen überlassen, ob sie darauf reagieren wollen oder nicht.
Du kannst auch nicht für deine Kinder, für deinen Gatten oder deine Gattin wählen. Du kannst für niemand anderen wählen, darin gibt es keine Ausnahme.
Wähle du, wie du dich selbst in einer bestimmten Situation verhalten willst, und nicht wie sich andere darin verhalten sollen.
Wenn du versuchst, für andere zu entscheiden, dann entziehst du dir selbst Energie, denn es ist dir nicht möglich, für andere zu entscheiden.
Die einzigen Wahlmöglichkeiten, die du hast, liegen in dir selbst. Dort ist deine Kraft und dort ist deine Liebe.

Meditation

Die Schönheit und Vollkommenheit der Schöpfung

Entspanne dich und deinen Körper, so gut du kannst.
Entspanne die Muskeln, lasse alle Spannungen und jedes Druckgefühl los.
Wenn wir Muskeln sagen, dann meinen wir alle Muskeln und nicht nur jene um das Knochengerüst herum. Wir meinen auch jene im Innern des Körpers und in den Lungen.

Dann entspanne deine Energiekörper, deinen Mentalkörper und deinen Emotionalkörper, damit sie ruhiger und gleichzeitig fließender werden.

Erde dich sodann, indem du dir vorstellst, dass sich deine Gegenwart durch den Körper und die Energiekörper bis zur Erde bewegt – so dass du Gegenwart bist.

Lade dann deine Seele ein und werde zum Atem der Seele.
Dein Körper atmet nun von selbst, sanft und tief.
Es ist der effizienteste Atem, den du hast – mühelos, sehr weich und sehr sanft. Du atmest tief in deinen Körper hinein.

Stelle dir nun in deinem Kopf und in deinem Kronenchakra eine Öffnung vor.
Stelle dir des Weiteren vor, dass du durch diese Öffnung hinaus reist und den Körper zurücklässt, indem du ihm erlaubst, weiterhin weich und sanft zu atmen.
Du fliegst nun frei in das Universum hinaus, fliegst weiter und weiter hinaus und hinauf.

Du siehst die Erde, die Planeten, die Sonne – das Sonnensystem, die Sterne.
Du reist weiter und siehst Galaxie um Galaxie.

Dann kommst du vielleicht zu einer Grenze.
Wenn du diese überschreitest, kommst du in ein anderes Universum, und du erforschst nun, was es dort gibt.
In der Existenz gibt es so viel Schönheit.
Lass zu, dass sie dich berührt.
Wenn du sie siehst, dann berührt sie dich und öffnet dich.

Stell dir nun vor, dass du deinen Blick veränderst und nicht nur die Planeten, die Sterne, und was immer noch da sein mag, siehst, sondern auch all die Energiestrukturen, alle Gitterwerke, alle Lichtmatrizes, die überall miteinander verbunden sind.
Du reist weiter und siehst überall mehr und mehr funkelndes Licht, Lichtspiralen, Licht jeglicher Art, die du dir vorstellen und nicht vorstellen kannst – wunderschöne Farben. Viele Farben, die es auf der Erde noch nicht gibt. Stell sie dir einfach vor.

Irgendwo in der Ferne zieht nun eine wunderschöne Lichtmatrix deine Aufmerksamkeit auf sich.
Du reist in sie hinein und durch sie hindurch und lässt sie mit dir Verbindung aufnehmen.
Spüre, wie sich dieses Licht, *das du bist*, mit dir verbindet – eine riesengroße, wunderschöne, lichtvolle Energiestruktur.
Du bist dieses Licht, das nun durch dich und deinen Körper, durch all die Energieteilchen, die du bist, zu arbeiten beginnt.

Du bist nun mit dieser Lichtmatrix verbunden und setzt deine Reise fort. Und wiederum siehst du über dir eine Öffnung.
Du reist durch sie hindurch in einen ganz besonderen Energieraum, worin du das einzige Licht bist.
Und doch ist da so viel Schönheit.
Es ist, als sei dieser Energieraum ein multidimensionaler Spiegel, der dein Licht spiegelt. Dein Licht wird überall gespiegelt, und bei deinem Eintritt in diesen Raum werden Millionen und Abermillionen von Spiegelbildern von dir in die Existenz hinaus gespiegelt.

Du begreifst nun, dass du die Quelle bist.
Du bist das Licht der Quelle, und du spiegelst und projizierst dich in die ganze Existenz hinaus, weshalb es nun Millionen und Abermillionen von Lichtmatrizes gibt, die genau so sind wie du.

Nun öffnest du in der Lichtmatrix, die du hier bist, ein Licht: Du öffnest das Licht des Herzens und nimmst wahr, dass es sich nun auch in all deinen Spiegelbildern zu öffnen beginnt.
Und du sagst zu dir: »Ja, das ist Schönheit!«
Und so öffnest du dich immer mehr.
Dieses Öffnen des Herzens löst in deinem gesamten Wesen wunderschöne Lichtreaktionen aus, auch diese werden überall gespiegelt.
Überall entsteht ein sich Öffnen; überall gibt es immer noch größere Schönheit.

Nach einer Weile ist die Spiegelung so stark, dass sich auch der Energieraum überall spiegelt und er alle Lichtmatrizes umgibt.

Diese Spiegelbilder reflektieren dieses Licht nun immer weiter, und so spiegeln sich immer mehr Lichtmatrizes in einer endlosen Lichtmatrix, die du bist.
Du projizierst dich überall hin.
Und alles bist du.

Du projizierst dich nun multidimensional.
Ein Raum nach dem anderen öffnet sich und wird wirklich.
Denn in jeder Spiegelung ist so viel Licht, dass sie zu leben beginnt.
Allen Spiegelungen von dir hauchst du Leben ein, so dass in ihnen nun Liebe, Licht und Leben ist.
Und du sagst zu dir: »Ja, das ist Schönheit!«

Du überblickst deine Schöpfung, das Leben, das Licht und die Liebe des Universums, und du fragst dich, was du dem noch hinzufügen könntest.
Bewusstsein.
Und du fügst dir selbst Bewusstsein hinzu.
Dieses Bewusstsein – dein Bewusstsein, das Bewusstsein der Quelle – projiziert sich hinaus in die nie endende Spiegelung der Quelle.
Und du sagst: »Ja, das ist vollkommen, das ist es. Ja, das ist es!«

Du beschließt nun, durch alles, was ist, zu reisen und es zu erforschen.
Du beschließt, deine nie endende Schöpfung zu erforschen, und sowie du das tust, sowie du durch alle diese unabhängigen Lebensformen hindurch reist und sie berührst, fügst du zu dem Ganzen noch mehr von dir hinzu.

So gibt es überall immer noch mehr von dir.
Je mehr von dir da ist, desto mehr von dir wird gespiegelt.
Und du bist zufrieden: »Ja.«
Du hast das Vollkommene erfunden, du hast das Vollkommene erschaffen, und du erkennst, dass alles vollkommen ist, alles und jedes überall in dir, und du bist alles. Ja.
Du bist vollkommen.
Es gibt nichts, das du ändern möchtest.

Es ist vollkommen.
Es ist ein fortwährendes Erschaffen von Licht, Leben, Liebe und Bewusstsein.
Alles ist da, und jedes Teilchen von dir beginnt sich selbst auf vielerlei Art zu erschaffen, denn jedes deiner Teilchen, jedes deiner Spiegelbilder hat begonnen, sich selbst und die Schöpfung zu erforschen.
Ja, du erforschst deine Schöpfung.

Und irgendwo hier ist die Erde; irgendwo in der Vollkommenheit, die du erforschst, wo du deine Schöpfung immer wieder projizierst und endlos Wirklichkeit erschaffst, Leben erschaffst, Licht erschaffst, Liebe und Bewusstsein erschaffst.
Du erforschst jede deiner Schöpfungen.
Du erkundest.
Und du findest deinen Körper auf der Erde – eine dieser vollkommenen Schöpfungen, die du erforschst.
Ja, dies ist vollkommen.

Und nun sagt sich die Quelle: »Was, wenn ich nun alles miteinander verschmelzen würde?
Was, wenn ich eine Lichtmatrix mit der anderen zusammentäte, wenn ich alle miteinander verbände?
Welch ein wunderschönes Netz wäre das, ein Netz, worin alles eins ist.
Ja, das will ich erforschen.«

Und du realisierst, dass alles alles ist.
Alles stammt aus derselben Quelle.
Alles, was überall ist, ist ein Spiegelbild des Spiegelbilds des Spiegelbilds der Quelle.
Und alles und jedes erkundet sich selbst.

Lenke dein Gewahrsein sanft zurück, wann immer du bereit bist.
Und du erforschst weiterhin deine Schönheit und die Vollkommenheit, die überall gespiegelt werden.
Ja – dies ist vollkommen.

Meditation

Deine Seele zeigt dir deine Projektionen

Entspanne dein Gewahrsein nach innen. Spüre dich in deinem Körper und rufe deine Seele zu dir.

Erkenne nun das Licht und die schöne Gegenwart, die beginnt, in deinen Körper hernieder zu steigen und als Licht aus deinen Körperzellen hervorzutreten.

Zusammen mit deiner Seele werden wir nun mit dir arbeiten und dir einige Bereiche zeigen, wo du dir mit deinen Projektionen Schwierigkeiten erschaffst.

Entspanne dich und gib dich deiner Seele hin.
Atme ganz hinunter bis zu deinen Füßen, und stell dir vor, dass dich eine Welle der Entspannung durchströmt.
Während du dich nun mehr und mehr entspannst, öffnest du dich immer mehr deiner Seele, der Wahrheit und der Göttlichkeit.
Gib dich deiner Seele hin und erlaube ihr, dir ein Hauptziel häufiger Projektionen zu zeigen, durch die du dir Schwierigkeiten erschaffst.
Lasse dir zeigen, was immer es sein mag.
Lasse dir von deiner Seele deine Vorstellungen und deine Illusionen bezüglich dieses Lebensbereichs zeigen.
Was denkst du in der Regel darüber?
Wie sind deine Gefühle?

Vielleicht möchtest du darüber nun einige Notizen machen.
Schreibe nieder, welche Vorstellungen und Gedanken du über diesen Lebensbereich hast – und zwar, ohne dass du sie bewertest.
Schreibe einfach nieder, was dir dazu in den Sinn kommt.
Du kannst dir auch bloß einige mentale Notizen machen.
Sieh dir nun zusammen mit deiner Seele an, wie du dich selbst als

Persönlichkeit genau so siehst, obwohl du dessen bisher nicht gewahr warst.
Wie sind diese Vorstellungen, Gedanken und Gefühle in Bezug auf dich selbst?
Entspanne dich einfach, öffne dich und lasse diese Erkenntnisse über dich einfach zu dir kommen.

Lasse dir von deiner Seele nun einige alternative Vorstellungen von dir aufzeigen – liebevolle Vorstellungen, Vorstellungen, die dir helfen, liebevoll zu sein.

Schaue nun zusammen mit deiner Seele nach außen in jenen Lebensbereich, wo du bisher Schwierigkeiten erschaffen hast.
Wie siehst du diesen Lebensbereich jetzt, da du liebevollere und unterstützendere Vorstellungen von dir selbst hast?
Schaue dir diesen Lebensbereich aus der Perspektive deiner Seele an und sieh dabei die Essenz – die Liebe, das Licht und das Bewusstsein.
Sieh, wie alle Menschen immer nach bestem Wissen und Vermögen Liebe und Unterstützung ausdrücken oder empfangen.
Denn alles, was ein Mensch tut, hat nur eines von zwei möglichen Motiven: entweder Liebe oder ein Bedürfnis nach Liebe.
Schaue dir diese Lebenssituation nochmals aus der Sichtweise deiner Seele an und erkenne, wie du sie nun anders siehst.
Wie siehst du sie nun?
Wenn du dich selbst veränderst und die volle Verantwortung für dich und deine Liebe übernimmst, dann siehst du in der Außenwelt mehr Liebe. Du beginnst, das Paradies zu finden.
Du beginnst, dir ein erfolgreiches Leben zu erschaffen und schaust durch die Illusionen hindurch in die Göttlichkeit.

Was du in anderen und in der Außenwelt siehst, ist in dir.
So hast du dein Leben erschaffen, und so hat die Quelle die Existenz erschaffen – indem sie ein Bild von sich selbst projiziert, dieses anschaut und ihm dabei mit ihrem Fokus Leben einhaucht.
Wenn du dessen nun bewusster gewahr wirst, kannst du dir ein Leben erschaffen, das so funktioniert, wie du es möchtest.

Und damit beginnst du, die Welt zu verändern.
Du kannst im Zusammenleben der Menschen mehr Liebe und Harmonie erschaffen und die Erde für die Göttlichkeit öffnen.

Komme nun allmählich zurück und erde dich gut.

Fragen und Antworten

Projektion und der Wunsch zu heilen

Verstehe ich es richtig, dass die Absicht, einen Menschen oder ein Tier zu heilen, eine Projektion ist? Bin ich damit in eine Falle gegangen, die ich mir selbst gestellt habe?

Auf der Erde gibt es etwas, das wir das »Heilersyndrom« nennen. Du weißt, dass jetzt viele Menschen mit Licht oder mit dem Selbstbewusstsein zu arbeiten beginnen. Sie haben das Bedürfnis, ihre Erfahrungen weiterzugeben und jeden Menschen in ihrem Umfeld wieder in Ordnung bringen.
Das kommt von der Persönlichkeit.
Damit sagen wir nicht, dass es schlecht ist, sondern lediglich, dass es von jener Persönlichkeitsstufe kommt, die zu einem großen Teil illusionär ist.
Das Entscheidende dabei ist, dass du keinen anderen heilen und für keinen anderen entscheiden kannst. Du kannst der Welt jedoch deine Gaben schenken. Biete sie ihr an und überlasse es der Welt, ob sie sie annehmen will oder nicht.
Du kannst nicht darüber entscheiden, ob ein Mensch geheilt wird oder nicht – oder ob dieser Mensch überhaupt geheilt werden will. Du hast auch keine Ahnung, weshalb seine Seele eine bestimmte Situation gewählt hat.
Damit wollen wir aufzeigen, dass dir der starke Wunsch, jemanden zu heilen, etwas über das sagt, was du in dir selbst heilen möchtest.

Stündest du schon auf der Stufe eines Meisters, verspürtest du einfach den Wunsch zu lieben und das zu sein, was du bist, wodurch du ein Geschenk an die Welt wärst. Mit diesem Potenzial könntest du viel mehr verändern, als wenn du von der Persönlichkeitsstufe aus handelst, denn dann stellst du es den anderen frei, ob sie auf dich reagieren wollen oder nicht.

Wenn du hingegen beschließt: »Okay, ich möchte dich heilen, und es muss funktionieren«, dann blockierst du diesen Menschen, weil du ihm keinen Raum lässt.

Es geht also einzig um das, was in dir selbst ist.

Neue Projektionen erfordern mehr Energie

Muss man während der Meditation jedes neue Glaubenssystem gesondert energetisieren? Oder muss man gar für jedes Glaubenssystem eine neue Meditation machen? Oder reicht es auch, wenn ich einfach einen positiven Gedanken oder Satz denke?

Du kannst es auf die eine oder die andere Art machen. Die Wirkung wird verschieden sein.

Wenn du dich hinsetzt und sagst: »Ich hatte dieses Glaubenssystem, und ich will es nun so und so verändern«, dann mag das eine gewisse Wirkung haben, allerdings keine sehr tiefgreifende und nachhaltige.

Normalerweise hast du einige wenige Glaubenssysteme, die im Verlaufe deines Lebens auf unterschiedliche Arten sichtbar werden. Während deines ganzen Lebens energetisierst du sie, und zwar jedes Mal, wenn dein Fokus dort ist.

Wenn du diese Übung nur einmal machst und sagst: »Dies ist mein neues Glaubenssystem«, ist die Energie, die dort hinfließt, ein Nichts im Vergleich zu der Energie, die du in das alte Glaubenssystem hineingeschickt hast. Du musst dem neuen Glaubenssystem also wirklich viel Energie geben, damit es zu deiner Wirklichkeit wird.

Vorteilhaft wäre, mit dem neuen Glaubenssystem eine kurze Meditation zu machen. Du dehnst dein Zentrum der göttlichen Kreativität, deinen Fokus aus, bis er dich umgibt. Dann gibst du das neue Glaubenssystem in deinen Fokus und lässt es sich dort energetisieren. So energetisierst du ein neues Glaubenssystem wirklich sehr kraftvoll.

Neue Projektionen erfordern Geduld

Wenn mein neues Glaubenssystem noch nicht zu meiner Wirklichkeit geworden ist, weil es noch zu wenig Energie hat, welche Wirkung haben dann Ereignisse, die dem neuen Glaubenssystem widersprechen? Beispielsweise nahm ich mir die Vision vor »Ich bin es wert, dass ich mir meinen Raum nehme.« Dann klingelte das Telefon, jemand wollte etwas von mir, und augenblicklich fiel ich wieder in die Opferrolle zurück. Ich war unfähig, es anders zu machen.

Wenn du bisher nicht fähig warst, es sofort zu tun, dann kannst du es jetzt oder in der Zukunft tun. Das Großartige daran ist, dass du jetzt klar siehst, wie du in diese Opferhaltung hineingehst.
Sei geduldig. Wenn du dein Leben lang das Opfer von Männern gespielt hast, verändert sich das nicht in einer Sekunde.

Visionen und die Veränderung der Wirklichkeit

Wenn wir in einer Meditation all unsere Visionen in das Zentrum der göttlichen Kreativität legen und die Meditation regelmäßig machen, dann müsste sich doch die ganze Wirklichkeit verändern.

Wenn du eine Vision in einer Meditation regelmäßig energetisierst, dann wird das zunächst deinen Glauben daran stärken, dass sich die Dinge entsprechend verändern werden.
Denn siehst du: Viele Menschen möchten die Welt verändern. Damit das möglich ist, müssen sie wirklich sehr gut geerdet und hier sein.
Wenn du Millionen von Menschen erreichen willst, musst du deine Vision so weit ausdehnen, dass du sehen kannst, dass es möglich ist und du fähig bist, alles zu erschaffen, was für diese Veränderung auch materiell nötig ist.

Viele Lichtarbeiter befinden sich jedoch in einer Lage, wo sie allein schon glücklich sind, wenn sie ihre monatlichen Zahlungen bewältigen können. Ihnen fehlt also das Gefühl, für die Welt erschaffen zu können, was immer diese braucht – sofern sie nicht in Luftschlössern leben. Wenn sie nicht einmal in ihrem Leben erschaffen können, was sie brauchen, wie sollten sie es denn für den Rest der Welt machen?
Darum ist es wichtig, dass die Visionen beständig erweitert, gleichzeitig aber die kleinen Visionen beibehalten werden. Auch diese müssen immer mehr ausgedehnt werden, damit davon immer mehr wirklich werden können.
Du kannst außerdem in deiner Vision deine Offenheit bestätigen und sagen: »Diese Vision möchte ich erschaffen; dies ist die Vision, die ich erschaffen will – oder eine noch bessere.« Damit fügst du hinzu, dass du auch für etwas viel Besseres offen bist.

Die Projektionen des Arztes

Wenn ich als Arzt in einem Spital täglich um kranke Menschen herum bin, ist dann das auch eine Projektion?

Ja, und zwar die Vorstellungen, die du davon hast. Was immer du in der Außenwelt siehst, ist in dir.
Deine Projektion ist irgendetwas und alles, was du in der Außenwelt siehst. Alles, was du gerne siehst, und alles, was du nicht gern siehst, sind deine Projektionen. Du siehst dich selbst.
Jeder Arzt sieht je nach seinen Vorstellungen etwas anderes. Beispielsweise: »Das hier kann ich heilen. Ich kann diese schönen Menschen unterstützen. Mit dem, was ich tue, unterstütze ich das Leben.« Oder er kann sagen: »Oh, diese armen Menschen.«
Was du siehst, hängt also von dem ab, was in dir drin ist. Was du siehst, ist nicht objektiv. Es gibt keine objektive Wirklichkeit. Alles ist vollkommen subjektiv. Keine zwei Menschen erfahren das, was sie sehen oder hören, genau gleich. Sie mögen wohl ähnliche Erfahrungen machen. Doch diese sind völlig gefärbt von ihren Filtern und Vorstellungen. Was du siehst, sagt nur etwas über dich selbst aus.

Du kannst also nicht für einen anderen Menschen sehen, sondern nur für dich selbst. Du siehst die Vorstellung von dir selbst, dein Bild. Wenn du es nicht liebst, kannst du es in ein besseres Bild umändern.

Projektionen, Kriege, Hungersnöte und Armut

Bedeutet es also, dass Hungersnöte, Armut, Gewalt und Brutalität auch in mir sind, solange ich sie in der Außenwelt sehe? Beziehungsweise wenn ich sie nicht mehr sehe, dann bedeutet das, dass sie nicht mehr in mir sind und es in der Außenwelt keine Kriege und Hungersnöte mehr gibt?

Es bedeutet, dass du sie nicht mehr siehst und sie darum nicht vermehrst. Was du dann siehst, sind Menschen, die sich nach Liebe sehnen, Menschen, die Fairness erschaffen und göttliche Ordnung herstellen wollen, Menschen, die sich nach Frieden sehnen. Du wirst ihr Licht sehen, ihren Drang zusammenzukommen und eine göttliche Lebensform zu finden.
Wenn du das siehst, dann ist es auch das, was du erschaffst.
Wenn du die Wirklichkeit so siehst wie die spirituellen Führer, dann siehst du das Potenzial, das Licht, die Sehnsucht nach Liebe. Wenn die spirituellen Führer die Erde sehen, dann sehen sie Licht und die Bereiche, wo sie noch mehr Liebe hingeben können, Orte, die erleuchtet werden wollen. Weil ihr jedoch in der Trennung lebt, in einem Bereich also, der im Wesentlichen von der Quelle abgetrennt ist, seht ihr angstbesetzte Dinge.
Wenn du dich von all deinen angstbestimmten Gedanken und Gefühlen befreist und all deine Begrenzungen losgelassen hast, dann wirst du nichts Angstbesetztes mehr sehen, und damit wirst du es auch nicht mehr erschaffen.
So wird sich die Wirklichkeit hier verändern: Indem ihr bewusst entscheidet, ob ihr Göttlichkeit statt Ängste, Probleme und Machtkämpfe erschaffen wollt.

Die Projektion des eigenen Schmerzes

Ich liebe meine Kinder sehr. Bevor sie abends nach Hause kommen, erschaffe ich die Vorstellung von mir als Liebe und Licht und dass alles harmonisch ist, wenn sie zu Hause sind. Doch sobald etwas nicht so ist, wie sie es haben wollen, machen sie mir Vorwürfe. Das möchte ich ändern. Wir haben schon darüber gesprochen und erkannt, dass noch Ängste in mir sind. Eigentlich habe ich keine Ängste mehr – außer der Angst, verletzt zu werden. Und ihre Vorwürfe verletzen mich.

Wenn sie dir Vorwürfe machen, dann sage dir einfach: »Aha, sie machen mir Vorwürfe« oder »Aha, heute scheinst du in Vorwurfslaune zu sein. Ich glaube, ich werde Kaffee machen. Magst du auch einen?«

Wenn dich ihre Vorwürfe verletzen, dann ist dies das Problem. Der Schmerz rührt nicht davon, dass sie dir Vorwürfe machen oder du sie irritierst – das ist ihr Ding. Das Problem ist der Schmerz in dir. Er entsteht, weil du ihnen glaubst.

Du reagierst auf ihre Vorwürfe. Du glaubst ihnen, und nur das kann dir Schmerzen verursachen. Du glaubst ihnen, dass du etwas falsch gemacht hast, dass du irgendwann einmal als Mutter nicht gut genug warst, und nun siehst du das Resultat.

Du hast nichts falsch gemacht. Deinen Kindern steht es frei, ein Problem zu haben, wenn sie das wollen. Das ist nicht dein Problem. Wenn du das realisierst, dann kannst du sie auch unterstützen.

Du musst einfach das Glaubenssystem loslassen, wonach du etwas falsch gemacht hast und man dir Vorwürfe machen muss, wenn die Kinder nicht glücklich sind.

Vielleicht würdest du heute manche Dinge tatsächlich anders machen. Aber du hast immer nach bestem Wissen und Können gehandelt. Erkenne das.

Es schmerzt dich, dass sie das nicht sehen. Respektiere dich selbst für alles, was du getan hast. Erwarte nicht von deinen Kindern, dass sie dir sagen, du seiest eine gute Mutter gewesen. Selbst wenn sie es sagten, würdest du ihnen nicht glauben.

Wenn du es wirklich glaubtest, dann hättest du keine Schmerzen.

Der Glaube an die eigene Fehlbarkeit

Während wir mit den fünf Schlüsseln arbeiteten, erkannte ich in mir ein Muster, wonach ich mich bisher nie respektiert und geliebt habe. In einer Partnerschaft gab ich mich einfach auf, weshalb ich ständig Probleme hatte. Ich wurde sehr aggressiv und wollte nie irgendeine Hilfe annehmen. Ich frage mich, warum das nicht besser wird. Der Fokus bewirkt nichts.

Du wirst das Seminar so lange wiederholen müssen, bis du dich nicht mehr fragst, ob du wohl etwas falsch machst. Du kannst nichts falsch machen. Was du machst, kann höchstens eine Erfahrung bewirken. Das ist aber nichts Falsches.

Noch etwas anderes tust du nicht, und das ist unseres Erachtens das eigentliche Thema: Unserer Meinung nach liebst du das Leben nicht. Dein Wunsch nach einer Partnerschaft beruht nicht darauf, dass du das Leben liebst und es mit jemandem teilen möchtest, sondern auf deinem Wunsch, dass der Partner dein Leben verschönert. Es scheint, als ob dir das Leben in sich selbst eine Last wäre – und das ist ein leicht verdrehtes Glaubenssystem. Das kannst du ändern, und damit wird sich alles andere ändern.

Unternimm darum alles dir Mögliche, um das Leben zu lieben. Umarme es wirklich in all seinen Erscheinungsformen.

Du machst nichts falsch. Hier ist ein weiteres Glaubenssystem, das du immer noch in dir hast. Du glaubst, du müssest immer nett sein. Aber du musst nicht immer nett sein. Du kannst du selbst sein. Dein wahres, authentisches Du ist ein sehr liebes Wesen. Doch solange du nicht erkennst, welch liebes Wesen du bist, und solange du das Leben nicht liebst, versuchst du gegenüber den anderen Menschen lieb zu sein, damit sie nicht realisieren, dass du nicht echt bist. Du musst niemandem vorspielen, dass du nett bist, weil du es bist.

Widersprechende Glaubenssysteme

Wenn mir jemand sagt: »Du bist liebenswert« und dergleichen, dann fällt es mir schwer, es zu glauben. Ich zweifle daran und habe Mühe, es anzu-

nehmen. Geben fällt mir leichter als nehmen. Und ich mache mir das Leben oft recht schwer, statt dass ich akzeptiere, dass die Dinge auch leicht gehen können.

Nur so geht es. Du hast es viel einfacher in deinem Leben, wenn alles fließt. Das Entscheidende dabei ist, dass diese Glaubenssysteme da sind, selbst wenn du ihrer nicht bewusst gewahr bist. Dennoch ist dein Gewahrsein dort, und wenn jemand sagt: »Oh, du siehst aber gut aus«, dann mag der eine Teil von dir es glauben, doch der andere Teil, ein anderes Glaubenssystem, sagt gleichzeitig: »Oh, ich schaue überhaupt nicht gut aus. Ich habe heute morgen mein Haar nicht gewaschen – wie kannst du das bloß sagen?« oder »Du brauchst wohl eine Brille!«
Dein Gewahrsein ist auf all diese Dinge gerichtet und damit auch dein Fokus und die schöpferische Kraft. Wenn nun also deine ganze energetische Gegenwart in diesen Fokus geht, dann wird alles so erschaffen. Also nicht nur die Dinge, von denen du weißt, dass du ihrer gewahr bist, sondern alles. So funktionierst du, so funktioniert ihr alle. Du bist schöpferisch, und du bist Teil dieser unendlichen Schöpfung.
Darum ist es von Vorteil, wenn du alles, was du nicht magst, einfach ausradierst. Das Gute daran ist, dass du von Dingen, derer du bewusst gewahr bist, mehr erschaffst als von Dingen, von denen es dir nicht bewusst bist, dass du ihrer gewahr bist.
Deine Kraft, Dinge zu erschaffen, die du bewusst gewahrst, ist sehr viel stärker. Darum ermutigen wir euch alle, voll bewusste Wesen zu werden, die all das, was ist und nicht ist, bewusst gewahren, und ebenso alles gewahren, was sie erschaffen, und darum keine Überraschungen erleben.

Die anderen Glaubenssysteme erschaffen mit

Wieso ist denn das unbewusste Gewahrsein so rasch beim Erschaffen? Wieso bringt es den Fokus so rasch dorthin?

Weil dein Fokus stets dorthin geht, wo dein Gewahrsein ist.
Das Tempo kannst du nach Belieben regeln. Nehmen wir als Beispiel,

dass du dir ein schönes, rotes Kleid erschaffen möchtest. Du machst dir ein Bild von diesem schönen, roten Kleid und nimmst dir fest vor, es zu erschaffen. Gleichzeitig erschaffen aber auch all die Glaubenssysteme mit, die du rund um dieses Kleid hast. Beispielsweise: »Himmel, nein! Rot steht mir nicht, weil ich darin dick aussehe« und »Du kannst dir kein rotes Kleid leisten«, »Dein Mann wird es nicht mögen, dass du schon wieder ein Kleid gekauft hast«, »Nur verrückte Frauen tragen Rot; Rot ist so auffallend; in Rot sehe ich so bleich aus.«
Falls du alle diese Glaubenssätze hast, dann erschaffen auch diese mit. Mit der bewussten Absicht erschaffst du dir zwar dieses rote Kleid, du gehst im Laden dann aber daran vorbei, weil du es wegen all der anderen Programmierungen nicht siehst.
Hättest du all diese widersprechenden Programmierungen nicht, wärst du ein Sofort-Manifestierer. Jemand würde dann am selben Abend an deine Türe klopfen und sagen: »Weißt du, ich habe da ein rotes Kleid gekauft, aber es passt mir nicht so richtig. Darum dachte ich, dass du es vielleicht haben möchtest.«
Du bist ein Schöpfer, und allein darum geht es. Du kannst die Wirklichkeit wieder und wieder neu erschaffen.

Lass unerwünschte Glaubenssysteme los

Wäre es nicht auch möglich, einfach zu sagen, dass ich ein rotes Kleid will, und meinen Fokus darauf zu richten? Und um all die anderen Glaubenssysteme lege ich Engelsessenz – denn anders würde ich einfach irre werden.

Wie gesagt: Wenn du jetzt schon alles erschaffen könntest, indem du einfach deinen Fokus darauf richtest, dann wärest du ein Sofort-Manifestierer. Solange immer noch eine gewisse Zeitspanne besteht zwischen dem, was du willst, und dem Zeitpunkt, da du es bekommst, erschaffst du auch noch andere Dinge. Daran ist nichts Falsches. Du kannst das rote Kleid immer und immer wieder fokussieren, bis du es bekommst.
Wir fragen dich hingegen: Wieso solltest du an Glaubenssystemen

festhalten wollen, die dich nicht unterstützen? Du brauchst sie nicht mit dir herumzutragen, wenn sie dir keine Freude beim Erschaffen deines Lebens bereiten. Wir schlagen dir darum vor, dass du dich davon befreist. Dann wirst du immer Freude erfahren.

Auch das musst du natürlich nicht tun. Du kannst tun, was du willst. Wie wir schon sagten: Wenn du deinen Fokus bewusst lenkst, hast du mehr Kraft. Und je mehr du deinen Fokus bewusst lenkst, desto stärker wird er.

Es geht mehr Energie in das, was du bewusst fokussierst, als in Dinge, die du nicht bewusst gewahrst und die dir Energie wegnehmen. Wir sehen keinen Sinn darin, dass du all die Dinge erschaffst, die du nicht willst.

Gedanken und Gefühle gehören nicht dir

Ich liebe meine Zweifel nicht. Und doch kommen sie immer wieder hoch. Wie kann ich damit umgehen?

Erkenne zunächst, dass du eins bist mit allem, was ist. Du bist eins mit allen Menschen. Darum verbindest du dich mit der riesigen Gedankenform und all den Glaubenssystemen, die die Erde umgeben. Darum gehören Gedanken nie dir allein.

Sobald ein Zweifel oder ein Widerspruch hochkommt, transformierst du ihn einfach. Du kannst dir sagen: »Okay, der gehört nicht mir.« Solange du glaubst, er sei dein privates, persönliches Ding, glaubst du auch, ihn analysieren zu müssen. Wenn du hingegen glaubst, der Zweifel gehöre einem Mister X in Kuala Lumpur, fällt es dir leichter, ihn einfach zu neutralisieren.

Vielleicht bist du auf der Erde, um das gesamte Glaubenssystem zu neutralisieren. Das geschieht, indem du deinen Fokus auf das lenkst, was du willst.

Du kannst Gedanken nicht »besitzen«. So etwas wie »deine Gefühle« gibt es nicht. Du hast keine Gefühle, du wirst ohne sie geboren. Du wirst als das Wesen, das du bist geboren, ausgestattet mit physischen Sinnen und all deinen Energiekörpern.

Die Gedanken und Gefühle in deinen Energiekörpern gehören, wie gesagt, nicht dir, sondern sind lediglich Energien aus dieser riesigen, illusionären Energieform. Du lässt diese Energien durch dein Energiesystem fließen.

Nur, weil du das schon so viele Male getan hast, fühlen sich die Gefühle so an, als ob sie dir gehörten, weshalb du sagst: »Meine Gefühle sind...«, »Ich höre auf meine Gefühle...« und so weiter.

Gefühle und Gedanken sind dasselbe. Es gibt zwischen ihnen keinen Unterschied. Es ist dieselbe Energie, die du entweder durch den Emotional- oder durch den Mentalkörper oder durch beide fließen lässt.

Wir empfehlen dir darum, deine Gedanken bewusst zu wählen. Du kannst tatsächlich wählen, welche Gedanken du haben willst und welche nicht. Aber kontrolliere sie nicht.

Wenn welche kommen, die du nicht haben willst, dann lass sie einfach dein System durchqueren. Häng ihnen nicht nach, indem du dich fragst: »Wieso denke ich das denn bloß?«

Du kannst das natürlich tun. Es gehört zum Glaubenssystem der Menschen, dass sie hier sind, um etwas zu »lernen«.

Strafbarkeit ist ein Glaubenssystem

Habe ich richtig verstanden, dass nichts irgendwelche Konsequenzen hat? Wieso muss ich denn noch ein Seminar besuchen? Ich vergewaltige, morde, tue alles, was man nicht tun sollte, und komme nach meinem Tod dennoch zu Gott?

Klingt paradox, nicht wahr?

Du bist nur so lange in Seminaren, wie du Illusionen hast. Ohne Illusionen brauchst du kein Seminar. Außer du besuchst sie, weil sie dir gut bekommen.

Um zu Gott zu kommen, musst du ganz gewiss keine Seminare besuchen. Sie können dir aber helfen, die Zahl deiner Glaubenssysteme zu vermindern. So hast du nicht mehr so viele davon, wenn du dem großen Licht gegenüberstehst. Jene, die dir geblieben sind, erschaffst du nämlich auch auf der anderen Seite immer wieder.

Ohne die Glaubenssysteme könntest du einfach sagen: »Toll, hier bin ich!«
Es gibt keine Konsequenzen. Wir wissen, dass das für die Menschen schwer zu akzeptieren ist. Sie meinen, Gott lasse einen Menschen, der in seinem Leben jemanden getötet oder geschlagen hat, nicht in seinen Garten ein.
Das ist nicht so. Das Schöne daran ist, dass keiner solche Dinge mehr täte, würde er realisieren, dass sie keine Konsequenzen haben. Er würde nämlich erkennen, dass er sich in diesem Leben höchstens seine eigene Hölle erschafft, weil er seine eigenen Schöpfungen lebt. Solange jemand an Strafe glaubt, wird er sie natürlich auch erleben.

Du filterst Erfahrungen durch deine Glaubenssysteme

Erschaffe ich eine Illusion schon dadurch, dass ich eine Erfahrung in Worte kleide?

Ja, denn du filterst deine Erfahrung durch ein wie immer geartetes Glaubenssystem.
Beobachte einmal kleine Kinder. Selbst wenn sie in ihrem Körper schreckliche Schmerzen haben, haben sie doch keine Vorstellung davon. Zwar schreien sie wie wild, doch sobald der Schmerz weg ist, denken sie nicht mehr daran. Sie filtern die Erfahrung durch kein Glaubenssystem. Sie sind vollkommen im Jetzt, ohne dass irgendein Filter der Erfahrung noch etwas hinzufügt – oder jedenfalls nicht viel.

Der Glaube erschafft das Geglaubte

Könnt ihr mir etwas über meine Hauptthemen sagen? Ich habe das Gefühl, dass gewisse Themen immer und immer wiederkehren. Beispielsweise die Themen »Angst«, »Selbstwert« und »Kontrolle«.

Dein Hauptthema ist, dass du in der Illusion lebst, ein Hauptthema

zu haben. Ist es für dich denn so wichtig, ein Hauptthema zu haben? Du brauchst kein Hauptthema, um dich mit anderen Lichtarbeitern identifizieren und es mit ihnen besprechen zu können.
Solange du glaubst, ein Hauptthema zu haben, lebst du diese Illusion und begegnest ihr immer wieder. Auch wenn du ein Thema in einer Therapie durcharbeitest, dich danach besser fühlst und denkst: »So, nun komme ich der Sache endlich näher«, wirst du bald in eine nächste Situation hineingeraten, wo du deinem Hauptthema wieder begegnest. Und so geht es weiter.
Du kannst wählen, was du erforschen willst. Möchtest du sagen: »Ich möchte meine Kontrollmuster erforschen«, »Ich möchte erforschen, wie es ist, mich selbst nicht zu lieben« oder möchtest du sagen: »Ich möchte die Existenz erforschen.«
Gegenwärtig erforschst du deine »Themen«, nicht wahr? Du kannst also selbst entscheiden, ob du dich gut fühlen willst, weil du die Existenz erforschst, oder ob du dich schlecht fühlen willst, weil du Angst erfährst: »Ich verspüre Angst, wenn ich die Tatsache erforsche, dass ich keinen Selbstwert habe. Oh, all diese Angstattacken! Ich erfahre jetzt, wie es ist, wenn man wegen solcher Ängste nicht gut atmet und sich in seinem Körper ziemlich schlecht fühlt.«
Falls es dir Spaß macht, kannst du so weitermachen. Wenn es dir keinen Spaß mehr macht, dann erkenne, dass es nur ein Glaubenssystem ist, wonach du »deine Themen« erforschen sollst.
In deinem Leben hast du »deine Themen« schon so viele Male erlebt, dass sie zu einer sich selbsterneuernden Energieform geworden sind, zu der dein Gewahrsein von Zeit zu Zeit hingeht. Damit erschaffst du sie immer wieder, selbst wenn du immer wieder einmal etwas auflöst. Du kannst beschließen, diese Energieform zu ändern, indem du realisierst, dass du die Kraft dazu hast. Du hast auch die Kraft, so weiter zu machen. Du bist frei, zu tun, was du willst. Außer den Lichtarbeitern verurteilt dich deswegen keiner, denn du bist frei, zu erforschen, was du willst.
Die Lichtarbeiter sagen: »Wenn du dieses Thema erfährst, dann ist da eine Lektion zu lernen. Komm zu mir, und ich erzähl dir alles darüber.« Das ist bloß ein Glaubenssystem. Und daran ist überhaupt nichts Falsches. Du kannst es erforschen, wenn es dich freut. Du kannst es

erfahren, wenn du willst, und noch mehr davon erschaffen.Wenn du dir die Menschheit als Gesamtes anschaust, kannst du erkennen, was sie sich auf diese Weise erschafft:
Millionen und Abermillionen von Menschen sitzen täglich stundenlang vor dem Fernseher und schauen sich Nachrichten an. Dabei erfahren sie nichts anderes, als wieviele Menschen auf welche Art an diesem Tag getötet worden sind. Dann sagen sie: »Nach den Nachrichten schauen wir uns einen Film an, wo sich Menschen gegenseitig töten. Wir sehen dann all diese bösen Buben und den großen, starken Kerl, der die bösen Buben einsackt.« Damit energetisieren sie das.
Sie erschaffen sich auch starke Glaubenssysteme, wonach sie nicht auf dem Laufenden sind, wenn sie nicht täglich in den Zeitungen lesen, wieviele Menschen getötet worden sind. Das gehört zu ihrer Allgemeinbildung. Sie fühlen sich verantwortlich zu wissen, was in der Welt vor sich geht. So konsumieren sie schon beim Frühstück Katastrophen und Nahaufnahmen von jemandem, der gerade angeschossen und mit der Ambulanz weggefahren wurde. Danach sagen sie: »Gut, jetzt weiß ich, was in der Welt so alles los ist.« Anschließend rufen sie ihre Freunde an und sagen: »Hast du gehört, ...! Ist das nicht schrecklich?«
Und so weiter und so fort. Nachmittags sagen sie sich: »Jetzt möchte ich keinen Krimi sehen«, weshalb sie sich eine Seifenoper anschauen, die voller Intrigen ist. Und sie denken sich: »Wie kann dieser den andern bloß so reinlegen!«
Diese Menschen lenken ihre ganze schöpferische Kraft in diese Themen und erschaffen damit eine riesige Energieform. Würdet ihr euch das von außen anschauen, würdet ihr denken: »Diese Menschen wollen Katastrophen, sie wollen sich gegenseitig zerstückeln, sie lieben das Töten.«
Denn sie lieben es, dorthin ihren Fokus, ihre Aufmerksamkeit und ihr Gewahrsein zu lenken. Nachher sind sie überrascht, und sie fragen sich: »Warum bloß nimmt die Kriminalität derart zu?« Weil die Kriminalität zunimmt, müssen sie noch mehr Nachrichten sehen, und noch mehr Menschen fühlen sich gedrängt, Filme über diese Themen zu drehen. Danach sind wiederum noch mehr Menschen inspiriert, diese Filme zu sehen. Wenn sie dann dergleichen in ihrem Alltag erleben, fragen sie sich: »Warum bloß?«

Jedes einzelne der schönen Wesen auf dieser Erde ist ein Schöpfer. Und jedes lebt seine eigenen Schöpfungen. Weil dem so ist, seht ihr eure Schöpfung in der Außenwelt bei den anderen, falls ihr sie nicht in eurem eigenen Leben seht – denn ihr erschafft auch für die Menschheit.
In eurer Kultur glauben 95 Prozent der Menschen, dieses Glaubenssystem energetisieren zu müssen. Sie begreifen nicht, wieso mehr und mehr davon in den normalen Alltag hereinkommt.
Ebenso ist es mit deinem Glauben und deiner Angst. Du sendest deine schöpferische Kraft durch dieses Glaubenssystem und siehst es immer wieder. So ist die Welt beschaffen, ob dir das nun gefällt oder nicht.
Wir können dir über deine Hauptthemen also so viel sagen, dass du eines haben wirst, solange du glaubst, eines zu haben. Es steht dir frei, eines zu haben.
Du bist kein schlechter Mensch und kein schlechter Lichtarbeiter, wenn du Angst hast.
Wir schlagen dir vor, mit den fünf Schlüsseln zu arbeiten, falls du keine Freude an deiner Angst hast. Und wir empfehlen dir, die Angst zu ersetzen durch »Ich bin stets freudevoll und in vollkommenem Frieden.« Dann höre in dich hinein und sieh nach, ob du in dir eine Verneinung wahrnimmst. Ändere sie, wenn sie dir keine Freude macht.

Im Grund sehnen sich alle nach Frieden

Journalisten und Reporter, welche die Nachrichten produzieren, machen doch nur ihren Job, weil es so viel Angst vor dem Töten gibt. Eigentlich wollen wir alle doch nur Frieden auf dieser Welt.

Journalisten und Reporter offerieren die Energie der Nachrichten jenen, die diese lieben. Genauso, wie du das Licht, die Schönheit, die Harmonie und den Frieden jenen offerierst, die das lieben.
Jeder Mensch sehnt sich in seinem Herzen nach Liebe und Frieden; aber du kannst ihn nicht erzwingen. Jeder will sich mit der Quelle verbinden. Du bist hier, um ihnen das anzubieten, um einen Weg dafür zu bahnen.

Die meisten dieser Menschen fühlen sich verloren, wenn sie allein sind. Sie fühlen sich nicht wohl. So wie früher auch ihr, stehen sie vor dem Spiegel und sagen: »Da muss es doch noch etwas anderes geben.« Sie rufen nach Unterstützung. Du kannst ihnen deine Hilfe anbieten, aber du kannst sie ihnen nicht aufzwingen.
Du kannst dein Leben so gestalten, dass es gut funktioniert, und du kannst ihnen zeigen, dass es möglich ist, mit anderen Menschen in Harmonie zu leben.
Tatsache ist jedoch, dass die Illusionen eine süchtig machende Eigenschaft haben. Wenn du einmal an sie glaubst, bleibst du darin stecken und beginnst, sie haben zu müssen.
Immerhin – diese Energieform wird jetzt allmählich schwächer.

Menschen halten oft lieber an Problemen fest

Ich lebe in einer Beziehung mit einem um 20 Jahre jüngeren Mann und habe Angst, von ihm verlassen zu werden. Wie gehe ich mit dieser Angst um? Soll ich mir sagen, dass dies bloß ein Gefühl aus dem Massenbewusstsein ist, weil es keine Gefühle gibt, die mir gehören?

Zunächst musst du dein Glaubenssystem erkennen, wonach ein Mann eine um 20 Jahre ältere Frau eines Tages wegen einer anderen Frau verlassen wird. Zudem hast du das Glaubenssystem, wonach du leiden wirst, wenn er das tut. Das hindert dich daran, die Beziehung zu genießen. Deiner Meinung nach wird er weggehen, und das wird dich schmerzen.
Deswegen kannst du nicht im Jetzt sein und die Schönheit der Beziehung genießen. Du hast beschlossen, diese Schönheit durch deine Glaubenssysteme zu filtern. Das brauchst du nicht zu tun; du kannst das Glaubenssystem verändern. Welchen Sinn sollte es denn haben?
Die Frage ist, ob du ändern willst, was dich stört, nämlich deine Glaubenssysteme.
Was aber wäre, wenn dein Leben gut funktionierte und du immer glücklich wärst?
An diesen Fragen kannst du sehen, warum die Menschen oft lieber

an ihren Problemen festhalten. Es fällt ihnen leichter, sich mit ihren Problemen zu identifizieren, denn sie fragen sich, was sie mit all ihrer Energie wohl tun würden, wenn sie keine Probleme mehr hätten.
Stünde es dir frei, dein Leben in jedem Augenblick zu genießen, hättest du keine Probleme. Was würdest du tun?
Nimm dir also etwas Zeit und stell dir ein Leben vor, das vollkommen funktioniert, und stell dir vor, dass dir das ein gutes Gefühl gibt.
Weißt du, die meisten Lichtarbeiter haben eine Riesenangst vor einem Leben, das gut funktioniert, denn was würden sie dann bloß mit ihren Energien machen? Und wenn sie außerdem nicht mehr essen und schlafen – du meine Güte! – was sollen sie täglich 24 Stunden lang ohne Probleme machen?

Ist Liebe zum Kind ein Glaubensmuster?

Die einzige bedingungslose Liebe, die es gibt, ist die einer Mutter zu ihrem Kind. Ist das auch ein Glaubensmuster, das man loslassen sollte?

Ja, wenn du so willst. Denn das Wort »bedingungslos« ist in sich schon ein Urteil. Man könnte sagen, dass die bedingungslose Liebe der wahren Liebe am nächsten kommt, solange du Illusionen hast. Wenn du keine Illusionen mehr hast, dann gibt es nur noch die göttliche Liebe – die Liebe, die ist, und zwar überall.
Man könnte also sagen, dass die bedingungslose Liebe die göttliche Liebe ist, die durch Illusionen gefiltert wurde. Und das ist großartig. Die Erfahrung bedingungsloser Liebe trägt dich hin zu wirklich feinen Zuständen und schönen Beziehungen.
Tatsache ist, dass du entweder liebst oder nicht liebst. Wenn du liebst, dann liebst du bedingungslos oder unbedingt.
Die größte Illusion ist, zu glauben, dass du andere nicht liebst oder ihnen deine Liebe entziehen kannst.
Liebe ist. Du kannst sie weder geben noch zurücknehmen. Du kannst sie nicht schicken – sie ist etwas, das du bist; sie ist deine Essenz und sie ist, was Gott ist. Darum wird sie nie von dir weggenommen. Sie ist immer.

Du bekommst Probleme, wenn du jemandem deine Liebe entziehen willst, weil du nämlich etwas Unmögliches zu tun versuchst. Liebe kannst du niemals zurücknehmen.
Nimm ein Beispiel: Ein Mann trifft eine Frau, die er für die wundervollste Frau der Welt hält. Darum sagt er: »Alles, was ich will, ist immer mit ihr zusammen zu sein.«
Das Umfeld wird dieses Paar nun Händchen haltend und auf Wolken schwebend sehen und denken: »Ja, ja, ihr seid noch voller Illusionen. Wartet, bis ihr dem wahren Leben begegnet.«
Wie wahr, wie wahr: Schon nach wenigen Tagen denkt er: »Wieso klammert sie sich so an mich? Und dieses stupide Lachen! Im Restaurant lacht sie immer so laut.« Und sie denkt: »Mein Gott! Wie er sich benimmt. Sein geräuschvolles Essen. Und wäscht er seine Füße und andere Körperteile überhaupt?« Sie fühlen sich trotzdem einigermaßen wohl miteinander und leben das, was ihr eine normale Beziehung im wirklichen Leben nennt. Tatsache ist, dass die beiden anfänglich die wahre Liebe erfuhren, weil sie für das offen waren, was ist, und nur das Schöne sahen.
Die meisten Menschen würden sagen, dass sie nicht auf dem Boden der Wirklichkeit waren und nicht wussten, was sie taten. Tatsächlich waren sie aber einfach Liebe. Die wenigsten Menschen können jedoch diese Liebe ertragen, weshalb sie beschließen, wieder in die Illusionen zurückzufallen und die Liebe durch die Illusionen hindurch zu filtern. »Wie nur wäre das Leben«, so fragen sie sich, »wenn da ständig Liebe wäre? Auf Wolken schweben und die ganze Zeit nur das Schöne sehen?« Das meinen sie nicht ertragen zu können und entscheiden sich stattdessen meistens für die Illusionen. Und das wird dann »wahre Liebe« genannt.

Liebe ist kein Gefühl

Ich verstehe noch immer nicht ganz. Gefühle sind Muster. Ist denn die Liebe kein Gefühl?

Nein. Wäre Liebe ein Gefühl, könnte sie auch weggehen. So erfahren es die Menschen ja auch. Denn sie glauben, sie sei ein Gefühl, das sich einstellt, wenn jemand zum Beispiel lieb zu ihnen ist.
Das sind Glaubenssysteme, und wenn diese Bedingungen nicht erfüllt sind, öffnen sich die Menschen nicht für die Liebe, die da ist. Werden die Bedingungen hingegen erfüllt, öffnen sie sich für eine Weile, bis sie einen Grund finden, sich wieder zu verschließen.
Liebe ist kein Gefühl. Sie ist, was du bist und was du selbst erfährst, und sie ist immer da. Du könntest die Liebe immer erfahren, würdest du nur das Glaubenssystem loslassen, wonach sich die Liebe einzig unter wie auch immer gearteten Bedingungen einstellen kann.
Die Quelle ist Liebe und ist deine göttliche Essenz: Liebe, Licht und Bewusstsein. Sie sind, was du bist. Sie sind die drei Bausteine von allem, was ist und was nicht ist. Die Liebe ist. Sie ist kein Gefühl, das kommt und geht, sie ist etwas, das du bist.

Darf man an der Börse Geld verdienen?

Ich habe gelernt, wie man an der Börse Geld machen kann. Eine Weile lang habe ich davon gelebt. Eigentlich möchte ich das auch weiterhin tun, und ich möchte den Verlauf der Börsenentwicklung beeinflussen. Ist es mir denn überhaupt erlaubt, die Börse zu fokussieren?

Es gibt keine Einteilung in gute oder schlechte Schöpfungen. Die einzigen, die nach guten oder schlechten Schöpfungen urteilen, sind die Lichtarbeiter. Sie sind Experten im Urteilen: Dies ist gut, dies ist schlecht, dies ist okay, das ist erlaubt, das ist dunkel und dergleichen. Normale Menschen verhalten sich nicht so. Sie mögen zwar anderes tun, aber dieses Bedürfnis, andere zu beurteilen, ist typisch für Lichtarbeiter.
Niemand in der ganzen Existenz urteilt so, denn es gibt kein Gut und kein Schlecht. Es gibt niemanden, der dir sagt, du sollest dein Geld nicht auf diese, sondern auf die andere Art verdienen. Wenn du dein Geld jedoch auf jene Art verdienst, dann wirst du nach deinem Tod eine Ohrfeige bekommen.

So geht das nicht. Diese Vorstellungen kommen von euren Glaubenssystemen.
Sprechen wir nun aber von deinen Schöpfungen. Hier kommt es auf das an, was du erschaffen möchtest. Wie sollte die Welt deiner Meinung nach sein?
Du darfst fokussieren und erschaffen, was immer dir beliebt. Da du ein immer stärkerer Schöpfer wirst, ist die Frage, was du haben willst. Du investierst in das, was deinem Glaubenssystem am meisten entspricht und was du hier auf der Welt sehen möchtest.
Lass uns einmal annehmen, dass du Kriege nicht magst, und du hast in die Kriegsindustrie investiert. Die Frage ist, ob du das willst. Es gibt niemanden, der sagt, du dürfest dein Geld nicht so verdienen. Es ist deine Schöpfung, und du entscheidest über das, was du willst und wie du die Welt haben möchtest.
Folge deiner Inspiration, wo du investieren sollst.
Wenn du dich bei einem großen Fond engagierst, ohne zu wissen, was genau dieser macht, dann nimm dir fest vor, so viel Geld zu verdienen, dass du genug zum Leben hast, und dass es auf die bestmögliche Art geschehen soll, nämlich so, dass dadurch allen Menschen geholfen wird, zur Quelle zurückzukehren.

Geld ist eine neutrale Energie

Ich lege meinen Fokus auf die Klarheit darüber, wie ich künftig arbeiten möchte. Da ist immer noch die alte Arbeitssituation, und ich entwickle mich allmählich in die neue hinein. Wenn ich mir nun noch mehr Zeit nehme, um in die neue Form hineinzuwachsen, dann habe ich nicht genug Geld zum Leben. Darum meine Frage: Wie kann ich eine neue Arbeit aufbauen und genügend Geld haben?

Erkenne zunächst, dass das Geld, das du zum Leben brauchst, ganz unabhängig von deiner Arbeit zu dir kommen kann. Es kann besser fließen, wenn du diese beiden Dinge voneinander trennst, als wenn du denkst, dass etwas auf eine bestimmte Art geschehen muss. Es mag zwar so sein, dass du mit deiner Arbeit Geld verdienst, aber

es ist keine Bedingung, und du solltest deine Arbeit nicht damit belasten.
Du kannst jeden Geldbetrag bekommen, den du willst, und brauchst dich nicht darum zu sorgen, wie du ihn bekommst. Du solltest zum Spaß arbeiten können und nicht, um dir dein Leben zu verdienen. Lass das Geld in dein Leben fließen, weil du Geld liebst und es gerne benutzt, und nicht, weil du es haben musst.
Es ist auch wichtig, dass du alle Menschen, die dir gegen Geld einen Dienst erweisen, liebst und ihnen dein Geld gerne gibst. Segne sie jedes Mal für ihre wundervollen Dienste, wenn du ihre Rechnungen begleichst, und wünsche ihnen tausendfache Vergeltung.
Wenn du beispielsweise in Miete bist, ist es dann nicht wunderbar, dass dir andere Menschen ein Heim zur Verfügung stellen und alles bereitstellen, so dass du nur noch die Miete zu bezahlen brauchst? Sie versorgen dich mit Elektrizität, Wasser und was immer und dienen dir sehr damit. Sage darum nicht »Himmel, das ist so teuer!«, sondern »Toll, für dieses Geld bekomme ich all das. Welch ein Service!« Wenn du sie so ehrst, dann wirst auch du geehrt.
Wir sprechen hier für alle Menschen, denn es handelt sich um ein Thema, das viele betrifft.
Es ist wichtig, dass ihr das Geld liebt. Geld ist eine völlig neutrale Energie, die ihr in euer Leben bringt. An Geld gibt es nichts Gutes und nichts Schlechtes. Es ist einfach Geld. Ihr könnt es lieben und so erlaubt ihr ihm, in euer Leben hereinzufließen.
Geld kann auf vielerlei Art in euer Leben kommen. Nehmen wir einmal an, euer Lebenswerk bestehe daraus, dass ihr auf einen Berg steigt und dort meditiert, um Energie hereinzubringen. Es kann sein, dass ihr nicht direkt Geld bekommt, sondern sogar Geld ausgeben müsst, um euch dieses Lebenswerk zu ermöglichen. Ihr müsst für Flugtickets, Übernachtungen in Hotels, Essen, Kleidung und dergleichen mehr sorgen. Darum ist es nötig, dass ihr dem Geld erlaubt, so in euer Leben zu kommen, wie es möchte. Dann hängt es nur noch von euch ab, wieviel Geld ihr haben möchtet.
Wieviel Geld benötigst du?

Für viele ist Geld unter ihrer Würde

Ich möchte die Menge begrenzen, damit ich noch frei bin, um zu tun, was mir Spaß macht. Geld bedeutet mir nichts.

Du musst das Geld aber lieben und schätzen. Wenn du es liebst, bringst du es in dein Leben.

Bei spirituellen Menschen ist es oft so, dass für sie Geld unter ihrer Würde ist. Sie meinen, Geld sei etwas, wofür sie sich schämen müssten – als ob sie es jemandem weggenommen hätten.

So scheint es auch bei dir zu sein. Solange du dich wegen des Geldes schämst, hast du dazu keine frei fließende Beziehung. Geld ist nur Energie. Du kannst so viel davon haben, wie du willst. Du kannst es erschaffen. Es ist dabei wichtig, dass du wirklich das verlangst, was du willst. Wenn es ein Flugticket ist, dann verlangst du ein Flugticket statt nur das Geld dafür, denn das Ticket kann auf vielerlei Art zu dir kommen. Der entscheidende Punkt dabei ist, dass du es ihm freistellst, wie es zu dir kommen wird.

Beim Geld ist es jedoch wichtig, dass du bezüglich des Betrages ein ganz klares Ziel hast: Wieviel Geld willst du haben, und wieviel soll dir zur freien Verfügung stehen, nachdem du all deine Rechnungen bezahlt hast?

Nochmals: Es ist wirklich wichtig, dass ihr dieses Schamgefühl wegen des Geldes loslasst. Stellt euch vor, ihr wolltet ein weltweites Projekt lancieren – große Meditationsgruppen, Informationen verbreiten, Menschen zusammenbringen oder was immer – oder ihr wollt die ganze Welt mit Nahrung versorgen. Wenn ihr nicht einmal das Geld für das erschaffen könnt, was ihr im eigenen Leben braucht, dann könnt ihr das noch viel weniger für Millionen von Menschen.

Es ist wichtig, dass ihr eure Fähigkeit trainiert, das zu bekommen, was ihr haben wollt.

Viel Geld haben zu wollen, bedeutet nicht, dass man verschwenderisch damit umgeht, beispielsweise natürliche Ressourcen verschwendet, andere Menschen ausnutzt oder ihnen etwas wegnimmt.

Erhöhe den Geldbetrag schrittweise

Heute verfüge ich monatlich über 1.750 Franken. Ich möchte nun monatlich 25.000 Franken haben. Das wäre genug zum Leben.

Zwischen 1.750 und 25.000 Franken ist ein sehr großer Unterschied. Die 1.750 Franken spiegeln, was du jetzt zu erschaffen in der Lage bist. Damit fühlst du dich im Moment wohl, auch wenn du dich darüber beklagst. Es könnte dir darum dienen, die Sache schrittweise anzugehen und deine Fähigkeit allmählich auszubauen. Erstelle ein Zwischenziel und halte gleichzeitig die Vision von 25.000 Franken aufrecht.
Es ist für dich vielleicht schon eine gute Verbesserung, monatlich zunächst einmal 2.500 Franken zu haben. Danach kannst du den Betrag allmählich weiter erhöhen. Nach jeder Erhöhung kannst du sehen, dass es gut funktioniert. So gewinnst du Vertrauen in deine Fähigkeit, und du kannst dich ganz allmählich daran gewöhnen, mehr Geld zu haben. Du fühlst dich damit wohler.
Würdest du 25.000 Franken bekommen, würdest du dich damit nämlich sehr wahrscheinlich gar nicht wohl fühlen. Wir wissen zwar, dass alle sagen: »Oh, hätte ich nur viel Geld, dann wären alle meine Probleme gelöst.« In Wirklichkeit ist es aber so, dass ihr mit großen Geldbeträgen riesige Mühe hättet, weil ihr schon mit kleinen Geldbeträgen große Mühe habt.
Viel Geld zu besitzen, löst nicht das geringste Problem, denn Geld ist eine neutrale Energie. Sie macht weder das eine noch das andere. Sie ist einfach eine Energie. Und mehr Geld löst keine Probleme. Geld löst nichts.
Auch ein Lebenspartner löst nichts. Das gilt für jene, die nicht mehr Geld, sondern einen Lebenspartner möchten. Du hast mit einem Lebenspartner dieselben Probleme, die du schon hattest. Nur wirst du sie sogar noch besser sehen, weil er sie dir spiegelt.
Darum ist es besser, wenn du dich um das kümmerst, was in dir drin ist. Geld und Lebenspartner verändern es nicht.
Wenn du also mit 25.000 Franken Spaß haben willst, dann befasse dich zunächst einmal mit deinen Problemen und beginne, dich an dem zu freuen, das du hast.

Ich fokussierte Fülle und Geld, und ich sah andere Menschen, die durch Seminare viel Geld verdienten, was ich auch gerne möchte. Nun arbeite ich aber mit Menschen, die mit dem Existenzminimum leben, und ich denke mir: »Oh, mein Gott! Sie haben wirklich nichts. Welch ein Unterschied!« Darum denke ich, es müsse eine Falle sein. Ich brauche gar nicht so viel Geld.

Glaubst du denn, du würdest anderen Menschen etwas wegnehmen, wenn du Geld besitzt? Wir nehmen das mal an. Aber Geld ist lediglich eine Energie, die in jeder beliebigen Menge zu dir fließen kann. Je mehr du davon hast, desto mehr kannst du geben.

Wenn es dich stört, dass andere mit dem Existenzminimum leben, dann frage dich, was du tun kannst.

Du könntest das Vorbild leben. Du könntest ihnen zeigen, dass es anders geht. Zeige ihnen, dass sie durch die Veränderung ihrer Glaubenssysteme alles erschaffen können, was sie haben wollen. Und du könntest ihnen beibringen, ihre Glaubenssysteme zu verändern.

Auch du selbst kannst die Vorstellung fallen lassen, dass Geld nur vom Seminare-Geben kommen kann. Es kann auch auf andere Weise kommen. Es kann so oder auf Millionen von anderen Wegen kommen.

Wenn es dich stört, dass sich diese Menschen diese Probleme erschaffen, dann bist du vielleicht hier, um solche Gedankenformen zu verändern. Vielleicht sollst du ihnen erkennen helfen, wie unbegrenzt die Wirklichkeit ist. Vielleicht fühlst du dich ganz besonders deshalb von ihren Problemen so gestört, weil du das nicht tust. Das ist es, was dich wirklich stört – dass du es nicht tust. Du bist nämlich unter anderem deswegen hierher gekommen.

Siehst du, ein Ding muss das andere nicht einschränken. Du kannst alles tun.

Die Vision wird zuerst auf der Energieebene erschaffen

Ich möchte auf der Erde ohne jegliche Einschränkungen leben können. Das bedeutet, dass ich eine Fülle von Geld und Zeit haben muss. Muss ich nun einfach daran glauben, und dann erschaffe ich es?

Das wird es, wenn du deinen Impulsen folgst. Zunächst erschaffst du alle diese Dinge auf den Energieebenen. Auf dem weiteren Weg wird dir die Seele Impulse geben. Sie flüstert dir gleichsam ein, welche Maßnahmen du ergreifen sollst. Wenn du diesen Impulsen folgst und immer deinen nächsten Schritt tust, wird es sich manifestieren.
Wenn es um Geld und andere materielle Dinge geht, dann garantieren wir dir, dass sie am leichtesten zu dir kommen, wenn du deinen Weltendienst erfüllst, denn das wird dem größeren Ganzen dienen.
Versuche keine Abkürzungen zu nehmen, indem du glaubst, du könntest in der Lotterie gewinnen. Es wird dann kommen, wenn du tust, was du gerne machst und du deine Gaben der Welt schenkst.

Die Welt braucht starke Menschen

Ich merke, dass ich dieses Schamgefühl nicht loslassen kann. Ich habe immer das Gefühl, dass es mir nicht erlaubt ist, zu fordern, was ich brauche. Als ob es mir nicht zustehen würde. Das blockiert mich. Doch ich weiß, dass ich anderen nur geben kann, was sie brauchen, wenn ich für mich nehme, was ich brauche.

Am meisten kannst du den anderen geben, wenn du deine Stärke findest und das Vorbild lebst. Du machst es ihnen vor, damit auch sie diesen Weg wählen können.
Du kannst niemals von deiner eigenen Energie geben, denn dadurch ziehst du dir selbst Energie ab, wirst schwach und kannst der Welt weniger gut dienen. Die Welt braucht starke Menschen, die das Vorbild leben, die Liebe leben und den Weg zeigen.
In Afrika gibt es beispielsweise eine Gruppe von Menschen, die wirklich stark zu werden beginnt. Alles begann mit einer Lichtar-

beiterin aus Europa, die dorthin ging und den Menschen zeigte, wie sie Lichtsäulen aufbauen können. Seit sie das machen, sind in den betreffenden Städten viel weniger Menschen getötet worden, obwohl es dort viel Gewalt gibt. Und nun arbeiten sie mit Meditationen für göttlichen Frieden, und diese verbreiten sich in vielen Ländern. Du siehst also: Sie finden ihre eigene Stärke, um das zu erschaffen, was sie haben wollen. Solche Dinge kannst du tun. Doch du musst stark sein, damit du für jene die Energie halten kannst, denen zu dienen du hergekommen bist.

Glaubenssysteme und Partnerwahl

Meine Fokus-Übung ist ohne die gewünschte Wirkung geblieben. Es geht um eine Beziehung mit einer Frau, mit der ich mich sehr verbunden fühle. Ich habe fokussiert, dass in dieser Beziehung mehr Liebe, Einssein und Harmonie entsteht. Nun erfuhr ich, dass sie sich für einen anderen Mann entschieden hat. Ich frage ich mich nun, welcher Widerstand da in mir war.

Du bist bloß stur. Du hast beschlossen, in einer ganz bestimmten Beziehung zu leben, und du hast festgelegt, wie sich diese eine Beziehung hinsichtlich Nähe und Einssein ausdrücken soll. Das ist alles schön und recht.

Tatsache ist aber, dass es für jede Situation eine Million von Optionen gibt. So gibt es auch für diese Situation eine Million von Optionen und Lösungen, und du hast davon eine fokussiert. Wenn diese eine nun nicht funktioniert, dann gibt es immer noch 999.999 andere Optionen, durch die du in genau der Art von Beziehung leben kannst, die du möchtest. Das ist nicht auf diesen einen Menschen beschränkt.

Wir wissen, dass du diesen einen Menschen sehr gern für dich haben möchtest. Das Nein von der anderen Seite mag sich für dich wie eine Zurückweisung anfühlen und wie etwas, das dich von dieser Beziehung abschneidet. Doch das ist nicht so. Du bist immer mit ihr verbunden, denn du bist mit allen Menschen verbunden.

Für dich gilt es nun, dich dem dir zur Verfügung stehenden Potenzial

für die Beziehung, die du leben möchtest, zu öffnen. Wer weiß, vielleicht gibt es eine andere Beziehung, die sogar noch viel schöner ist, als es diese eine hätte sein können. Vielleicht sagte diese Frau Nein, weil das, was du anstrebtest, in dieser Beziehung nie hätte entstehen können. Einssein, Harmonie, Fluss und Liebe hätten möglicherweise gar nicht sein können. Du bist davon nun befreit und kannst das bekommen, was du haben willst.
Es dürfte also kein Misserfolg sein, sondern du hast um etwas gebeten, und jetzt, da du diese Beziehung loslässt, kann das, worum du gebeten hast, kommen.
Es ist also alles offen, und du kannst nun die anderen 999.999 Frauen auf der Erde erforschen.
Es ist okay, wenn du traurig bist, denn du hattest viel Hoffnung, Bestimmtheit und Willen in diese eine Beziehung hineingelegt. Erlaube dir also, traurig zu sein, damit es weggehen kann. Du brauchst die Trauer nicht zu bekämpfen. Lass sie gehen. So kannst du dich für etwas Besseres öffnen. Denn genau das, worum du gebeten hast, ist für dich ganz sicher möglich.

Lichtarbeiter und Beziehungen

Ich machte genau die gleiche Erfahrung durch, und ich versuchte, mich für andere Möglichkeiten zu öffnen – meinen Fokus in der Meditation auf andere Optionen zu lenken. Ich kam jedoch immer wieder auf diese eine zurück.
Wir sehen uns sehr oft und haben eine großartige Beziehung. Doch es fehlt mir etwas. Die Beziehung ist nicht so, wie ich sie mir vorstelle. Es fehlt mir die Sexualität. Es ist so, dass dieser Mann nicht wirklich eine Beziehung möchte. Er möchte eher eine Freundschaft.

Dann hast du offensichtlich einige Glaubenssysteme, die du loslassen musst. Weißt du, es sind deine Gedanken rund um diese Beziehung, die es dir schwer machen.
Wenn du nicht magst, was diese Gedanken für dich erschaffen, dann lass sie los. Schau dir diese Gedanken an. Bist du festgefahren in der

Vorstellung, dass dies der eine Richtige ist, der auf einem weißen Pferd daher geritten kommt, dich vom Boden wegfegt und dich vor dir selbst rettet? Wenn ja, dann ändere das.

Wenn dieser Freund keine Beziehung möchte, dann weißt du auch, welche Gedanken du in dir ändern musst. Du musst dich für eine Beziehung öffnen. Inwiefern willst du denn keine Beziehung, sondern nur eine Freundschaft? Und wie kannst du das ändern?

Arbeite mit den fünf Schlüsseln, bringe alles zu dir zurück und verändere es dort.

Nähe macht dir sehr wahrscheinlich große Angst.

Die meisten Lichtarbeiter gestehen sich nicht ein, dass sie große Angst vor Nähe haben. Wenn sie in einer Beziehung Nähe haben, dann wollen sie sie kontrollieren. Doch das geht nicht.

Falls sie wirklich jemandem sehr nahe kommen, spüren sie die Kluft zwischen dem Einssein und der Trennung so deutlich. Deswegen fürchten viele Lichtarbeiter die Nähe, und sie gehen durchs Leben und sagen: »Oh, nein, nicht diesen, der ist nicht spirituell genug, und der andere ist nicht schön genug.« Sie finden allerlei Gründe, die sie daran hindern, einem anderen Wesen nahe zu kommen.

Arbeite darum mit den fünf Schlüsseln, sei ehrlich und sieh, was du verändern kannst. Wenn du ehrlich bist und das tust, dann funktioniert es und wird in deinem Innern wirklich etwas verändern.

Es ist also nie so, dass es da draußen kein Potenzial gäbe für die Beziehung, die du möchtest. Es ist so, dass in dir selbst etwas ist, das du verändern kannst, um die Beziehung zu bekommen, die du möchtest. Und wenn du das tust, dann gibt es Millionen von Möglichkeiten.

Die Persönlichkeit ist das illusionäre Selbst

Könnte man sagen, dass meine Persönlichkeit die Glaubenssysteme erschaffen hat, und wenn ich die Persönlichkeit auflöse, dann lösen sich auch meine Glaubenssysteme auf?

Es ist die Persönlichkeit, die die Glaubenssysteme hat. Es ist also dasselbe. Die Persönlichkeit ist das illusionäre Selbst. Glaubenssysteme

beschränken eure Fähigkeit, das zu sein, was ihr seid, weshalb wir euch ermutigen, Glaubenssysteme loszulassen.
Ihr könnt dafür alle beliebigen Techniken einsetzen, die euch helfen, von Glaubenssystemen wegzukommen, statt euch neue zu erschaffen.

Beim Seelenimpuls verspürst du Frieden und Ruhe

Wie kann ich mein Wunschdenken von den inneren Impulsen unterscheiden, die meine Mission und meinen Lebenssinn betreffen? Ich kann keinen Unterschied erkennen.

Doch, du kannst, wenn du achtsam bist. Du kannst in einer solchen Situation stets darauf achten, was in dir reagiert, denn deine Persönlichkeit reagiert anders als deine Seele.
Wenn du dir ein mögliches Ziel, eine Mission anschaust und dabei vollkommen friedlich und voll in deinem Körper anwesend bist, keinen Zweifel spürst und dir einfach sagst: »Ja, dafür bin ich hier«, dann ist das ein Flüstern deiner Seele.
Wenn es hingegen eher klingt wie: »Oh, jaa! Das wäre großartig«, und »Oh, das und das könnte geschehen«, und »Ja,ja,ja,ja, ooh!«, dann handelt es sich um eine Reaktion deiner Persönlichkeit.
Zwischen den beiden muss allerdings kein Widerspruch bestehen. Es kann sich um dasselbe Ziel handeln, aber du bist noch nicht genug geerdet; du hast dich noch nicht genug hereingebracht. Missionen, die nicht geerdet sind, können eines Tages sehr wohl zu geerdeten Missionen werden.
Also: Erst wenn du in diesem Wissen von »Ja, das ist es« bist, dann weißt du, dass deine Seele spricht. Wenn du andere Reaktionsmuster in dir spürst, dann ist deine Persönlichkeit involviert, was nicht bedeutet, dass du dieses Ziel nicht erreichen kannst – du kannst es –, nur dass du möglicherweise die Erwartungen der Persönlichkeit noch überwinden musst.
Die Persönlichkeit möchte gerne planen: »Ja, so wird es sein, und das wird dann so geschehen, durch diese Umstände«, und damit

beschränkt die Persönlichkeit das Ganze, denn sie lässt es nur auf eine mögliche Art geschehen.
Wenn du hingegen vollkommen geerdet bist und bloß weißt »Ja, das ist es«, dann machst du keine solchen Pläne. Du weißt ganz einfach, dass es sich mit seinem höchsten Potenzial entfalten wird, ohne dass du kontrollieren musst, wie es entsteht.
Die Persönlichkeit will das Entstehen in exakten Einzelheiten planen, doch wenn du auf deine Seele hörst, dann weißt du, dass es Millionen von Möglichkeiten gibt, wie sich etwas entfalten kann. Und dein nächster Schritt wird für dich klar sein.
Mach jeden nächsten Schritt dann, wenn du im Frieden bist und nicht, wenn du besorgt bist, denn letzteres ist ein Zeichen, dass du dich ausruhen und entspannen solltest statt weiter zu gehen. Gehe nicht weiter, solange du besorgt bist, sondern befasse dich zuerst mit den Sorgen. Der nächste Schritt ist dann, diese loszulassen.

Die Persönlichkeit widerspricht gerne

Meistens sagt meine Persönlichkeit: »Nun erde dich erst einmal. Was du da denkst, ist wirklich zu abgehoben.«

Die Persönlichkeit widerspricht gerne. Nicht, weil sie schlecht wäre, sondern weil sie nur das kann. Und sie kann die Dinge sabotieren.
Dennoch: Wenn es so ist, dann ist dein nächster Schritt, dich mit diesem Widerstand zu befassen und ihn loszulassen.
Oft ist es so, dass die Leute ihre Projektionen einfach nicht ansehen wollen. Sie wollen nicht sehen, was da ist, sondern fliehen lieber und springen in etwas hinein.

Kapitel 5

Der dritte Schlüssel: Einssein

Wenn du alles liebst und umarmst, bist du ein Meister

In diesem Kapitel erforschen wir das Einssein. Wir zeigen dir auf, wie du eins bist mit allen Schichten der Existenz und wie du schon immer mit allem, was ist, und allem, was nicht ist, verbunden warst. Wir schauen uns an, wie du in deinem Alltag Einssein leben kannst. Und wir werden sehen, wie du das Einssein in Situationen hineinbringen kannst, die du verändern willst.

Das geeignetste Mittel, um dir das tiefinnerste Wesen des Einsseins näher zu bringen, scheint uns die geführte Meditation zu sein. Darum lassen wir dich nach einigen erläuternden Ausführungen die umfassendste Bedeutung mit einer Reihe von kraftvollen Meditationen des Einsseins erfahren.

Du bist, ihr alle seid auf dem Lichtweg. Die Tatsache, dass du dieses Buch liest, zeigt, dass du dich auf dem Weg zur Meisterschaft befindest. Alle Leserinnen und Leser, die sich mit diesem Buch verbinden, sind sowohl Teil eines größeren Ganzen als auch Teil einer großen spirituellen Gemeinschaft – sozusagen Teil einer großen Familie. Ihr und wir sind schon seit Äonen Freunde.

Dein Weg bedeutet Veränderung. Auf der Erde und in der Menschheit verändert sich gegenwärtig sehr viel. Du gehörst zu jenen, die der Menschheit dienen, indem sie ihr einen neuen Weg bahnen – und zwar dadurch, dass sie ihn gehen. Dieser Weg mag für dich manchmal etwas anstrengender sein als für jene, die dir nachfolgen. Es muss aber nicht zwingend so sein. Deine Transformation kann durchaus

auch in Leichtigkeit und Wohlbehagen stattfinden. Etwas mühsamer wird sie nur, wenn du an Vorstellungen und Gefühlen haften bleibst, die den Fluss hemmen.
Du bist für etwas Großartiges und Bedeutsames auf die Erde gekommen. Zusammen mit vielen anderen Menschen bist du jetzt hier, um Einssein zu erschaffen, um die gesamte Existenz im Physischen wieder zu vereinen. Du bist hier, um Räume für das Einssein zu öffnen und das Vorbild zu leben. Davon wirst du und wird die ganze Menschheit profitieren.
Jetzt ist die Zeit gekommen, da du die Wirklichkeit wieder zurückbringst und dich mit den anderen zu diesem einen Wesen wieder vereinst, das ihr seid. Denn ihr seid eins mit allem.
Die Menschheit hat auf der Erde Trennung erschaffen, obwohl das im Grunde genommen nicht möglich ist, denn jeder ist stets mit jedem verbunden. Ihr alle seid ewig miteinander verbunden. Wenn ihr einander auf der Erde Liebe entziehen wollt, dann versucht ihr etwas Unmögliches zu tun. Ihr könnt euch nicht voneinander trennen. Ihr erfahrt dadurch nur das Leid eures Glaubens an die Trennung, denn da ihr Schöpfer seid, habt ihr euer Licht durch dieses Glaubenssystem projiziert und immer noch mehr Trennung und noch mehr Leid erschaffen.
Doch es gibt rund um die Erde bereits Millionen von Menschen, die sich von diesem Erdenleben frustriert fühlen. Sie spüren, dass es irgendeinen anderen Weg geben muss. Sie wissen tief innen, dass das Leben anders sein könnte.
Du selbst hattest in diesem Leben vermutlich auch öfter einmal das Gefühl der Einsamkeit und des Verlorenseins. Dennoch hast du deinen Lichtweg gefunden. Auch du spürtest, dass irgendetwas anders sein sollte, denn es gehört zu deinem Weg, das Leben hier zu verändern.
Die Veränderung, die du zusammen mit den anderen Lichtarbeitern in dieser Welt bewirken kannst, wird sich nur auf eine Art einstellen – nämlich indem du die Veränderung in dir selbst integrierst, das heißt, indem du das Beispiel lebst. Du kannst der Menschheit und anderen Wesen durch dein Beispiel auf vielerlei Art helfen, in Frieden, Harmonie, Liebe und Verständnis zu leben.

Viele Menschen wollen eine Veränderung allerdings immer noch in der äußeren Welt herbeiführen und nicht in sich selbst. Die Veränderung in der äußeren Welt, für deren Erschaffung du hier bist, wird indessen durch dich in deinem Inneren und nur dadurch stattfinden. Erwarte nie von jemandem oder etwas im Außen, sich zu verändern, sondern verändere dich selbst. Wenn du dir beispielsweise in der Welt Frieden wünschst, dann beginne, Frieden in dir selbst zu erschaffen, damit du mit dir und anderen im Frieden bist. Wenn du mehr Liebe in der Welt sehen möchtest, dann beginne, dich selbst und alles, was in deinem Leben und in der Welt ist, zu lieben. Wenn du in der Welt mehr Klarheit vorfinden willst, dann beginne, indem du selbst klarer wirst.

Finde diesen Frieden, diese Liebe, diese Klarheit in dir selbst. Bringe immer mehr Licht in dein Leben. Dann wird immer mehr von jenem größeren Wesen, das du bist, in dein irdisches Selbst eintreten. Wenn dein wahres Selbst immer mehr in deinem Körper ist, bist du dieses wunderbare, kraftvolle Licht, das nach außen strahlt. Du erhellst anderen Menschen den Weg, indem du einfach Licht bist, und nicht, indem du ihnen sagst, was sie tun müssen. Nicht, indem du sie verändern willst, sondern einfach dadurch, dass du Licht bist, bringst du Licht in die Welt. Indem du Liebe bist, bringst du Liebe in die Welt. Indem du Frieden bist, bringst du Frieden in die Welt.

Die Krisen und Kriegsgeschehen, die feindseligen Handlungen auf der Welt können verändert werden, wenn du und andere Lichtarbeiter rund um die Erde eure Energie zusammenbringt und mehr Kraft, mehr Liebe und mehr Licht in euch selbst bringt. Holt immer mehr von eurem größeren Selbst in euch herein. Dann strahlt ihr so viel Liebe, Licht und Bewusstsein aus, dass die ganze Menschheit davon erreicht wird.

Ihr seid hier, um euch gegenseitig zu dienen. Ihr seid hier, um der Menschheit zu helfen, zu einem anderen Lebensstil zu finden. Das geschieht, indem ihr euch verändert, euch selbst liebt, ihr selbst seid und das Beispiel lebt.

Übung: Nun ist die wunderbare Zeit gekommen, da dir und der Menschheit immer mehr Licht zugänglich ist, je mehr du dich dafür öffnest. Schau gerade jetzt nach, ob du dich für noch mehr Licht und noch mehr Bewusstsein öffnen kannst.

Die weiter oben erwähnte Einsamkeit, die du in diesem Leben immer wieder verspürtest, beruhte auf der Trennung von dir selbst, der Trennung von deiner Seele, deinem göttlichen Geist, von Gott oder der Quelle. Zu ihren Ursachen gehört aber auch die Trennung von all deinen wunderbaren spirituellen Führern, Engeln und Freunden.
Du warst in diesen Momenten so sehr mit deinem getrennten Selbst in Berührung, dass du fast kein Licht sehen konntest. Selbst wenn du vielleicht einmal deine Seelengefährten trafst, deine Freunde hier auf der Erde, konntest du sie nicht erkennen, denn du konntest nur sehen, was dich von den anderen trennte – was euch verband und vereinte, konntest du nicht sehen.
Doch du hast mit jedem anderen Wesen mehr Gemeinsamkeiten als Trennendes. Eines, das du mit jedem Wesen auf der Erde gemein hast, ist die Motivation hinter jedem Handeln: Sie ist entweder Liebe oder das Bedürfnis nach Liebe. Was immer du je an Gutem oder sogenanntem Schlechten getan hast, tatest du aus Liebe oder dem Bedürfnis nach Liebe. So ist es auch bei jedem anderen Wesen auf der Erde.
Wenn du das in jeder Situation in deinem Leben erkennst, verstehst du mehr vom Einssein. Du bist eins mit jedem Wesen, das jetzt auf der Erde existiert und je auf der Erde existiert hat.
Wenn du verstehst, dass entweder Liebe oder das Bedürfnis nach Liebe die Motivation jeden Handelns ist, dann kannst du auch damit aufhören, deine Projektionen auf andere zu richten. Dann weißt du, dass die einzige Antwort Liebe ist. Die Antwort auf deine Fragen nach den Gründen für das Verhalten eines anderen Menschen ist stets: aus Liebe oder aus dem Bedürfnis nach Liebe.
Das ist das Entscheidende beim Einssein, dem vierten Schlüssel zur Meisterschaft. Es geht darum, dass du dich mit jedem Wesen auf der Erde wieder in Liebe vereinst.
So kannst du Liebe bleiben, statt andere zu verurteilen. Und so bringst du die gesamte Menschheit wieder zum Einssein zurück und stellst immer stärkere Verbindungen her. All die wunderschönen Seelen, die jetzt auf der Erde sind, sind dann eins im Herzen.

Einssein enthält kein Element der Trennung. Einssein bedeutet nicht, dass du dich nur mit jenen vereinst, mit denen du dich wohl und einig fühlst, sondern es bedeutet, sich mit jedem Wesen zu vereinen. Wenn du mehr Einssein mit und mehr Verbindungen zu jenen Menschen herstellst, die dir etwas fremd sind, erschaffst du auf der Erde mehr Einssein und öffnest dich für das Potenzial zum Einssein im Physischen. Um es nochmals zu betonen: Genau dafür bist du hierher gekommen – um das Einssein im Physischen zu erschaffen.
Flüchte also nicht vor dir selbst und vor dem, was du nicht magst. Suche auch keine Gründe in der äußeren Welt. Liebe einfach, was und wer du jetzt bist. Beginne, alles in deinem Leben zu lieben, was dir bisher nicht gefiel. Indem du alles, was ist, liebst und umarmst, wirst du auf der Stelle zum Meister. Sei einfach, und dein Leben wird sich transformieren. Sei einfach, was du bist: göttliche Essenz – Liebe, Licht und Bewusstsein.
Ein Teil in dir mag das Einssein fürchten, weil er befürchtet, seine Identität, seine Individualität zu verlieren. Wenn du im Physischen Einssein zu erschaffen beginnst, wirst du weiterhin ein individuelles Selbst bleiben, aber du wirst stets dessen gewahr sein, was euch alle vereint.

Die Wiedervereinigung der Existenz findet im Physischen statt

Niemals werden wir aufhören, die große Bedeutung des physischen Körpers beim Erschaffen von Einssein zu betonen. Der göttliche Geist hat sich ihn als Werkzeug erschaffen, um damit das physische Leben erfahren zu können. Darum hörst du von uns immer wieder, dass du dein höheres Selbst und deine Seele in deinen Körper hereinbringen wirst. Im Verlaufe dieses Vorgangs verändern sich auch deine begrenzten Vorstellungen von deinem Körper, und er wird zu dem, was er wirklich ist.
Dein Körper ist unbegrenzt, riesengroß und eine vollkommen bewegliche, physische Struktur, mit der du dich in diesem Universum überallhin teleportieren kannst: Zu anderen Planeten oder an einen anderen Ort auf diesem Planeten; du kannst bilozieren (zur gleichen Zeit an zwei verschiedenen Orten sein); der Körper kann von reiner

Lebenskraft leben, und, und, und... Wir könnten noch viele Dinge über die wirklichen Fähigkeiten deines Körpers sagen – aber jetzt ist vor allem wichtig, dass er der Ankerplatz des Integrationsvorgangs ist. In deinem physischen Körper, im gesamten Physischen, findet die Wiedervereinigung aller Existenzschichten statt.
Zunächst wollen wir dir genauer aufzeigen, wie dein Körper zusammengesetzt ist. Zu diesem Zweck verwenden wir bestimmte Begriffe. Wie du weißt, ist jedoch nichts, das wir in Worte fassen, zu hundert Prozent genau. Trotzdem können dir Worte helfen, dich in der Wirklichkeit zu orientieren, unterschiedlichen Ausdrucksformen einen Sinn zu geben und sie irgendwie in dein Verständnis einzubauen. Vergegenwärtige dir dennoch stets, dass sie nichts als Wörter sind und dass ein anderer Mensch, der Ähnliches macht wie dieser Channel (Cecilia), dafür andere Wörter verwenden mag.
Lasse uns nun deinen Körper anschauen. Damit du gut begreifst, was wir sagen, solltest du jetzt alle deine bisherigen Vorstellungen über die Beschaffenheit des physischen Körpers loslassen.
Du bist ein auf ziemlich ausgeklügelte Art erschaffenes Wesen, und dein Körper ist eine sehr raffinierte Struktur aus Energiepartikeln, die so eng zusammengefügt sind, dass dir dein Körper als dichte Energieform, als *ein* Körper erscheint, den du berühren zu können glaubst.
Für uns ist dein Körper lediglich Energie. Er besteht aus schönen Energieteilchen, die so zusammengesetzt sind, dass du mit ihnen das physische Leben erfahren kannst.
Das physische Leben auf der Erde beruht, wie du weißt, völlig auf Illusionen. Entsprechend groß ist die Illusion, mit der du deinen Körper als getrennte, physische, dichte und sehr reale Form erfährst, die immer so bleiben wird und die nur dir gehört. Diese Illusion bewirkt denn auch, dass du nicht frei bist, um diese schöne Energieform etwa durch Teleportation fortzubewegen.
Sobald du dich von deinen begrenzten Glaubenssystemen über den Körper befreist, dich öffnest und begreifst, dass der Körper nur aus Energiepartikeln besteht, die du auf bestimmte Art zusammensetzt, kannst du sie auch anders zusammensetzen und deinen Körper überallhin bewegen, wo du willst. Du wirst dann außerdem erkennen, wie

frei du bist und wie du alles aus Energie zusammensetzen und in der Physis erfahren kannst.
Du selbst bist die Energie, die du zu deinem Körper in dieser physischen Form zusammengesetzt hast. Entsprechend kannst du durch die Veränderung deines Glaubenssystems auch den Körper verändern. Mit deinem Glaubenssystem und deinem Fokus setzt du deine Energiepartikel auf bestimmte Art zusammen. Um ein Beispiel zu nennen: Solange du glaubst, dein Körper habe ein bestimmtes Alter erreicht und sei deswegen nicht mehr so fit wie früher, machst du die Erfahrung, dass dein Körper tatsächlich altert und schließlich stirbt.
Alles, was du zu verändern brauchst, sind also deine Vorstellungen vom Körper. Danach wirst du deinen Körper viel besser bewegen können als früher. Das lässt sich an einem weiteren Beispiel besser illustrieren: Während unserer Seminare machen wir oft eine Übung, bei der wir die Teilnehmer bitten, sich auf den Boden zu legen, sich zu entspannen und einem anderen Wesen zu erlauben, in den Körper einzutreten und Bewegungsabläufe zu machen, die du normalerweise nicht beherrschst. Warum denn das? Es ist derselbe Körper und dieselbe Energie. Dennoch kann sich dein Körper frei bewegen, wenn ein anderes Wesen statt dir in seiner Energie ist. Das Entscheidende daran ist nicht, dass dieses andere Wesen im Körper ist, sondern dass dieses Wesen ein anderes Glaubenssystems bezüglich des Körpers hat.
Damit du dich dieser unbegrenzten Wirklichkeit, die du bist, öffnen kannst, musst du also einzig dein Glaubenssystem ändern. Höre auf, an die beschränkte Wirklichkeit zu glauben.

Und nun kommt ein Nächstes: Du hast diesen Körper so zusammengesetzt, dass jedes Energieteilchen sein eigenes Bewusstsein hat, denn du bist jedes Energieteilchen. Jede kleine Zelle, jedes kleinste Molekül ist lediglich ein kleinerer Ausdruck des größeren Du. Deshalb ist das *Gewahrsein* – ein Begriff, den wir oft verwenden – eine fast physische Funktion. Dein Gewahrsein geht beispielsweise automatisch zu jedem Ton in deiner Umgebung hin, und zwar ohne dass du dabei denkst: »Oh, hörte ich soeben einen Ton?«
Dein Gewahrsein ist ein großartiger Sinn, der überall ist und auf alles aufmerksam wird, was in, an, mit dir und um dich herum vor sich

geht, ohne dass er die Wirklichkeit wie mit Sensoren beständig abtastete. Er nimmt wahr, weil er Gewahrsein ist.
Dein Gewahrsein bewirkt große Aktivität: Wegen deines Gewahrseins wird in dir viel Information verarbeitet und in deinem Gehirn registriert.
Das Gewahrsein aktiviert die Wahrnehmung: »Oh, ich hörte einen Ton«, »Oh, riecht es hier nicht irgendwie?« (schnupper, schnupper). »Aah, diese Berührung fühlte sich schön an«, »Mmmm, ich liebe dieses Essen.« Das ist die Wahrnehmung, die nach dem Gewahrsein kommt. Dein Fokus folgt stets dem Gewahrsein, wo immer dieses hingeht. Das geschieht automatisch, es sei denn, du entschiedest dich anders, denn du kannst deinen Fokus mit deinem Bewusstsein lenken. Dein Bewusstsein ist Teil deiner Essenz. Es ist das, was du überall bist und woraus alles besteht – alles, was ist, und alles, was nicht ist. Du bestehst daraus, alle anderen Menschen, alles – auch die Schuhe, die du trägst, oder was immer. Alles besteht aus derselben Essenz – Liebe, Licht und Bewusstsein. Das bist du und das trägst du in dir.
Gewahrsein ist eine physische Funktion, die alles in dir und um dich herum registriert, ob du es wahrnimmst oder nicht.
Dein *Bewusstsein* ist, was du bist. Auch dein Gewahrsein besteht aus Bewusstsein – aus Liebe, Licht und Bewusstsein. Bewusstsein ist ein sehr, sehr bedeutender Aspekt von dir.
Dabei meinen wir nicht, was ihr auf der Erde »Bewusstsein« nennt. Für euch ist »Bewusstsein«, wenn euer Gehirn etwas registriert und ihr das bemerkt. Das ist nicht unsere Definition von Bewusstsein. Bewusstsein ist Teil von euch, ist Teil der göttlichen Essenz und ist sehr viel bedeutender und umfassender als nur eine Funktionsweise eures Gehirns.
In jeder Zelle ist *Leben*. In jedem kleinsten Energieteilchen ist Leben. Die Essenz allen Lebens – Liebe, Licht und Bewusstsein – ist überall in dir. Und je mehr du dem Leben erlaubst, in dir zu fließen, desto mehr kannst du dich daran erfreuen, dass du physisch bist. Denn das ist der Sinn: zu leben. Im Körper ist so viel Leben und so viel Schönheit. Indessen erfreust du dich oft nicht deines physischen Lebens und nährst deine entsprechenden Gedanken oder Gefühle, statt sie zu verändern.

Du bist jetzt im physischen Körper, du bist hier auf der Erde, um das Leben im physischen Sein noch mehr zu erforschen und deinen physischen Körper zu genießen.
Dieses Leben, diese Essenz, stirbt nie. Wenn in deinem Körper beispielsweise eine Zelle stirbt, dann wird sie bloß transformiert und wieder in ihre Energieteilchen aufgelöst. Daraus wird vielleicht wieder eine neue Zelle gebaut, oder es werden daraus andere Energieteilchen.
So geht das Leben in deinem Körper immer weiter, ohne dass du je glaubst, dass dein Körper stirbt, wenn diese Zelle stirbt. Denn sie stirbt nicht. Sie lebt in deinem Körper weiter.
Wenn dein ganzer Körper stirbt, findet eine ähnliche Transformation statt – die Streuung dieser Energien in immer kleiner werdende Energiepartikel, bis du, das Wesen, beschließt, sie zu etwas anderem zusammenzusetzen.
Dein Körper existiert auch zwischen deinen Leben weiter. Wenn du deinen physischen Körper »sterben« lässt, dann bedeutet das bloß, dass du seine Energiepartikel ausstreust, damit sie eine andere Lebensform annehmen können.
Die Essenz lebt immer weiter und vermehrt ihre Lebenserfahrung, indem sie vielleicht zu Wasser, zu einem Berg oder zu einer Blume wird. Sie ist zwischen deinen Leben vielleicht sogar noch lebendiger, denn je mehr sich der Körper in einem nie endenden Vorgang in immer kleinere und kleinere Teilchen teilt, desto mehr kann sich dieses Gewahrsein streuen und überall sein – in den Blumen, in den Feldern, in der Luft, im Wasser, in den Mineralien und so weiter. Es gibt so viel Leben zu erfahren. Und jede Lebensform kann noch mehr Leben erschaffen und noch mehr Leben unterstützen.
Darum ist dein jetziger Körper derselbe, den du schon immer hattest. Du hattest immer nur einen Körper, denn für jedes Leben setzt du ihn in einem nie endenden Lebensausdruck aus denselben Energieteilchen zusammen.
Das Wesen, die Seele, existiert immer noch, wenn jemand »stirbt«, ebenso die Energie, die göttliche Essenz, aus welcher der Körper bestand. Sie existiert weiterhin. Doch auf der Erde glaubt ihr, jemand stürbe, wenn diese Transformation geschieht. Er stirbt nicht.

Der Tod existiert nicht so, wie ihr glaubt – weder in den physischen noch in den spirituellen Schichten der Wirklichkeit.
Was also stirbt, wenn jemand stirbt? Wo existiert der Tod? Das einzige, was je stirbt, sind eure Vorstellungen von euch selbst oder von anderen Wesen. Alles andere lebt weiter – einfach gestreut in immer kleineren Energiepartikeln.

Das höchste Potenzial: Die Wiedervereinigung

An dieser Stelle wollen wir dir etwas über dein Potenzial, über die Erde und das Potenzial der Erde mitteilen.
Der Planet Erde und du sind dasselbe – ihr seid dieselbe Energie. Darin liegt das Potenzial vieler, vieler wunderbarer Menschen und vieler wunderbarer Wesen auf diesem Planeten.
In der gesamten Existenz gibt es viele Seelen, die zu diesem schönen Planeten beigetragen haben. Sie hatten beschlossen, in physischer Form auf die Erde zu kommen, um die Wirklichkeit wieder zu vereinen. Sie nahmen Körper an und streiften sie wieder ab. Sie vermischten die Energien so lange auf vielerlei Art, bis sie die Energien in einen einzigen Körper hierher bringen konnten.
Und jetzt schließt du diese Energiearbeit ab, die deine Seele für diese physische Existenz vorgesehen hat. Du hast und ihr alle habt dieses wunderbare, bedeutende Potenzial, in diesem Leben die Energiearbeit eurer Seele abzuschließen. Denn in der Sichtweise der Seele gibt es nur ein einziges Leben hier. In dem, was du jetzt als gesondertes Leben erfährst, kannst du das Potenzial deiner Seele in dieser spezifischen Mission vervollständigen, indem du die Wirklichkeit wieder vereinst.
Dabei ist jeder kleinste deiner Schritte in dieser Richtung wichtig. Dies gilt nicht nur für dich als einzelner Mensch, sondern auch für die gesamte Existenz, und zwar in viel weitreichenderer Hinsicht, als du dir das heute vorstellen kannst.
Die *Fünf Schlüssel zur Meisterschaft* können dir helfen, einen riesigen Schritt zu tun, indem du deine Illusionen loslässt und in diesem Körper frei wirst, damit du das Leben so leben kannst, wie du es als Seele erschaffen hast.

Frei *und* physisch. Dies ist das höchste Potenzial.
Solltest du beschließen, diesen Körper »sterben« zu lassen, dann nur, um danach deine Energie auf noch komplexere Art zusammenzusetzen. Falls du den Körper sterben lässt, wäre das für deine Seele also kein Versagen, sondern eine Freude.
Egal, wie dein Leben weitergeht – alle Veränderungen, die du hier und jetzt vollbringst, sind wichtig in diesem bedeutsamen Plan, die Wirklichkeit wieder zu vereinen.

Wir möchten an dieser Stelle nochmals betonen, dass dir viele Methoden zur Verfügung stehen, um diese Veränderung zu bewirken. Die fünf Schlüssel sind dafür unserer Erfahrung nach sehr wirksame Werkzeuge, weil du mit ihnen rasch in die Kraft eines Schöpfers hineinwachsen kannst, indem du erkennst, wie du die Wirklichkeit erschaffst.
Für die Erde selbst wird deine Arbeit mit den fünf Schlüsseln dieselbe Wirkung haben. Die Erde wird sich mit ihrer Hilfe stabilisieren, sie wird ihre Gegenwart zentrieren, sie wird sich für ihr höchstes Potenzial öffnen und es vervollständigen, um sich in immer höhere Dimensionen zu erheben und die Wirklichkeit wieder zu vereinen.
So, wie du aus den kleinsten Energieteilchen bestehst, kannst du dir die Erde als ein Energieteilchen innerhalb eines größeren Maßstabs vorstellen. Alle diese Energieteilchen, die Planeten, die Sterne und Wirklichkeiten, die du nicht einmal kennst, werden in einem einzigen, wunderbar schönen Körper, in einer einzigen, wunderbaren Existenz wieder vereint.
Alle die kleinen Schritte, die du machst, indem du mit den fünf Schlüsseln arbeitest, tragen dazu bei, die Wiedervereinigung der Existenz abzuschließen, die Existenz zu vervollständigen.
Was du veränderst, hat also große Wirkkraft auf die gesamte Existenz. Du spürst in deinem Herzen, dass du jetzt die Energiearbeit abschließt, die deine Seele im physischen Sein eingeleitet hat.
Es ist ein derart großartiger Plan, dass du nicht einmal den Schimmer einer Ahnung haben kannst, wie großartig er ist. Und doch kannst du das in dir spüren.

Meditation

Finde die rhythmische Bewegung der Schöpfung

Entspanne dich nun und lasse in deinem Körper mehr und mehr Fluss zu – Lebensfluss, Lichtfluss. Je mehr du davon hereinlässt, desto mehr entspannst du dich.

Tief und leicht einzuatmen ist für deine Gesundheit und für dein Gefühl des Wohlbefindens in deinem Körper sehr wichtig.
Du vergisst das sehr oft, weil du deine Gedanken mit Problemen beschäftigst, weil du irgendwohin eilst, dich wegen irgendetwas ärgerst, weil du irritiert oder aufgeregt oder auch einfach nur ein bisschen angespannt bist.

All das schränkt deinen Atem ein.
Und all das gehört zur Persönlichkeitsstufe.
Deine Persönlichkeit ist jener Teil von dir, der in der Illusion lebt.
Sie wird sich auflösen, sie wird sich transformieren – oder wie immer du das bezeichnen willst –, je mehr du ins Licht hineingehst, je mehr du in das hineingehst, was ist.

Die Persönlichkeit hat eine beschränkte Art des Atmens.
Nimm dir darum nun einige Augenblicke Zeit und rufe nach deinem höheren Selbst.
Rufe nach deiner Seele und lasse dieses schöne Wesen, das du bist, sich mit jedem Teil deines Körpers verbinden.
Es ist, als ob eine sehr komplexe Lichtmatrix zu dir und in dich herabstiege.

Gib dich dem eine Weile einfach hin, und lass das Wesen, das du bist, sanft für dich atmen.
Trage der Persönlichkeit auf, still zu sein und nur zu spüren, wie es ist, wenn deine Seele da ist, wenn sie durch deinen Körper hindurch atmet und damit Leben in deinen Körper bringt.

Dieser Atem geht sanft, und doch geht er tiefer und ist wirksamer als jeder andere Atem. Es ist, als ob dein Körper von selbst sanft und in voller Harmonie mit dir atmete.

Nimm einfach wahr, wie mühelos du atmest.

Und dann stelle dir vor, dass du den Körper so weiter atmen lässt, während du als Lichtwesen hinaus und hinauf ins Universum schwebst.

Während dein Körper nun tief atmet, schwebst du sanft auf einen Tunnel zu, der sich vor dir befindet.
Dieser Tunnel strahlt nach innen.
Du reist hinein und genau zu jenem Punkt hin, zu welchem dieses Licht hin strahlt.
Dort nimmst du eine Bewegung wahr. Vielleicht willst du sie ein Tor nennen oder eine Verbindung , die zur immerwährenden, unendlichen Schöpfung der Quelle führt.

Finde nun diese rhythmische Bewegung der Schöpfung.

Stell dir dann vor, dass du diesen Tunnel mit jeder Zelle deines Körpers verbindest, so dass du deine Zellen wieder mit der unendlichen Schöpfung der Existenz verbindest.
Sag deinen Zellen, dass sie mit der Existenz atmen sollen – und so sei es.

Dann kehre sanft zu deinem Körper zurück.
Lass deine Seele bei dir bleiben, und achte nun einfach auf deinen Atem.

Bringe nun sanft dein Gewahrsein zurück.

Meditation

Erkenne deinen Körper, wie er wirklich ist

Atme nun tief ein und aus und entspanne dich ein Weile, während wir dich auf eine kleine Reise mitnehmen, um mit dir Schichten der Wirklichkeit zu erforschen, die eigentlich sehr offensichtlich sind. Da du aber ein Mensch bist, vergisst du gerne die naheliegenden Dinge und suchst nach einer komplexeren Wirklichkeit. Die Wirklichkeit ist komplex und doch einfach.

Entspanne dich also und gehe in deinen Körper hinein, und dann öffne dich einfach für die Energien, die nun in dich fließen.

Die *Fünf Schlüssel zur Meisterschaft* sind ein möglicher Weg, um dich selbst zu verändern, damit du das Naheliegende sehen, frei werden und sein kannst, wer du bist – jenseits der Illusionen der Erde und doch auf der Erde.

Vergewissere dich, ob du in einer bequemen Position sitzt und tief und frei atmen kannst, ohne eng sitzende Kleider, die deinen Atem einschränken.

Lenke nun dein Gewahrsein nach innen und durchforsche deinen Körper. Werde jedes Körperteils gewahr, all dieser feinen Energiestrukturen, die du bist, und die auf so komplexe und doch einfache Art zusammengesetzt sind.

Durchforsche den ganzen Körper – das Skelett, die Muskeln, das Fettgewebe, die Haut und die anderen Organe, das Herz, die Lungen, das Gehirn, alle Bauchorgane, das Herz-Kreislauf-System, das Nervensystem, das Lymphsystem, das Drüsensystem und den allgemeinen Energiefluss im Körpers.

Gehe nun in eines dieser Organe hinein und schaue dir die einzelnen

Zellen an. Jede Zelle ist in sich selbst eine ausgeklügelte Struktur mit einem Kern, einem raffinierten Zellatmungssystem und einem eigenen Energiesystem.
Es sind schöne und komplexe Energien, die zu einer einzigen Zelle zusammengesetzt sind.

Schaue dir nun einen kleinen Teil der Zelle an, sagen wir den Zellkern. Dieser besteht aus Molekülen und Atomen – aus winzigen Energie-partikeln, die diesen kleinen Teil der Zelle in einer physischen Form zusammenhalten.

Du kannst in deinen Zellen die genetischen Codes finden. Sie sind lediglich Energie, die so zusammengesetzt ist, dass sie dich und deinen Körper programmiert.

Du kannst nun in diesen genetischen Code hineinschauen und erkennen, dass auch er aus noch kleineren Teilchen besteht – aus Molekülen und Atomen und vielen, vielen darunterliegenden Schichten.

Folge diesen Schichten weiter, bis du zum kleinsten Energieteilchen kommst. Finde etwas, was du als kleinstes Energieteilchen deines Körpers bezeichnen würdest.
Und dann stellst du fest, dass es nicht das Kleinste ist, sondern noch viele Male weiter aufgeteilt werden kann.

Alle diese kleinen und immer noch kleineren Teilchen werden zusammengehalten und bilden dieses Energieteilchen und diese physische Form.
Du bist es. Mit deiner Entscheidung, das physische Sein zu erforschen, hältst du dieses Energieteilchen zusammen.

Stell dir nun vor, dass du in kleine und immer noch kleinere Teilchen hineingehst.
Und stell dir dann vor, dass du das mit jeder einzelnen kleinen Zelle deines Körpers tust.
Du gewahrst in jeder Zelle deines Körpers alle unendlich kleinen und

immer noch kleineren Energiepartikel, aus denen sie zusammengesetzt ist.
So gewahrst du alle diese unendlich kleinen und immer noch kleineren Teilchen, aus denen dein ganzer Körper besteht.

Stell dir vor, dass du alle mit deinem Gewahrsein berührst.
Du lässt dein Gewahrsein schweben und berührst damit alle Energiepartikel, die du bist.
Millionen und Abermillionen von Energieteilchen, die ihr Licht ausstrahlen – und du aktivierst dieses Licht mit deinem Gewahrsein.

Schwebe mit deinem Gewahrsein nun weiter, bis du zur Leere kommst.
Finde von dort aus das Wesen, das du bist, und erlaube ihm, dir zu zeigen, wie dein Körper erschaffen wurde – und zwar nicht nur dieser Körper, sondern jeder Körper, den du je hattest.

Wie hast du dich jeweils zu einer physischen Energieform zusammengesetzt?

Wieso hast du die physische Wirklichkeit gemacht?

Dann lenkst du dein Gewahrsein nochmals durch alle diese Millionen und Abermillionen von Energieteilchen, aus denen dein Körper besteht – und die dein Körper sind.

Begib dich dann zurück auf die Zellebene und gewahre alle Zellen in deinem Körper.

Gewahre sodann alle Einzelheiten deines Körpers und erkenne, auf welch ausgeklügelte Weise dein Körper zusammengesetzt ist, damit in ihm der Fluss des Lebens selbst zirkulieren kann.

Gewahre nun, wie das Leben frei durch die Energie fließt, die du bist.

Versuche nun, all dessen gewahr zu bleiben, während du dein Gewahrsein auch nach außen in das Zimmer lenkst.

Meditation

Was, wenn es wahr wäre?

Richte nun dein Gewahrsein nach innen und entspanne dich. Öffne dich und atme tief in den Körper hinein, während wir beginnen, eine Energie sanft zu dir in diesen Raum zu bringen.

Du hast schon einiges über den Körper und über die Energie, aus der er besteht, erfahren. Und vielleicht erinnerst du dich der Energieteilchen, die du in einem nie endenden Vorgang in immer noch kleinere Teilchen aufteilst, obwohl du sie dir auf keinerlei Art vorstellen kannst.

Diese Energieteilchen leben für immer und ewig. Wenn in deinem Körper eine Zelle stirbt, dann wird sie bloß transformiert und wieder in diese Energieteilchen gestreut. Daraus wird vielleicht wieder eine neue Zelle gebaut, oder es werden daraus andere Energieteilchen, und so geht das Leben in deinem Körper immer weiter.
Du hast niemals die Vorstellung, dass dein Körper stirbt, wenn eine Zelle stirbt. Denn sie stirbt nicht. Sie lebt in deinem Körper ganz einfach weiter.

Sollte dieser ganze Körper sterben, dann wäre es eine ähnliche Transformation – eine Streuung dieser Energien in immer kleiner werdenden Energiepartikeln, bis du, das Wesen, beschließt, sie zu etwas anderem zusammenzusetzen.

Darum ist der Körper, den du hast, derselbe, den du schon immer hattest. Du hattest immer nur einen Körper, denn für jedes Leben setzt du ihn in einem nie endenden Lebensausdruck aus denselben Energieteilchen zusammen.

Was stirbt also, wenn jemand stirbt?
Das Wesen, die Seele, existiert immer weiter und die Energie, aus der der Körper bestand, existiert auch immer noch.
Die Energie des Körpers besteht aus göttlicher Essenz. Die göttliche Essenz existiert also weiterhin.

Dennoch glaubst du auf der Erde, dass jemand stirbt, wenn diese Transformation geschieht. Aber er stirbt nicht.
Der Tod existiert nicht so, wie du das glaubst – weder in den physischen noch in den spirituellen Schichten der Wirklichkeit.
Wo also existiert der Tod?
Das einzige, was je stirbt, sind deine Vorstellungen von dir selbst oder deine Vorstellungen von einem anderen Wesen.
Alles andere lebt weiter.
Und das nicht einmal in einer anderen Form, sondern einfach gestreut in immer kleineren Energiepartikeln.

Nimm dir nun einige Augenblicke Zeit und lasse alle Vorstellungen los, die du bisher hattest.
Entspanne dich einfach. Atme tief und leicht ein, und finde in dir mehr und mehr Licht.
Wir nehmen dich nun auf eine kleine Reise mit.

Stelle dir einfach vor, dass du mehr und mehr Licht einatmest, und lasse alle Spannungen los, die dieses Thema in dir auslöst.

Entspanne dich einfach, denn du brauchst nichts zu akzeptieren, was wir sagen.
Wir empfehlen dir jedoch, dass du es erst erforschst, bevor du es verwirfst.

Was, wenn es wahr wäre?
Was, wenn es wahr wäre, dass mein Körper nie stirbt?

Was, wenn der Körper, den ich jetzt habe, seit jeher existierte, seit die physische Wirklichkeit existiert?

Erforsche das nun, während du dich in einen noch tieferen Bewusstseinszustand hinein begibst.
Du wirst zu einem schwebenden Bewusstsein und schwebst in den Weltraum hinaus, wo du dich ganz einfach entspannst.

Du befindest dich nun irgendwo im Weltraum, entspannt und offen, denn da ist nichts, das dich bedrohen könnte.

Das Einzige, was dich je bedrohen kann, ist dein begrenztes Glaubenssystem über dich selbst.

Schwebe einfach im Raum und erlaube einem wunderbaren Lichtengel, sich dir zu nähern, mit dir zu verschmelzen und dir mehr von der physischen Existenz zu zeigen.

Du hattest durch die ganze Existenz hindurch nur diesen einen Körper. Spiele einfach ein bisschen mit dieser Vorstellung: »Wenn das so wäre, wie mag die erste Ausdrucksform dieses Körpers denn wohl ausgesehen haben? Und wie habe ich diesen Körper zu einer anderen Ausdrucksform transformiert?«

Dann verfolgst du, wie du diesen einen Körper in unterschiedliche Ausdrucksformen transformiert hast und das machtest, was du als unterschiedliche Leben oder Lebensformen erfahren haben magst.
Sie waren aber lediglich verschiedene Ausdrucksformen von dir und von diesem Körper.

Erforsche das jetzt und lasse dir von diesem Engel mehr und mehr von deinem Leben, von deiner Existenz zeigen.

Ist es möglich, dass diese Energieteilchen, die deinen Körper zusammensetzen, an verschiedenen Orten gleichzeitig unterschiedliche Ausdrucksformen erschaffen können?

Ist es möglich, dass dieser Körper quer durch den Weltraum existiert?

Wenn dem so wäre – was geschähe, wenn du das höchste Potenzial deiner Seele erreichen würdest?

Was geschähe, wenn die Wirklichkeit wieder vereint würde?
Denn das Einssein existiert überall. Auch auf der physischen Ebene seid ihr eins.

Dann lenkst du dein Gewahrsein einfach zurück in den Raum.

Meditation

Du bist eins mit der Erde

Beginne nun, dich gut zu erden und sei im Körper – in einem Körper auf der Erde, in einem Körper, der aus Energien der Erde gemacht ist.
In diesem Sinn bist du eins mit der Erde.
Dein physischer Körper ist das Einssein mit dem Planeten Erde.
Du hast ihn dein ganzes Leben lang mit Erdenergie erbaut, und wenn du ihn verlässt, dann wird der Körper wieder zu Erdenergie.

Eins mit der Erde – du bist die Erde.
Dein Körper repräsentiert sozusagen dein Einssein mit der Erde. Denn dein Körper und der Planet vibrieren mit derselben Energie, und jeder besteht aus den Energien des anderen.

In deinem jetzigen Leben benutzt du die Energie der Erde in Form von Nahrung und Wasser, um deinen Körper zu erbauen.
Du hast deine Zellen von der Energie der Erde gebaut.

In deinen anderen Leben hier auf der Erde ging dein Körper – wie auch immer er damals ausgesehen haben mag – zur Erde zurück.
Seine Energie transformierte sich wieder in reine Erdenergie.

Dein Körper wurde zu Wasser, Erde, Blumen.Vielleicht wurdest du zu Nahrung für andere Wesen, und sie haben sich daraus einen Körper auf der Erde bauen können.

Die Energien, die du in deinem heutigen Körper hast, hatten in der Vergangenheit eine fast unendliche Anzahl von physischen Ausdrucksformen.
Die Energien, aus denen deine Zellen bestehen, waren vielleicht schon die Bausteine anderer Körper – jener von Menschen, Tieren, Pflanzen oder Mineralien.
Dein physischer Körper ist also ewig.

Wenn Menschen von ewigem Leben sprechen, dann meinen sie zumeist nur die Seele, die in anderen Dimensionen weiterlebt.
Doch auch dein Körper ist ewig.
Wenn du ihn zurücklässt, wird er zu einer anderen Energieart transformiert, und diese streut sich über die Erde.

In deinem heutigen Körper befinden sich Teilchen von deinen anderen Körpern, aber vielleicht auch Moleküle anderer Wesen, die auf der Erde existierten – anderer Tiere und Pflanzen etwa.
Deshalb ist dein Körper ein Ausdruck von Einssein, denn du hältst mit ihm die Energie einer unendlichen Anzahl von anderen Wesen, die auf dieser Erde waren.
Dein Körper ist ein reiner Ausdruck physischen Einsseins.
Durch deinen Körper bist du physisch eins mit dem Planeten und mit allen Wesen, die hier existiert haben.
Dein Körper ist darum in sich selbst ein großes Wunder.

Auf deinem jetzigen Weg hin zu noch mehr Einssein schließt du nun auch noch andere Schichten der Wirklichkeit mit ein.
Du bringst die Schichten der Seele in den Körper, du reist in höhere Dimensionen, um dich mit allen anderen Wesen und allen anderen Orten in der Existenz zu harmonisieren, damit deine Energien und dein Licht mit allem schwingt, was ist, mit allem, was war, und mit allem, was sein wird.

Auf all deinen Reisen passt du deine Energien an alles an, was ist, was war und was sein wird. Dadurch bist du auch mit allem und jedem in der ganzen Existenz eins.
Und in diesem Sinn bist du bereits eins – eins mit der Erde, eins mit allen Wesen, die je auf diesem Planeten waren, und eins mit der Existenz.

Wenn du dieses Einsseins gewahr bist, ist das Leben einfach.
Weil du Erde bist, weißt du, was die Erde unterstützt und was nicht.
In dir trägst du die physische Energie aller anderen Wesen, die einst auf der Erde gingen, und du weißt, dass du darum auch mit allen eins bist, die jetzt hier sind, denn sie sind auf dieselbe Art gemacht.
Du bist eins – bist jetzt schon eins.

Da du eins bist, wird alles, was du für dich selbst erschaffst, auch für andere erschaffen.
So ist die Wirklichkeit beschaffen: Alle Teile der Schöpfung unterstützen sich gegenseitig.

Eins – ein physisches Wesen, ein Wesen aus Licht und Energie, in diesem Leben, genau jetzt.

Da du bereits eins bist, ist es sinnlos, in einen Machtkampf oder einen Wettstreit mit anderen einzutreten, denn du würdest den Machtkampf und den Wettstreit nur mit dir selbst austragen.
Das ist sinnlos. Es bringt dir nichts.

Wenn du dein Gewahrsein in das Einssein hinein erweiterst und jeden in deine Liebe einschließt, dann bringt dir das Freude, Glückseligkeit, Erfüllung und du spürst deine Bestimmung.

Wir empfehlen dir, immer bei Tagesbeginn dein Gewahrsein ins Einssein und in das Wissen hinein zu erweitern, dass du mit allem und jedem eins bist.
Frage dich zum Tagesanfang, wie du dieses Einssein mit den Menschen, die du in täglichen Situationen triffst, ausdrücken kannst.

Einssein – wenn du dich in das Einssein hinein erweiterst, bist du im Frieden.
Denn du liebst dann jeden ebenso sehr, wie du dich selbst liebst.
Und du liebst dich selbst ebenso sehr, wie du andere liebst.
Einssein – im physischen Sein, hier.

Bringe nun sanft dein Gewahrsein hierher zurück.

Meditation

Es ist an der Zeit, die Existenz wieder zu vereinen

Nimm dir einige Augenblicke Zeit, lenke dein Gewahrsein nach innen und schwebe einige Augenblicke lang in dem Licht, das hier ist.
Lass uns jetzt ein wenig das Einssein und die Trennung betrachten.

Beginne, dich zu entspannen und begib dich tief in diese schwebende Energie hinein, die hier ist. Stell dir vor, dass du immer mehr davon einatmest und zu einem schwebenden Licht, zur schwebenden Essenz wirst.

Du erfährst dich als diese schwebende Essenz und bemerkst nun in der Ferne ein Licht, auf das du dich immer schneller zubewegst.
Du bewegst dich schnell durch die Existenz hindurch und darüber hinaus – bis du im Nicht-Seienden bist. Da ist nichts anderes als du selbst, und auch du bist nichts, und doch bist du.

Durch dieses Nichts hindurch bewegst du dich nun in andere Räume hinein und zu anderen Räumen, bis du den Ort erreichst, wo die Essenz erschaffen wurde.
Du erreichst jenen ersten Zeitpunkt, da sich die Quelle auf dich projizierte, wie du vor der Existenz warst – bevor das Physische war, bevor das Licht war, bevor das Bewusstsein war.

Die Quelle fand dich, bevor du Energie warst, projizierte sich auf dich und erschuf Essenz: Liebe, Licht und Bewusstsein.

Diese Essenz begann sich in immer kleinere Essenzteilchen zu streuen, und die Quelle projizierte sich auf diese Teilchen, wodurch sie noch mehr Essenz erschuf, die sich streute.
Darauf projizierte sich die Quelle erneut und erschuf noch mehr Essenz.
Das macht sie immer noch, sie erschafft immer noch mehr Essenz.
Sie erschafft endlos noch mehr Liebe, noch mehr Licht, noch mehr Bewusstsein – die drei Bausteine der Schöpfung, die sich streuen.
Du bist Teil dieser endlosen Schöpfung, du bist die Quelle und du bist die Schöpfung.

Jedes Teilchen der Schöpfung ist Teil jenes ersten Teilchens der Essenz, ist ein Teilchen der ursprünglichen Schöpfung.
Du bist ein solches Teilchen – für immer und ewig verbunden, denn du bist dasselbe.
Du bis eins, du bist die Quelle, du bist die Schöpfung.
Es gibt nur *eine* Schöpfung.

Die Quelle fügte zur Essenz Leben hinzu, worauf die Essenz physische Existenz zu erschaffen begann – die Planeten, die Sterne, die Universen, die Lichtgitter – eine immerwährende Schöpfung. Und jede solche Schöpfung erschafft mehr Leben und mehr Essenz.

Du erfährst dich selbst als Teilchen dieser Schöpfung, und das bist du auch, gleichzeitig aber bist du auch alles, und alles ist du, und alles ist in dir.

Irgendwo in dieser Schöpfung ist die Erde.
Und irgendwo in dieser Schöpfung ist die Menschheit auf der Erde.
Diese Menschheit hat die Trennung erschaffen, obwohl die Trennung nicht existiert, weil sie nie existieren könnte.

Denn niemals könnt ihr euch von dem trennen, was ihr seid.
Das ist unmöglich.
Ihr seid ewig mit allem verbunden.
Wenn ihr euch auf der Erde also gegenseitig die Liebe entziehen und untereinander die Verbindung abbrechen wollt, dann versucht ihr etwas Unmögliches.

Ihr erfahrt Leid – das Leid eures Glaubens an die Trennung, das Leid eures Glaubens, ihr könntet getrennt sein.
Und da ihr schöpferisch seid, projiziert ihr euch durch dieses Glaubenssystem und erschafft damit noch mehr Trennung und noch mehr Leid.

So wurde auf der Erde das Leid erschaffen.
Ihr habt euch durch dieses Glaubenssystem projiziert, und jedes Mal, wenn ihr glaubt, ihr könntet euch voneinander trennen, entsteht Spannung.
Denn ihr könnt euch nicht voneinander trennen.

Was immer ihr macht – ihr werdet in dieser Schöpfung immer verbunden sein – quer durch die Existenz immer mit allem verbunden, mit allem, was ist, und allem, was nicht ist.
Ihr seid eins, eins mit allem, was ist, und allem, was nicht ist.

Es ist an der Zeit, dass ihr euch von diesem Leid befreit.
Es ist Zeit, dass ihr zurückkehrt, dass ihr die Wirklichkeit zurückbringt und zu diesem einen Wesen wieder vereint, das ihr seid.

Darum seid ihr hier, darum *seid* ihr – um eins zu sein. Eins.

Lenke dein Gewahrsein nun sanft zurück in dieses eine Wesen, diese eine Ausdrucksform, die du in der Zeit und im Raum auf der Erde bist.

Meditation

Einssein mit einem anderen Menschen

Geh mit deinem Gewahrsein nach innen zu diesem stillen Ort, wo du zentriert und doch offen bist. Lenke dein Gewahrsein also vollkommen ins Jetzt.
Lass alle deine Gedanken und Gefühle los, alle Vorstellungen von dem, was du tun möchtest. Entspanne dich einfach genau jetzt.

Wir bitten dich nun, nach innen zu gehen und dich zu fragen, ob du bereit bist, mit einem anderen Menschen Einssein zu leben.
Bist du bereit, in einer Beziehung, gleichgültig welcher Art, mit einem anderen Menschen im Einssein zu leben?
Und dabei Licht, Liebe und Bewusstsein zu leben?
Und dabei offen, liebevoll und verständnisvoll zu sein?
Bist du bereit, einem anderen Menschen nahe zu sein?
Und dabei ohne die normalen Spiele der Persönlichkeit zu leben,
ohne Machtkämpfe,
ohne gegenseitige Beschuldigungen,
ohne die Opfermuster der Persönlichkeit,
ohne ein Gefühl der Über- oder der Unterlegenheit?
Dabei den anderen vollkommen zu akzeptieren, egal, was dieser Mensch macht, egal, was er denkt oder glaubt – selbst wenn das im völligen Widerspruch mit deinen Glaubenssystemen steht?
Denn Glaubenssysteme sind einfach Glaubenssysteme und spiegeln keine Wahrheit.

Darum ist es sinnlos, einen Menschen zu suchen, der mit dir in allem übereinstimmt.
Ihr könnt miteinander sogar mehr erreichen, wenn ihr völlig verschieden und doch offen für das Einssein seid – für Liebe und Verständnis, für Verspieltheit und ein Leben im Sein.

Das ist in jeglicher Art von Beziehung möglich.
Es kann mit einem Lebenspartner sein,
mit einem sehr nahen Freund,
vielleicht mit einem Kind
oder mit jemandem, mit dem du zusammenarbeitest.
Schlicht und einfach in jeglicher Art von Beziehung, die dir einfällt.

Wir wollen nun ein wenig damit spielen.
Frage dich also in deinem Inneren, in welcher Art von Beziehung du dieses Einssein gerne leben würdest.
In einer sehr intimen Beziehung mit einem Lebenspartner,
mit einem engen Freund,
einem Kind,
mit jemandem, mit dem du arbeitest
oder mit jemand anderem?

Willst du ehrlich versuchen, mit jemandem in völliger Offenheit, ohne Ärger und Frustration als eins zu leben?
Willst du dich mit deinem Ärger und deiner Frustration sofort befassen – im Wissen, dass es stets um dich selbst geht, wenn du dich ärgerst? Und willst du diese Gefühle ändern?
Und wenn sich der andere Mensch über dich ärgert und verstimmt ist, willst du dann in einem Zustand der Liebe und durchlässig für die Aggression oder den Ärger des anderen bleiben?
Willst du mit einem offenen Herzen den anderen Menschen sich ausdrücken lassen und dabei stabil und eins bleiben?

Bis hierher geht es meistens, wie wir bisher gesehen haben.
Die meisten Menschen vergessen jedoch alles über das Einssein, wenn sich ihr Partner über sie ärgert, und sie werden lieber selbst verletzt oder ärgerlich.
Das ist so, weil sie nicht wirklich bereit sind, eins zu sein.
Wenn ihr es wärt, würdet ihr nie verärgert oder verstimmt sein.
Ihr würdet euch nie verletzt oder enttäuscht fühlen.
Vielmehr wäret ihr Stärke und Licht.
Ihr wärt offen.

Weil ihr einen physischen Körper und Energiekörper habt, die für die Trennung geschaffen sind, ist es sehr einfach, die Flucht zu wählen und zu sagen: »Ich würde schon gerne als eins leben, aber dieser Mensch verhielt sich so und so, also ging es nicht.«
Das ist nicht Einssein.
Das ist Trennung.

Es kann herausfordernd sein, mit einem anderen Menschen in einem Zustand des Einsseins zu verbleiben.
Wenn es dir gelingt, dann wirst du und wird die Menschheit sehr belohnt.

Wenn dies dein größter Wunsch ist und du bereit bist,
wenn du ehrlich mit einem anderen Menschen hier auf der Erde als eins leben möchtest,
sei es ein Lebenspartner,
ein Freund,
ein Arbeitsgefährte
oder jemand anderes,
wenn du wirklich zu diesem Engagement und dieser Verbindung bereit bist, dann werden wir dafür sorgen, dass ein solcher Mensch zu dir in dein Leben geführt wird.

Du kannst nicht selbst entscheiden, wer das sein wird.
Aber du kannst die Art der Beziehung wählen, die du eingehen möchtest.
Und es wird jemand kommen, der bestens zu deiner Energie passt.

Wenn es das ist, was du möchtest, dann stelle dir nun eine solche Beziehung vor.
Mach dir ein klares Bild von dem, was du wirklich möchtest.

Wenn du darüber völlige Klarheit hast, dann dehne deinen Fokus aus, bis er dich umgibt.

Reise dann in ihm zusammen mit uns zu den Seelenebenen.

Vielleicht erfährst du sie als ein Lichtmeer – lauter strahlende, leuchtende Seelen.

Rufe nun nach der Art der Beziehung, die du als starkes Bild in deinem Fokus hältst.
Rufe so lange, bis du das sehr, sehr starke Gefühl hast, dass jemand antwortet.
Es ist so, als ob dein Licht plötzlich sehr viel stärker würde, weil der andere Mensch es betreten hat.
Stell dir vor, dass du mit dieser Seele verschmilzt, sobald ihr miteinander Kontakt aufgenommen habt.

Zusammen reist ihr nun in die Schichten des Einsseins, um in eurer Beziehung den Samen des Einsseins anzulegen.

Dann reist ihr zusammen weiter in die starke Energie der Wahrheit, die euch das Herz öffnet.

Reist dort tief hinein, so tief ihr könnt.
Oder bleibt ein bisschen weiter weg, falls euch das lieber ist.
Reist in diese schöne Energie der Wahrheit und lasst eure Beziehung darin baden.

Diese Beziehung zu leben wird wahrscheinlich das Großartigste, was du tun kannst – obwohl es sehr herausfordernd sein wird.
Du wirst versucht sein, auf Persönlichkeitsmuster zu hören.
Deshalb wirst du die fünf Schlüssel gut gebrauchen können.
Wenn dich etwas zu verstimmen beginnt, dann halte inne, prüfe deinen Fokus und lenke ihn auf das, was du möchtest.

Du weißt auch, dass alles, was du auf andere projizierst, lediglich eine Eigenschaft von dir selbst ist, die du verändern kannst, falls du sie nicht magst.
Jede Schönheit und Stärke, die du im anderen siehst, ist ebenfalls in dir und eine Eigenschaft, die du fördern kannst.

Statt dich also in ein Streitgespräch einzulassen, schaust du dir diese Dinge an, und du reist ins Einssein und in die Wahrheit und füllst eure Beziehung damit.
Sollte einmal der Punkt kommen, da du deinen Partner als den schlimmsten Menschen empfindest, dem du je begegnet bist, dann weißt du, dass das nur wegen deines Körpers ist, der so beschaffen ist, dass er Einssein zurückstößt.
Dann öffne dich noch mehr und lasse noch mehr Liebe, noch mehr Fluss, noch mehr Leichtigkeit und noch mehr Nähe zu.

Beginne nun, sanft zurückzureisen.
Erde dich gut, und komme zurück, wann immer du bereit bist.

Fragen und Antworten

Einssein erschaffen mit aggressiven Menschen

Wie kann ich Einssein erschaffen, wenn ein aggressiver Mensch auf mich zukommt und mich bedroht?

Hast du von dem schönen Beispiel gelesen, das kürzlich in New York stattfand? Da war diese nette Dame, die sich für einige Tage zu irgendeiner spirituellen Veranstaltung nach New York begeben hatte. Auf dem Rückweg nach Hause musste sie abends den Central Park durchqueren. Schon am ersten Abend wurde sie im Central Park von einem riesigen farbigen Mann gepackt, der sie zu Boden warf und zu vergewaltigen begann.
Sie war schon so spirituell, dass sie keine Angst hatte, sondern nur eine immense Liebe für diesen Mann verspürte. Sie begann, seinen Kopf zu streicheln, während er sie vergewaltigte.
In dieser liebevollen Gegenwart brach er zusammen. Sein Herz öffnete sich, und zum ersten Mal verspürte er Liebe.
Er ließ von ihr ab und sagte: »Du bist ein solch schönes Wesen. Du

solltest nicht ungeschützt durch diesen Park gehen.« Er begleitete sie durch den Park, und an jedem folgenden Abend tat er das Gleiche: Er führte sie sicher durch den Park.

So kannst du dich verhalten, wenn du dich von sämtlicher Angst befreit hast. Deine einzige Antwort ist dann Liebe, und es können Wunder geschehen. Du weißt, dass du mit diesem Wesen eins bist, weshalb deine Liebe genügt.

Wenn du einmal deine Glaubenssysteme transformiert hast, dann wirst du wissen, dass es nichts anderes als Liebe geben kann. Du wirst wissen, dass jemand in dein Leben kommen kann, weil er dein Licht sucht. Und so gibst du ihm, was er will.

Wie wir immer wieder sagen: Es gibt Millionen von Möglichkeiten. Wähle jene, die in deinem Herzen ist.

Und lass deine Schuldgefühle los, denn sie machen es dir immer wieder schwer. Gleichgültig, was du jetzt oder jemals getan hast: Du bist eine vollkommene Schöpfung. Du bist die Quelle. Du bist diese Schönheit.

Und egal, was geschieht: Hör auf, es dir schwer zu machen. Dieser Mensch bedarf der Liebe. Wenn du ihn siehst, dann teile mit ihm deine Liebe. Umarme ihn, berühre sein Herz und sage: »Ich liebe dich genau so, wie du jetzt bist. Du brauchst dich nicht zu ändern, damit ich dich liebe.«

Erinnere dich daran: Wenn du ihn siehst, dann übe das Einssein, übe, dich jemandem mitzuteilen, der es benötigt.

Vielleicht wird er es glauben, dass er sich nicht zu ändern braucht, um von dir geliebt zu werden. Du brauchst dich ebenfalls nicht zu ändern, um von Gott geliebt zu werden.

Wenn du dich änderst, dann tust du es, weil du dich selbst liebst, weil du so leben willst und mehr Freude erfährst, wenn du dich liebst.

Einssein muss keine sexuelle Beziehung einschließen

In der Meditation zur Erschaffung von Einssein in einer Beziehung war mir nicht ganz klar, ob ich meinen Lebenspartner immer noch behalten kann.

Wir riefen einen Menschen, mit dem du in diesem Leben Einssein ausdrücken kannst, und das kann in jeglicher Art von Beziehung sein. Es kann, wie wir sagten, mit einem Kind, mit einem Arbeitsgefährten oder mit einem nahen Freund gelebt werden. Einsein muss keine sexuelle Beziehung einschließen.
Und ja, du kannst dabei deinen Lebenspartner behalten.

Mit Einssein die Vollkommenheit leben

Meine Wahrnehmung ist, dass sich meine Zellen beständig schützen müssen. Mir ist, als ob sie kämpften. Sie sind eine kämpfende Energie. Ich möchte sie gerne in eine höhere Schwingung umwandeln.

Verstehe, dass es nicht die Zellen sind, sondern deine Illusionen und Glaubenssysteme, die zu verändern sind. Erst dann kannst du die Wirklichkeit so erfahren, wie sie ist. Das Einzige, was die Lebensenergie oder das Göttliche blockiert, sind deine Glaubenssysteme.
Das gilt für alle Menschen. Ihr seid die Quelle und die Quelle ist in sich selbst schöpferisch. Die Quelle projiziert sich durch jegliches Glaubenssystem, das du hast, wodurch es wirklich wird. Oder du erfährst es als wirklich, und weil du das tust, wird es noch mehr Licht von der Quelle erhalten und sich projizieren und vermehren.
Befreie dich also von deinen Glaubenssystemen, von allen Illusionen bezüglich des Körpers und der Existenz und gehe in den Seinszustand des Wissens ein, dass du die Quelle bist. Höre auf, dieses oder jenes tun zu wollen.
Wie du weißt, kann alles geheilt werden. Doch das geschieht nicht durch Kämpfen. Du brauchst keine Krankheit und kein Virus zu bekämpfen oder zu analysieren. Verstehe, dass du alles bist und sich diese Energie ganz einfach streuen und eine andere Schöpfungsform annehmen kann.
Es funktioniert jedoch nicht, wenn du dich mit großem Bemühen hineinsteigerst, sondern nur, wenn du dich von all den Illusionen befreist. Die Persönlichkeit und die Illusionen loszulassen, ist der einzige Weg, die Vollkommenheit der Existenz und der Schöpfung

wirklich zu verstehen und zu erkennen, wie du diese Vollkommenheit hier leben kannst.

Du nimmst deine Glaubenssysteme mit

Können sich Illusionen auch durch meinen Körper manifestieren oder nur durch meine Glaubenssysteme?

Einzig durch deine Glaubenssysteme, durch deine Gedanken und Gefühle. Du könntest diesen Körper sterben lassen, und dennoch bestünde keine Garantie dafür, dass du auch deine Glaubenssysteme loslässt. Falls du, das Wesen, nicht bereit wärst, von deinen Illusionen abzulassen, würdest du dich irgendwohin begeben und deine Glaubenssysteme mitnehmen. Dann könntest du in einer Art Parallelwelt leben, die viele Medien channeln und wo du deine Großmutter siehst. Du würdest ganz einfach eine ähnliche Wirklichkeit erschaffen wie diese hier und könntest so lange dort bleiben, wie du diese Glaubenssysteme hast.

Du wirst also nicht unbedingt weiser, es sei denn, du lässt die Glaubenssysteme los. Denn sie sind es, die dich begrenzen, ob du deinen jetzigen physischen Körper nun beibehältst oder ihn loslässt.

Wie schon gesagt, du kannst tun, was du willst. Du kannst physisch bleiben oder deine physische Form streuen und in eine andere oder keine Form transformieren. Oder du könntest erforschen, was der physische Körper quer durch die Existenz wirklich ist. Wenn du die Glaubenssysteme losgelassen hast, kannst du tun, was du willst. Es ist eine Frage deiner Wahl.

Du bist immer in die Wahrheit eingeladen – in das, was wirklich ist, in die Existenz – ob du nun einen Körper hast oder nicht.

Egal, was du getan hast und was immer du tust, bist du in die Liebe, in die Schönheit, in diese Vollkommenheit eingeladen. Es gibt dort keine Strafe. So etwas wie Karma gibt es nicht. Es gibt nur Liebe, Licht und Bewusstsein. Und du bist stets in das, was ist, eingeladen.

Wichtig ist hier also für euch alle, dass ihr keinen Glaubenssystemen anhängt. Beispielsweise habt ihr vielleicht einmal an Karma geglaubt,

weil es euch half, zu vergeben und euch der Liebe zu öffnen. Das ist wunderbar, und daran ist nichts Falsches – es ist nur nicht wirklich. Ihr könnt das eine oder andere Glaubenssystem erforschen und dabei sehen, ob es euch der Wahrheit näher bringt oder nicht.
Die Herausforderung für euch Lichtarbeiter ist letztlich, dass ihr über eure Glaubenssysteme hinausgeht und nicht an ihnen hängen bleibt, als ob sie die Wahrheit wären.

Ohne Glaubenssysteme kannst du teleportieren

Habe ich es richtig verstanden, dass ich diesen Körper nicht aufgrund von Glaubenssystemen erschaffen habe?

Ja, denn wenn du die Glaubenssysteme losgelassen hast, wirst du immer noch denselben Körper haben, wenngleich er etwas anders sein wird: Er wird Licht sein und durchsichtiger, doch immer noch derselbe. Du würdest also nicht mehr die Illusion von Dichte erfahren. Du würdest als freies physisches Wesen deinen Körper erfahren. Wenn du so weit bist, dann bist du frei, zu teleportieren und zu tun, was immer du willst. Einzig dein Glaubenssystem hindert dich daran, denn dein Körper besteht aus Energiepartikeln, und diese kannst du mit deinem Bewusstsein lenken.

Eines Tages brauchst du keine Nahrung mehr

Wenn ich nicht esse, habe ich mehr Energie, und ich spüre, wie mich Energie durchströmt. In den vergangenen zwei Jahren habe ich mehr als zehn Kilo zugenommen, und letzthin kam mir die Idee, ich könnte auf Lichtnahrung umsteigen. Es wäre sicher ein schönes Gefühl, transparente Energie zu sein. Wegen meiner Arbeit muss ich jedoch oft an gesellschaftlichen Anlässen teilnehmen – und bin also ein bisschen im Dilemma.

Lichtnahrung ist keine Diät. Auch wenn du nicht mehr essen würdest, gäbe es keine Garantie, dass du abnähmst. Doch wenn du zu

essen aufhörst, kannst du jederzeit wieder damit beginnen. Das wäre kein Problem.
Bezüglich dessen, was du dein Dilemma nennst, könntest du entweder deine Arbeit, dein Glaubenssystem über deine Arbeit oder dein Glaubenssystem darüber, wie dein Leben ohne Nahrungsaufnahme wäre, verändern. Entscheide dich einfach, wie du gerne leben möchtest, und erschaffe es, statt zu denken: »Dieses kann ich tun, jenes kann ich nicht tun.«
Bezüglich der Energieteilchen musst du wissen, dass Essen oder Nichtessen nichts mit der Fähigkeit zu tun hat, den Körper als Energieteilchen zu erfahren und ihn sein zu lassen, was er ist. Du dürftest ein Glaubenssystem haben, wonach es da einen Zusammenhang gibt, aber den gibt es nicht.
Sehr wahrscheinlich wirst du eines Tages so weit kommen, dass dein Körper keine Nahrung mehr braucht. Das bedeutet aber nicht, dass du nicht doch etwas zu dir nehmen kannst, wenn du das möchtest. Das hat nichts mit der Wahrheit und nichts mit dem freien Körper zu tun.
Du kannst also das eine oder das andere wählen. Und hefte nicht so viele Glaubenssysteme daran.

Lichtnahrung funktioniert, wenn du daran glaubst

Ist es mit der Lichtnahrung wie mit normalem Essen?

Mit Licht ernährst du dich nicht auf dieselbe Art. Du lässt einfach das Glaubenssystem los, dass du Nahrung benötigst. Du erkennst einfach, dass es eine Energieform ist und brauchst diese nicht in Form von Lebensmitteln aufzunehmen, außer du möchtest das aus Freude und zum Genießen tun.
Tatsache ist, dass du zum Nichtessen übergehen kannst, wenn du das möchtest. Aber wieso solltest du das tun wollen?
Wir sprechen hier ganz allgemein. Jeder kann selbstverständlich zu Lichtnahrung übergehen, wenn ihn das anspricht. Wenn du vollkommen daran glaubst, dass es funktioniert, dann wird es funktionieren.

Niedriger Blutdruck und Lichtnahrung

Ich habe einen niedrigen Blutdruck. Was passiert mit mir, wenn ich zu Lichtnahrung übergehe?

Das hängt von deinen Entscheidungen im jeweiligen Moment ab. Wenn du wirklich daran glaubst, dass dein Körper völlig in Ordnung und gesünder denn je ist, dann wird es so sein.
Wenn du deine wahre Kraft zu realisieren beginnst, mit der du deine Wirklichkeit ganz nach deinen Wünschen umerschaffen kannst, dann wirst du alles erschaffen, was du willst.
Nun ist es wichtig, dass du nicht dich selbst zu beschuldigen beginnst, falls du etwas anderes erschaffst. Wir sehen es nämlich oft auf der Erde, dass sich die Menschen Vorwürfe machen: »Wieso habe ich das erschaffen? Ich muss wirklich schlecht sein und scheine hier einen wirklich armseligen Fokus zu haben.« Denn dann entsteht nur mehr von deinem schlechten Gefühl, denn du erschaffst alles im Moment. Geh also nicht in diese Falle. Erschaffe, was du haben willst.

Der Körper stirbt nicht

Verstehe ich es richtig, dass einzig die Vorstellung stirbt? Ist die Vorstellung nicht dasselbe wie ein Gedanke oder eine Schwingung?

Ja. Gedanken und Gefühle sind Illusionen. Sie gehören zur Persönlichkeit, und diese ist Teil der illusionären Wirklichkeit. Damit habt ihr das ganze Spiel auf der Erde konstruiert, das ihr indessen für Wirklichkeit haltet. Aber es ist nicht wirklich. Wirklich ist einzig euer physischer Körper, und wirklich sind einzig die Quelle, deine Seele, dein höheres Selbst, das Licht, die göttliche Essenz – all das ist wirklich.
Ließest du jetzt all deine Illusionen los, bliebe dir immer noch der Körper, doch du hättest diesbezüglich keine Illusionen mehr. Genau das ist der Unterschied zwischen der dritt- und der fünftdimensionalen Wirklichkeit. Wenn du mit einem Körper in der fünften Dimen-

sion lebst, hast du genau denselben Körper, aber er ist sehr viel durchsichtiger, viel ätherischer, und du erfährst ihn so, wie er ist.
Hier in dieser Dimension erfährst du dein Glaubenssystem bezüglich deines Körpers. Sollte dieser Körper sterben, würde all die physische Energie, aus der er besteht, weiterhin leben, und du könntest sie in einem anderen Körper neu zusammensetzen.
Der Körper würde also nicht sterben. Sterben hingegen würden die Vorstellungen davon, was du bist und was der Körper ist.

Die Energie des Körpers bleibt da

Ich glaube daran, dass ich nicht mehr sterben und nicht mehr altern würde, wenn ich so weit wäre. Wie ist es aber bei den Tieren? Auch sie werden alt und sterben. Sie haben doch kein persönliches Bewusstsein.

Die größte Illusion ist, dass der Körper stirbt. Denn selbst, wenn dieser physische Körper stirbt, stirbt er nicht, sondern verstreut sich.
Wenn beispielsweise jemand stirbt und du ihn beerdigst, beginnt der Körper zu verwesen, und einige liebe Tiere beginnen Teile davon zu verspeisen. Dann gibt es zwar den Körper dieses Menschen nicht mehr, aber seine Energie ist immer noch da. Die Energie ist immer noch physisch, nur dass der Körper in Energiepartikel aufgeteilt ist, die anderswo weiterleben.
Millionen und Abermillionen von Energieteilchen, die einst als dieser Körper existierten, sind immer noch auf dieser Erde, und alle tragen immer noch sein Bewusstsein und das Bewusstsein von anderen Wesen. Als dieses Bewusstsein wächst er in den Feldern, und andere essen ihn.
Dein Körper stirbt also niemals. Du glaubst wohl, dass dein jetziger Körper neu ist und hier noch nie existiert hat. Doch das ist nicht wahr. Er besteht aus all den Energieteilchen, die schon immer hier waren. Er ist also keineswegs neu, sondern älter denn je zuvor. Das Bewusstsein dieses Körpers und jedes Körpers, den du je hattest oder der hier je existiert hat, ist lebendig.
Du stirbst nie, auch nicht physisch. Dieser physische Teil von dir –

dieser Körper und die Körper, die du schon früher hattest – ist überall lebendig. Du streust ihn. Und alle Energieteilchen, die du je in diesem Körper hattest, tragen dein Bewusstsein.
Deine große Illusion ist, dass der Körper stirbt und die Seele weiterlebt. Tatsache ist, dass die Seele und der Körper weiterleben.
Genau gleich ist es mit den Tieren. Sie sind dessen viel stärker gewahr als ihr. Sie wissen, dass sie ihren Körper streuen und an vielen anderen Orten weiterleben. In ihrer Vorstellung sterben sie nicht, sondern sie gehen physisch weiter.
Wenn du das in deinem Körper zulässt, was ihr »Sterben« nennt – und wir physisches Weiterleben nennen –, dann beschließt du einfach, weiterzugehen. Und diese physische Masse, die du bist, wird weiterleben, mit anderen eins und zu neuen Schöpfungen werden.
Es gibt also am Sterben nichts Negatives, sondern es ist eine Möglichkeit des Weitergehens.
Jenseits der Illusion von physischen Vorstellungen gibt es eine weitere Möglichkeit. Du könntest dann sagen: »Dieses Mal möchte ich nicht von einem Tiger verspeist werden«, dann löst du diese Energiepartikel einfach auf, nimmst sie entweder irgendwo anders hin mit oder lässt sie auf der Erde weiterleben. Du kannst das eine oder das andere wählen. Die Resultate sind dabei ziemlich gleich; die Erfahrungen hingegen sind sehr verschieden.
Alles Bewusstsein, zu dem du während dieses Lebens Zugang hattest, verbreitet sich nach dem Streuen des Körpers überall auf der Erde. Es fließt im Wasser, und wenn jemand Wasser trinkt, nimmt er es auf. Diese Partikel leben also in vielen Formen und tragen dein Bewusstsein.
Da jeder Körper wie der deine aus Millionen und Abermillionen von Energiepartikeln besteht, aus Molekülen und so weiter, nimmst du viele Energiepartikel von vielen Körpern auf, wenn du Wasser trinkst und Nahrung aufnimmst. Vielleicht isst du zu Mittag Kleopatra oder Napoleon. Jedes Mal, wenn ihr esst, esst ihr jemand anderen.
Wenn du Kleopatra, Napoleon oder wen auch immer isst, nimmst du in diesem Moment dieses Bewusstsein auf. Und wenn es mit dir in Resonanz ist, erhältst du sofort Zugang zu viel mehr Bewusstsein denn je zuvor.

Das ist interessant, nicht? Jedes Mal, wenn du trinkst, bekommst du mehr Bewusstsein. Wenn du also einmal schlemmst, dann brauchst du dich hinterher deswegen nicht mehr so schlecht zu fühlen.

Kann ich auch Engel essen?

Sagen wir, dass ich Napoleon esse. Geschieht es darum, weil ich das angezogen habe? Kann ich denn auch Engel essen, wenn ich an Engel denke?

Aber du bist ein Engel, und auch Napoleon war ein Engel.
Wenn du Napoleon isst, dann wählst du, was du heute davon haben willst und löst damit die Vergangenheit auf, weil du die Wirklichkeit in diesem Moment erschaffst.
Lass es uns so sagen: Iss doch einfach, was du magst. Alles ist überall. Die Moleküle jener, die vor Tausenden von Jahren starben, sind überall auf der Erde verstreut. Jedes Mal, wenn du Wasser trinkst, könntest du ein Molekül von Kleopatra bekommen, ob du das nun magst oder nicht. Und jeder, der zu jener Zeit lebte und hier starb, ließ seine Moleküle hier zurück.

Moleküle enthalten Bewusstsein

Sind die Moleküle neutral?

Nein, das haben wir nicht gesagt. Wir sagten, dass sie dir Zugang zu mehr Bewusstsein verschaffen, wenn sie in Resonanz mit dir sind.
Nehmen wir als Beispiel, dass du etwas von dir selbst isst, das aus einer sehr bewussten Zeit vor vier- bis fünftausend Jahren stammt. Diese Moleküle sind ganz sicher mit dir in Resonanz. Und so bekommst du Zugang zu diesem Bewusstsein. Du bist dann klüger als je zuvor, denn dieses Bewusstsein wird für dich zugänglich. Alles Wissen, das jenes Wesen hatte, ist in diesem Molekül.
Es wird also etwas mit dir geschehen, wenn du damit in Resonanz bist. Dasselbe gilt, wenn etwas Traumatisches gespeichert ist.

Doch du wählst dann einfach, was du von dem jetzt haben willst, und sogleich ist die vergangene Erfahrung transformiert. Du schreibst die Geschichte der Erde um und findest damit einen neuen, weiteren Werdegang für den Planeten.

Herztransplantation funktioniert bei ähnlicher Schwingung

Wie ist es mit Herztransplantationen? Wenn ich sterbe und jemand anderer bekommt mein Herz, lebt es dann einfach in diesem anderen Menschen weiter?

Manchmal klappt es, manchmal auch nicht. Manchmal wird das Herz assimiliert, manchmal wird es abgestoßen. Das hängt natürlich davon ab, wie die Energie deines Herzens zur Herzenergie des Empfängers passt. Wenn ihr eine halbwegs ähnliche Schwingung habt, dann kann es funktionieren.

Tod oder Aufstieg des Körpers

Ich bin ein bisschen verwirrt. Bisher habe ich gelesen, dass wir den Körper mit uns nehmen. Und nun klingt es für mich so, als ob die Transformation durch den Tod erfolgt. Ist es also so, dass wir sterben und der Körper zum Erdenkörper zurückkehrt? Und wenn wir die Existenz wieder vereinen und keine Trennung mehr da ist können wir ihn nach Belieben überall hin mitnehmen?

Du hast beide Möglichkeiten. Du kannst den Körper sterben lassen und die Energieteilchen auflösen. Oder du kannst diese Energieteilchen anderswohin mitnehmen.

Kremieren oder beerdigen – eine Frage der Wahl

Gibt es Unterschiede bezüglich des spirituellen Werts zwischen dem Beerdigen und dem Kremieren?

Der Unterschied besteht in der Wahl. Die Energie bleibt auf der Erde, egal was du wählst.
An beiden Möglichkeiten haftet kein spiritueller Wert. Ein solcher besteht nur in den Glaubenssystemen der Lichtarbeiter. Es ist eine Energietransformation. Die Energie existiert immer noch, ob du nun den Körper erhitzt oder ob er Teil der Erde wird.
Mach, was dir zusagt.

Die Energie der Menschen in den Konzentrationslagern

In der Vergangenheit sind viele Menschen durch Giftgas gestorben. Beeinflusst das andere Menschen auch? Ich denke an die Konzentrationslager, wo so viele Menschen durch Giftgas starben. Werden wir auch davon beeinflusst, wenn wir deren Energie essen und trinken?

Ja, natürlich, ihr werdet von allem beeinflusst. Nichts ist von euch getrennt, und ihr seid von nichts getrennt. Darum wirkt sich alles, was auf dieser Erde vor sich geht, auf euch aus. Und alles, was in euch vor sich geht, wirkt sich auf die Erde aus – und auf das Ganze. Aber wir wollen bei der Erde bleiben. Darum könnt ihr auch den weiteren Werdegang des Planeten beeinflussen.

Wieso sollte ich den Körper lieben?

Ich liebe meinen Körper nicht. Wieso sollte ich ihn lieben?

Weil er großartig ist. Vor allem ist er schön. Er ist jetzt anders als früher, aber immer noch wunderschön. Schönheit hat nichts mit Jugend und straffen Oberschenkeln zu tun. Schönheit ist eine Aus-

strahlung. Du hast einen schönen Körper. Er ist ein Spiegel Gottes, und obwohl er nicht mehr ganz so gut funktioniert wie damals, als du jünger warst, kannst du damit doch immer noch viele wundervolle Dinge erleben. Du hörst gut, kannst wundervolle Empfindungen haben, du hast den Geschmackssinn, kannst den Wind spüren, nackt sonnenbaden und so weiter. Du kannst deinen Körper bewegen, kannst mit ihm gehen und andere berühren und von anderen berührt werden. Es ist immer noch ein derart schöner Körper.
Je mehr du ihn schätzt, desto mehr legst du deinen Fokus auf die wunderbaren Dinge, die dein Körper machen kann, und desto mehr wirst du ihn genießen.
Lerne, mehr zu berühren und dich berühren zu lassen. Das ist sehr schön, und es gibt viele Arten des Berührens. Es ist sehr wichtig, dass du nicht zu leben aufhörst, auch wenn du älter wirst. Das gilt für alle Menschen. Schätze das, was du hast, statt das, was du nicht hast.
Es gibt Menschen, die ihr Leben lang im Rollstuhl sitzen und nie gehen oder ihre Hände bewegen können. Stelle dir vor, welch Geschenk dein Körper für sie wäre – und du beklagst dich. Er ist so wundervoll.

Wir wollen das Paradies hier auf der Erde erschaffen

Was ist eure Absicht und Aufgabe bezüglich der Erde?

Unsere Absicht ist, wie schon gesagt, die Wirklichkeit wieder zusammenzubringen, damit sie sich im Physischen wieder vereinen kann. Wir wollen das Paradies hierher bringen.
Die Vorstellung, dass man erst nach dem Tod ins Paradies kommt, ist bloß eine Illusion, die euch davon abhalten soll, zu früh zu eurer Kraft zu kommen.
Unsere Absicht ist, das Paradies hier und jetzt im Physischen zu erschaffen und das Physische nicht von etwas Spirituellem nach dem Tod zu trennen.
Das besagt nicht, dass es nach dem Tod kein Paradies gibt. Wenn du den Körper verlässt, kannst du natürlich so viel Freude, Schön-

heit und Frieden haben, wie du willst. Sorge dich nicht darum. Wir wirken darauf hin, dass dies mit dem Physischen verschmilzt, damit du dir dann sagen kannst: »Toll, es ist derart schön im Physischen, dass ich noch einmal einen Körper annehmen möchte.«
Dahinter steckt die Absicht, dass das Leben hier so wird, wie es an anderen Orten ist – und wie es hier einst war, dass du einen Körper wählst und ihn benutzt, so lange du willst, und ihn auflöst, wann immer du magst.

Kapitel 6

Der vierte Schlüssel: Wahrheit

Der Impuls zu lieben

Die Informationen über den vierten Schlüssel der Wahrheit sind die kürzesten von allen, denn die Wahrheit ist jenseits von Worten. Sie ist ein Seinszustand, der nicht wirklich beschrieben werden kann. Wer sie in Worte zu fassen sucht, entfernt sich von ihr, denn dann entsteht eine Version der Wahrheit, die durch Gefühle verdünnt wurde.

Du kannst die Energie, die wir Wahrheit nennen, jedoch als Seinszustand erforschen und erfahren, weshalb wir dir einige kraftvolle Übungen und Meditationen dazu geben. Die Wahrheit ist ein wunderschöner Energieraum, den du in deine Energie hineinsickern lassen kannst, damit sie ihre höchste Form annehmen kann.

Damit du trotz allem eine etwas klarere Vorstellung von dieser Energie bekommst, beschreiben wir sie dir als den Impuls zu lieben. Wenn du diesem Impuls folgst und immer mehr zur Liebe hinfindest, dann bist du Wahrheit, bist du das wahre göttliche Wesen, das du bist. Das bedeutet, ehrlich und wahrhaftig zu dir selbst zu sein und in Liebe, mit Liebe und für die Liebe zu leben. Wenn du diese Wirklichkeit der Wahrheit erforschst und sie in dein drittdimensionales Leben auf der Erde bringst, dann wird dein Erdenleben immer mehr Wahrheit, Göttlichkeit und Liebe reflektieren. Diese Seinsschichten gehören zu jenen, die das Herz am meisten öffnen.
Im Energieraum der Wahrheit bist du vollkommener Frieden, und du weißt, warum du auf der Erde bist. Wenn du dieser Energie erlaubst,

in dein Leben zu kommen, wirst du alles immer klarer und in allem etwas Göttliches sehen. Wahrheit ist jenseits aller Illusionen und enthält weder Falsch noch Richtig, weder Gut noch Böse.

Dieser Energieraum befindet sich jenseits der Schicht, wo sich dein Licht streut. Von dort aus gelangst du durch einen Tunnel in die Schicht der Wahrheit, die du als weiche und wunderschöne Energie erleben kannst.
Willst du eine Situation verändern und lässt du die Energie der Wahrheit in sie hineinsickern, dann manifestiert sich die Veränderung mit Liebe und Göttlichkeit.
Wenn du eine bestimmte Situation erschaffen willst und zur Schicht der Wahrheit reist, um die Wahrheit in diese Vision hineinzubringen, dann wird diese Situation für dich und für jeden Menschen, der mit der Situation zu tun hat, voller Liebe sein.

Damit du sie gleich jetzt zu spüren beginnen kannst, laden wir dich zu der folgenden Übung ein:

Nimm dir einen Moment Zeit und erinnere dich an einen Menschen in deinem Leben, mit dem du dich eins fühlst. Schau dir an diesem Menschen alles an, was dir an ihm gefällt, was du an diesem Menschen liebst oder sogar bewunderst.

Lass dann einen weiteren Menschen in deiner Erinnerung auftauchen, mit dem du dich überhaupt nicht eins fühlst und den du ganz und gar nicht verstehst. Schau dir auch hier an, was euch beide vereint. Stell nun zu diesem Menschen eine starke Verbindung her, stelle Einssein her.

Lass nun noch einen weiteren Menschen in deiner Erinnerung auftauchen, der dir ebenfalls ein wenig fremd ist. Und schau dir nochmals an, was euch verbindet.

Stell dir nun vor, dass ihr vier als Gruppe zu einem Licht, zu einer Liebe und zu einem Bewusstsein verschmelzt.

Stell dir dann vor, wie sich euer Licht ausdehnt, wie sich danach eure Liebe und dann euer Bewusstsein zu jedem anderen Wesen auf der Erde ausdehnt. Sie dehnen sich immer mehr aus, bis ihr ein riesiges Wesen seid, das die Erde und die Menschheit umgibt.

Stell dir vor, dass du als dieses Wesen deine Liebe, dein Licht und dein Bewusstsein mit jedem anderen Menschen, mit allen anderen Wesen auf der Erde verbindest.

Und wie ihr nun so eins seid, lasst ihr die Energien der Wahrheit in euch hereinsickern.
Entspannt euch noch mehr und lasst diese Energien der Wahrheit durch euch hindurch in die Erde hinein sickern.

Stell dir dann vor, dass ihr vereint eure Schwingung erhöht und gemeinsam in die Wahrheit hinein reist – was immer das für dich bedeutet.
Reist in diesen Raum hinein, in diese Energie oder in dieses Wesen, und erforscht es einfach einen Augenblick lang, während ihr diesen Energien erlaubt, euer Herz zu berühren.

Reise dann sanft zurück und werde wieder zu deinem individuellen Selbst.
Und erde dich gut.

Wenn du dich auf die Schicht der Energien, die wir Wahrheit nennen, einstimmst, dann reicht diese starke Erfahrung bis tief in deinen Körper hinein, was in deiner Zellschwingung sofort eine starke Veränderung bewirkt.
Der Körper braucht dann etwas Zeit, um diese Energie zu integrieren.
Gönne dir darum jetzt eine kurze Pause. Vielleicht magst du kurz ins Freie gehen, auf einer Wiese spazieren und tief Sauerstoff einatmen. Atme tief in den Brustraum ein und bis hinunter in den Beckenboden. Auf dem Weg der Transformation, auf dem du dich jetzt befindest, braucht der Körper mehr Sauerstoff als früher, um sich mit

noch mehr Leichtigkeit, noch mehr Licht und noch mehr Fluss transformieren zu können.
Falls dein Körper irgendwo schmerzt, bewege und strecke ihn sanft. Danach wirst du dich wohler fühlen. Bei Seminaren, wo du in einer großen Gruppe von Menschen sitzt, ist das Strecken des Körpers sogar noch wichtiger – das Strecken insbesondere jener Muskeln, die sich tendenziell verkürzen. Wenn diese länger werden, kann sich das Herz noch mehr öffnen, und damit vergrößert sich dein Potenzial.
Lichtarbeiter haben beispielsweise oft Schmerzen in den Schultern. Diese hängen häufig mit zu kurzen Muskeln im Schulterbereich zusammen. Und dies rührt daher, dass sich viele Menschen zu wenig bewegen. Sie sitzen häufig vor dem Computer, am Telefon, am Schreibtisch, im Auto, Bus oder Zug, und so verkürzen sich bestimmte Muskelpartien, was zur Folge hat, dass das starke Licht, das in ihren Körper fließen will, »stecken bleibt«. Auch das Nervensystem kann zeitweise nicht mehr gut funktionieren. Um all das hereinkommende Licht aufnehmen zu können, braucht es aber ein wirklich starkes Nervensystem. Die Lektion Nummer 1 für Lichtarbeiter besteht darum im Bewegen des Körpers. Es ist sehr wichtig, dass für den Körper gut gesorgt wird.

Bevor wir fortfahren kurz noch etwas: Wahrheit ist nicht wirklich eine Energie. Aber wir nennen sie für euch so, damit ihr einen Bezugspunkt habt.

Die Wahrheit in den Religionen

Die Wahrheit ist, wie schon erwähnt, jenseits der Streuung und jenseits dessen, was mit Worten gesagt werden kann. Und doch ist sie ein Raum, mit dem sich jeder verbinden und in den jeder eintreten kann. In diesen Raum wurden selbst in Zeiten der größten Dichte auf der Erde viele spirituelle Meister hineingehoben. Wer in die Wahrheit gehoben wird, erfährt eine große Herzöffnung. Er erfährt einen immensen Liebesfluss, worin er mit allem, was ist, mit der ganzen Göttlichkeit dieser Welt und der Existenz in Berührung kommt. Es ist eine atemberaubende Erfahrung.

Damit die Wahrheit für dich einen Sinn ergibt, haben wir sie, wie du weißt, den Impuls zu lieben genannt. Wenn du in sie hineingehoben wirst, machst du diese überwältigende Erfahrung von Liebe, Vollkommenheit und Göttlichkeit und bist mit allem in Berührung.

Im Verlaufe der Geschichte der Erde kamen viele Menschen mit diesem Zustand der Wahrheit in Berührung. Sie alle erlebten diese umfassende Liebe, worin alles vollkommen ist.

Es mögen Einsiedler, ganz normale oder spirituell weit entwickelte Menschen gewesen sein, die in diesen Raum gehoben wurden. Und als sie von dort zurückkamen, erzählten sie natürlich ihren Familienangehörigen und Freunden von dieser starken Erfahrung – denn sie hatten buchstäblich das Licht gesehen, sie hatten die Liebe gesehen, sie hatten die Göttlichkeit gesehen. Sie wollten diesen Zustand auch den anderen erschließen. Und je nachdem, an welchem Ort, in welcher Kultur, in welchem Zeitrahmen sie lebten, interpretierten sie diese Erfahrung auf ihre Art. Jeder Mensch ist mit Filtern versehen – mit Filtern, die aus seinen Glaubenssystemen, aus den jeweiligen gesellschaftlichen Normen und dergleichen bestehen.

Um diesen unermesslichen Zustand zu beschreiben, mussten sie Worte verwenden und ihre Erfahrung durch Glaubenssysteme und gesellschaftliche Normen filtern. Dadurch entfernte sich die Schilderung natürlich von der eigentlichen Erfahrung und wurde zu einer kulturell und sozial geprägten Beschreibung der Wahrheit. Dennoch enthält auch diese Beschreibung einen Teil der Wahrheit, denn diese wird ja beschrieben.

Andere Menschen machten solche Erfahrungen, als sie bei der Berührung durch einen anderen Menschen in ihrem Inneren eine immense spirituelle Kraft verspürten. Sie bezeichneten diese Erfahrung oft als Errettung oder Erlösung.

Auch diese Menschen wollten diese etwas begrenztere Erfahrung mit Worten beschreiben und sie anderen Menschen schildern, um sie in diesen wunderschönen Zustand einzuladen. Und so wurde auch diese Erfahrung der Wahrheit rasch durch die kulturellen und gesellschaftlichen Normen der jeweiligen Zeit gefärbt.

Nehmen wir einmal an, du hättest solch eine Erfahrung, und auch andere Menschen rund um den Globus erlebten sie in diesem Augenblick. Bei eurer Rückkehr würdet ihr die unglaubliche spirituelle Verbindung beschreiben, die ihr erlebt habt. Jeder würde sie auf eine andere Art schildern und es würden sich unterschiedliche Schulen und Gruppen bilden.
Auf diese Weise sind eure Religionen entstanden. Sie wurden von einem oder von mehreren Menschen begründet, die mit dieser wunderschönen Vollkommenheit in Berührung gekommen waren, sie danach beschrieben und andere Menschen inspirierten, dieselbe Erfahrung machen zu wollen.

Alle eure Religionen, Stammesriten oder was immer es sonst noch gibt, entstammen derselben einen Wahrheit, derselben Liebe, derselben Göttlichkeit, demselben Licht. Sie entstammen demselben Zustand und wurden von Menschen begründet, die diesen Zustand erfahren haben. Da die Wahrheit jedoch jenseits dessen liegt, was mit Worten beschrieben werden kann, ist jede Beschreibung – auch diese hier – mit Mängeln behaftet. Wahrheit kann niemals korrekt beschrieben werden.
Dennoch ist es unwichtig, ob die Beschreibung vollkommen richtig ist. Das Entscheidende ist, ob sie Menschen berührt und einlädt, sich der Spiritualität zuzuwenden.

Im Verlaufe der Zeit kommen natürlich immer mehr Filter hinzu und die Interpretationen entfernen sich immer noch mehr von der ursprünglichen Erfahrung der Wahrheit.
Man könnte diesen Vorgang mit dem Spiel vergleichen, wo jemand einem Nachbarn einen Satz ins Ohr flüstert, und dieser flüstert den Satz seinem Nachbarn weiter. Und so geht es, bis der Satz beispielsweise von zwanzig Personen empfangen und weitergegeben wurde. Am Ende kommt ein anderer Satz mit einem anderen Inhalt heraus.
Das Gleiche geschieht mit der Wahrheit, und das Gleiche geschieht mit einer Religion. Je mehr Zeit vergeht, desto weiter entfernt sie sich von der Wahrheit. Dennoch hält sie immer noch einen Teil dieses schönen Raums.

Damit wollen wir nicht sagen, irgendeine der Religionen sei falsch. Sie stammen alle aus derselben Quelle und sind kulturell und gesellschaftlich geprägte Beschreibungen derselben Erfahrung.
Darum gibt es keinen Grund für religiöse Konflikte, denn diese drehen sich lediglich um Interpretationen dieser Erfahrung, während die Erfahrung selbst immer die gleiche ist.
In jeder Religion strebt jeder Mensch nach der gleichen Erfahrung. Ihr alle habt diesen Impuls zum Erforschen, diese Erfahrung in euch selbst wiederzufinden. Ihr alle werdet damit geboren – mit dieser Sehnsucht, den Raum der Wahrheit zu finden.
Mit dem Channeln ist es das Gleiche. Heute übermitteln weltweit zahlreiche Kanäle Botschaften, und natürlich sind diese entsprechend den gesellschaftlichen Umständen und den Glaubenssystemen des Channels gefärbt. Selbst wenn es dieselben spirituellen Führer sind, welche durch sie sprechen. Sie müssen die Channels als Instrumente benutzen. Ein Instrument ist sowohl Potenzial als auch Begrenzung.
Wie mit allem ist darum auch hier das allein Entscheidende, dass du die Inspiration der Botschaft spürst: Richtet sie mich auf? Bringt sie mich der spirituellen Erleuchtung näher? Das ist das allein Wichtige. Statt die Botschaften strikt zu befolgen, kannst du dich fragen: Bringen sie mich der Wahrheit näher? Wenn ja, dann sind sie für den Moment etwas Gutes. Es brauchen keine ewigen Wahrheiten zu sein, sondern sie sollen sich verändern können, wenn sich deine Filter verändern – vor allem dann, wenn deine Filter wegzufallen beginnen und du die Wahrheit direkt vor dir, in dir und um dich herum sehen kannst. Wenn jeder in sich selbst und in den anderen die Wahrheit sieht, dann habt ihr eine vollkommene Welt, viel vollkommener, als ihr sie euch überhaupt vorstellen könnt.
Um zur Wahrheit zu finden, kannst du ihrem Impuls zu lieben folgen – dich selbst zu lieben, andere zu lieben, die Schöpfung zu lieben, alles und jeden zu lieben.
Wenn du diesem Impuls folgst, findest du zur Wahrheit zurück. Wenn du dann in sie eingehst, findest du etwas, was du nicht erklären musst, weil es vollkommen ist.
Da die Wahrheit ein vollkommener Ort jenseits von Richtig und Falsch ist, ist es völlig sinnlos, den richtigen oder den falschen Weg

finden zu wollen. Alle Wege sind nur unterschiedliche Wege hin zu diesem einen Zustand der Wahrheit
Es ist auch unwichtig, welchen dieser Wege du wählst. Solange du liebst und dem Impuls zu lieben folgst, wirst du zur Wahrheit, zur Vollkommenheit hin geführt. Und je mehr du dich ihr näherst, desto mehr verlierst du das Bedürfnis zu urteilen, denn du wirst erkennen, wie sinnlos es ist, dich selbst oder andere zu verurteilen, sie gut oder schlecht zu nennen, sie als richtig oder falsch, als dunkel oder hell zu bezeichnen. Ihr seid alle vollkommen.

Meditation

Löse mit der Wahrheit deine Glaubenssysteme auf

Entspanne dich nun und lenke dein Gewahrsein nach innen. Nimm eine bequeme Stellung ein, denn wir erforschen nun weitere Schichten der Wirklichkeit, damit du noch besser verstehst, was ist, und was nicht ist – und dennoch ist.

Entspanne dich also und halte dein Gewahrsein im Innern.
Stell dir vor, dass dich eine Welle der Entspannung durchströmt.
Du öffnest dich immer mehr und findest in deinem Innern Licht, und zwar in deinem ganzen Körper: Das Licht der Zellen, das Licht der Organe, das Licht im Raum zwischen den Zellen, das Licht in deinen Knochen.
Es leuchtet und strahlt, denn dein Körper besteht tatsächlich aus Licht.

Ließest du alle deine illusionären Vorstellungen darüber los, was dein Körper jetzt gerade ist, dann sähest du dieselbe Körperstruktur als durchsichtiges, strahlendes Licht.
Und wenn ihr Menschen miteinander kommuniziert, könntest du

diesen Lichtaustausch sehen und die Schönheit, die in der physischen Existenz ist und schon immer war.

Nichts Wirkliches kannst du verändern oder zerstören. Du kannst es indessen verbessern, indem du dein Gewahrsein dorthin lenkst.

Nichts Wirkliches kann sterben.
Wenn du stirbst, dann stirbt nur jener Teil von dir, der nicht wirklich ist, denn das wirkliche Du wird weiter existieren.
Dein Wesen und dein physischer Körper bestehen weiter.
Du gehst in der Existenz weiter und nimmst nach Belieben gleiche und andere Formen und Gestalten an.
Wenn du dich so sehen könntest, wie du bist, sähest du diese wunderschöne Lichtstruktur – eine physische Lichtstruktur, einen schönen, strahlenden Körper – und du würdest die Vollkommenheit verstehen. Falls du diese Vollkommenheit nicht sehen kannst, dann darum, weil du Illusionen nährst, und nicht, weil es keine Vollkommenheit zu sehen gäbe.

Du bist also ein ewiges Wesen in einem ewigen Körper. Du bist ein schöpferisches Wesen, denn dein Körper kann noch mehr von sich erschaffen.
Er kann sich vervielfachen.
Du kannst Kinder haben und noch mehr Leben erschaffen.
Er ist eine Spiegelung der endlos währenden Schöpfung, wo nichts stirbt und wo stetig mehr erschaffen wird: mehr Schönheit und mehr Licht – und das ohne Ende.

Stell dir nun vor, dass du dich selbst als dieses Licht sehen kannst, als diesen physischen Körper, der du bist, mit all seinen Lichtteilchen.
Und du, das Wesen, bist in jedem dieser Lichtteilchen, denn du existierst überall.
Das Wesen ist nicht auf den Körper beschränkt, und du bist das Wesen.
Du existiert in jedem Lichtpartikel, und dein Bewusstsein lebt ewig, wo immer dieses Teilchen hingeht.

Stell dir nun vor, dass du alle diese Lichtteilchen streust, aus denen dein Körper besteht.
Indem sich diese Energieteilchen jetzt streuen und frei im Universum schweben, lässt du dein Bewusstsein reisen.
Sie streuen sich immer mehr, und du bist überall.

Nun siehst du irgendwo über dir ein wunderschönes Licht, und alle deine Energieteilchen werden gerufen, sich in und durch dieses Licht hindurch zu bewegen, so als würden sie durch dieses Licht hindurch auf die andere Seite gesogen, wo sie sich noch mehr streuen können. Und dein Bewusstsein kann sich noch mehr ausdehnen.

Irgendwo in der Ferne siehst du nun zwei schwebende Lichtspiralen, die sich gegenläufig drehen. Du lenkst einen Teil deiner Lichtpartikel durch die sich aufwärts drehende Spirale. So reist nun ein Teil von dir, ein Teil deines Bewusstseins, in das strahlendste, leuchtendste Licht hinein, das du je gesehen hast – in die Quelle.

Die anderen Energiepartikel reisen nun durch die zweite Spirale in das Nicht-Seiende und darüber hinaus – dorthin, wo sie sich zu etwas Nichtphysischem transformieren.
Sie transformieren sich über die Streuung hinaus zu etwas, das keine Energie ist, obwohl dein Gehirn es als eine Form von Energie wahrnehmen mag.
Es ist sogar nicht einmal Bewusstsein.
Doch du – du bist dort.
Irgendwie bist du dort.

Der andere Teil von dir, jener, der im Licht der Quelle ist, bemerkt dich nun jenseits der Streuung und bringt dich in das Bewusstsein der Quelle.

Die Quelle fügt nun die Teilchen, die in der Quelle sind, mit dem, was du jenseits der Streuung bist, zu einer wunderschönen Form zusammen, und du wirst zu etwas, was einer sich schnell drehenden Sonne gleicht.

So bist du nun also dort – diese sich drehende Sonne in der Quelle.
Du drehst dich immer schneller, bis du hinauskatapultiert wirst.
Du bewegst dich überall hin – denn du bist überall –, bis diese Sonne gleichsam explodiert und zu Millionen und Abermillionen von Energiepartikeln wird, die nun alle zu deinem Körper zurückschweben.

Nimm nun einfach wahr, was jetzt mit deinem Körper geschieht, jetzt, da das Licht der Quelle mit den zwei Lichtspiralen in jedem deiner Lichtteilchen tief in deinen Körper eindringt, so dass du noch mehr von dir erschaffen – dich vervielfachen kannst.

Würde der Körper sterben, würdest du dein Licht, dein physisches Sein, weiterhin vervielfachen können, und zwar überall auf der Erde und in der Existenz, genau so wie du es jetzt tust, ohne dass du dessen gewahr bist.

Das einzige, das je sterben kann, ist das Unwirkliche: Deine Glaubenssysteme, deine Gedanken, deine Gefühle – deine Angst. Denn du weißt, dass es in dieser wunderschönen Vollkommenheit namens Existenz nichts zu fürchten gibt.

Dein Körper war niemals so dicht, wie du glaubst.
Du erlebtest ihn nur als so dicht, weil du von der Wahrheit getrennt warst.
Wenn du dich mehr und mehr mit der Wahrheit verbindest, wenn du sie mehr und mehr erforschst, dann wird die Trennung verschwinden, denn sie existiert nicht.

Die große Illusion wird verschwinden, und Millionen und Abermillionen von Wesen auf der Erde werden in die Wahrheit hineingehen, die Schönheit der Vollkommenheit verstehen und im Paradies leben.

Und darum bist du hier: Um dieses Paradies zu erschaffen, dich für die Wahrheit zu öffnen und zu werden, wer du bist – dieses schöne, komplexe Lichtwesen im physischen Sein.

Du fürchtest vielleicht, dass du den Schmerz der Trennung und die Illusion, die du aufgrund deiner Glaubenssysteme erschaffen hast, klar erkennen wirst, wenn du dich mit der Wahrheit verbindest.
Du erlebst diese Angst jedoch nur, weil sie gleichzeitig zu sein aufhört.
Hast du dich einmal in die Wahrheit hineinbegeben, kann es keine Angst mehr geben.
Dort gibt es sie nicht mehr.

Begib dich also in die Wahrheit hinein, um die Angst zu überwinden, und löse deine Illusionen und Glaubenssysteme auf, weil es nichts zu fürchten gibt.
Wenn du deine Glaubenssysteme auflöst, wirst du dich nicht mehr durch sie hindurch projizieren, weshalb du in deinem Leben keine weiteren schwierigen Situationen mehr erschaffen wirst.

Bringe nun dein Gewahrsein ganz sanft wieder zurück.

Meditation

Hole die Wahrheit in den physischen Körper

Entspanne dich und stelle dir vor, dass du immer mehr Licht in deinen Körper hereinholst, bis du deinen Körper als Licht gewahrst – so als ob du jede Körperzelle als eine nach außen und nach innen strahlende Lichtstruktur sehen könntest.

Jede Zelle, jede Lichtstruktur besteht aus einer fast unendlichen Anzahl von Licht- und Energieteilchen, und du wirst ihrer gewahr.
Diese Lichtteilchen bist du, und sie sind dein Körper.
Du siehst das Leuchten dieser Lichtpartikel in deinem Körper und lenkst nun dein Gewahrsein in diese Lichtteilchen hinein.
Dadurch gewahrst du deinen Körper immer weniger als dichten

Körper, während du deinen Körper immer mehr als Licht- und Energiestruktur gewahrst.
Du gewahrst dich selbst nun als unendliche Zahl von Licht- und Energiepartikeln, die zusammen einen lichtdurchlässigen und durchsichtigen Körper bilden.

Nimm nun wahr, wie jedes Lichtteilchen in deinem Körper mit größeren Lichtstrukturen verbunden ist – und zwar mit deinen Energiekörpern und deinem Lichtkörper.
Du gewahrst dich nun als diesen wunderschönen, lichtdurchlässigen Körper, der mit den Energiekörpern und dem Lichtkörper verbunden ist.
Du siehst dich jetzt als einen Körper aus Licht in einem Lichtkörper.

Und so beginnst du nach außen zu reisen, als Körper aus Licht in einem Lichtkörper. Während du hinaus reist, beginnst du deinen Körper zu verstreuen, so dass er seine physische Form verliert, obwohl er immer noch da ist.
Alle deine Lichtpartikel schweben jetzt frei in deinem Lichtkörper.

Du gewahrst dich jetzt als Lichtkörper mit einer unendlich großen Zahl von Lichtpartikeln in seinem Innern, von denen laufend mehr erschaffen werden.

Du reist nun immer weiter hinaus und erlaubst, dass dein Gewahrsein zunimmt.

Irgendwo unterwegs beginnst du, auch deinen Lichtkörper zu streuen, so dass das Licht deines Lichtkörpers und deiner Energiekörper sowie das deiner physischen Teilchen in der gesamten Existenz frei schwebt.

Von oben gesehen kämen dir deine Lichtteilchen im Inneren der Existenz wie Planeten und Sterne vor. Das gestreute Licht deines Lichtkörpers erschiene dir wie Sonnenlicht, das diese Planeten bestrahlt.
Stell dir nun vor, dass du dein gesamtes gestreutes Licht von oben siehst.

Und du, diese Kraft, welche die Existenz überblickt, bringst nun all diese Lichtteilchen und das gesamte gestreute Licht irgendwie zusammen, du hebst sie hoch und aus der Existenz heraus.

Es mag dir nun vorkommen, als ob du eine Energiegrenze erreichtest.
Stell dir das einfach so vor.
Diese Kraft, welche die Existenz überblickt, hebt dein ganzes Licht über die Existenz hinaus.
Und irgendwie durchquerst du dabei diese Energiegrenze und gelangst über die Existenz hinaus.

Du kommst jenseits der Existenz an und bist nun weder Licht noch Energie, weshalb dir das Orientieren etwas schwer fallen mag.
Schwebe einfach in diesen Raum hinein.
Hier findest du nichts.
Wenn du dich öffnest, kannst du jedoch erfahren, was hier ist – Wahrheit.
Jenseits der Existenz, jenseits des Physischen, jenseits von Worten – ein wunderschöner Raum der Vollkommenheit.
Wenn du dich hier entspannst, kannst du diese Vollkommenheit in deinem Herzen irgendwie als einen milden Ton der Freude spüren, der in deiner Liebe eine sanfte Wellenbewegung auslöst.

Du lässt alle Versuche los, dies zu erforschen oder zu verstehen.
Und du gibst dich der Erfahrung von Wahrheit hin.

Stell dir nun vor, dass du irgendwie einen Ruf gewahrst.
Es ist der Ruf dieser größeren Kraft, welche die Existenz überblickt.
Du spürst ihren Ruf, dass du zur Existenz zurückkehren sollst, und das tust du jetzt.

Bei der Rückkehr in die Existenz bist du wieder Licht- und Energieteilchen und nimmst auch den Raum der Wahrheit mit – so als ob du dank deiner Erfahrung eine Erinnerung daran in deinem Licht halten könntest.
Und so begibst du dich sanft wieder in die Existenz zurück.

Du bringst die Energie deines Lichtkörpers in deinen Lichtkörper zurück, und du setzt deine physische Energie wieder zu deinem Körper zusammen.

Sanft, ganz sanft steigst du als ein Körper aus Licht in einem Lichtkörper und mit der Erinnerung an den Raum der Wahrheit zur Erde hinab.

Du bringst dich nun zurück, du spürst sanft all das Licht in deinem Körper, und du erdest dich gut, so dass du vollkommen in deinen Körper zurückkehrst.

Meditation

Bringe den Impuls zu lieben in dein Leben

Entspanne dich sanft und finde deinen stillen inneren Ort.

Stelle dir nun vor, dass in deinen Energiekanal entlang der Wirbelsäule ein opalisierendes Licht einströmt. Es schwebt in alle deine Körperzellen hinein und entspannt sie.
In deinem ganzen Körper löst sich nun die Spannung.
Vielleicht möchtest du nochmals deine Körperstellung verändern, damit du mit aufrechter Wirbelsäule und doch vollkommen entspannt sitzen kannst.

Nun geben wir noch eine weitere Lichtqualität hinzu, und zwar einen kristallklaren Laserstrahl, der von der Höhe deines Thymus bis zum unteren Ende der Wirbelsäule geht.

Du spürst jetzt, dass dieser kristallklare Laserstrahl in deiner Wirbelsäule eine Bewegung auslöst. Es fühlt sich an, wie eine spiralförmige Bewegung, die von unten bis zum Thymus aufsteigt. Dort verändert sich das Licht und wird zu kleinen Lichtspiralen, die nun deine Aura vor und hinter deinem Körper aufzufüllen beginnen. Und du entspannst dich immer mehr.

Lenke nun dein ganzes Gewahrsein zum oberen Ende des Laserstrahls auf der Höhe des Thymus und stelle dir vor, dass du gleichzeitig in einen anderen Raum hineingehoben wirst, so als ob du durch einen Durchgang hindurch in weiche und sanfte Dimensionen hineingeschoben würdest. Du schwebst mit Leichtigkeit in diese Dimensionen hinein, als ob es für dich die natürlichste Sache der Welt wäre.

Du schwebst nun hier umher, und dabei bemerkst du, dass diese Dimensionen eher so etwas wie Fahrzeuge sind, die jetzt mit dir zusammen abzuheben beginnen.
Sie reisen mit dir und du mit ihnen, so weit sie reichen können.
Dann beginnen sie, sich auf zwei oder mehr Dimensionen aufzuteilen – und du bist in all diesen Dimensionen.

Weich und sanft schwebst du in diesen Dimensionen umher.
Diese Dimensionen lassen sich als die Speicher der Wahrheit beschreiben.
Sie alle enthalten die Bewegung der Wahrheit – und du bist in ihnen allen.

Wie du so in ihnen allen herumschwebst, bist du im vollkommenen Frieden, denn es gibt dort nichts anderes zu tun, als einfach zu sein und dich der Bewegung der Wahrheit hinzugeben.

Stell dir nun vor, dass du dich in drei Dimensionen befindest. Du bist in drei Dimensionen und damit in drei Speichern der Wahrheit, die du als den Impuls zu lieben begreifen kannst. Das ist zwar nicht völlig korrekt – aber für deine Dimensionen genau genug.
Nun richtest du dich auf die Wahrheit, auf diesen Impuls zu lieben aus.

Stell dir vor, dass du von diesen drei Dimensionen aus, die die Wahrheit enthalten, irgendwie deiner selbst auf der Erde gewahr wirst.

Du siehst dich in deinem normalen Alltag und nimmst all die Dinge wahr, die du tust.
Du bemerkst alle die Gedanken und Gefühle, die während des Tages durch dich hindurchgehen.

Von diesen drei Dimensionen aus beginnst du nun, kleinere Depots von Wahrheit freizusetzen. Diese steigen sanft in dein Leben auf der Erde hinab und hinein in alle die normalen Alltagssituationen – in deine Beziehungen, in deine Handlungen, in deine mentalen und emotionalen Energiesysteme.
Diese Depots führen dich dazu, auf der Erde Liebe zu sein und dich in Liebe und für Liebe zu bewegen.

Du bist nun deiner selbst in diesen drei Dimensionen und gleichzeitig in deinem täglichen Leben auf der Erde gewahr.
Dein Gewahrsein auf der Erde spürt dabei auch, dass du dich noch mehr entspannen kannst, denn es gibt nichts zu bekämpfen, nichts zu erobern, du brauchst dich nicht zu bemühen.
Du kannst dich einem mühelosen Leben hingeben, durch das du vom Impuls zu lieben geführt wirst.

Spüre die Erleichterung in dir auf der Erde, weil du dich nun vollkommen entspannen kannst.
Das Einzige, was du noch tun willst, ist lieben.
Alles andere kannst du aufgeben.

Du brauchst dich also weder über dich noch über andere zu ärgern und du brauchst nicht frustriert zu sein.
Einzig die Liebe und der Impuls zu lieben sind wichtig.
Alles andere wird sich von selbst ergeben, denn wenn du liebst, wenn du Liebe bist, wirst du einzig Liebe fokussieren und projizieren.
Du brauchst also nicht einmal deinen Fokus zu verändern, denn du wirst ihn automatisch auf Liebe und die Ausdrucksweisen der Liebe lenken.

Gib dich hin.

Gewahre nun dich selbst auf der Erde und wie dein Körper entspannt ist, wie frei du bist – du gibst dich der Wahrheit hin.

Dann komme allmählich mit deinem Gewahrsein zurück in den Raum.

Fragen und Antworten

Es gibt nichts Falsches

Habe ich richtig verstanden, dass es in der Wahrheit nichts Falsches gibt – gleichgültig, was einer getan hat?

Ja, natürlich. Was immer du getan hast, hast du aus Liebe oder einem Bedürfnis nach Liebe getan. Wenn du in den Schichten der Wahrheit reist, kann die Antwort darum nichts anderes als Liebe sein. Diese Seinsschichten gehören zu jenen, die das Herz am meisten öffnen.
In den Augen Gottes gibt es absolut kein Bedürfnis, jemanden zu bestrafen. Das gibt es nur in den Vorstellungen der Menschen. Gott ist Liebe.
Normalerweise hat der Mensch am meisten Mühe, sich selbst zu verzeihen. In Wirklichkeit gibt es keine Notwenigkeit, irgendjemandem etwas zu verzeihen, denn es gibt nichts zu verzeihen. Jeder verhält sich jederzeit nach bestem Wissen und Gewissen, nach bestem Vermögen. Je häufiger du in die Räume der Wahrheit reist, desto besser wirst du das erkennen, denn dieses Wissen wird zu einem Teil von dir werden. Es gibt nichts zu verzeihen.
Wenn du auf dein Leben zurückblickst, würdest du heute gewisse Dinge wohl anders tun, denn du bist heute anders. Das macht nichts, und nichts von dem, was du je tatest, war falsch oder etwas, wofür du dich bestrafen müsstest. Freue dich vielmehr daran, dass du weiter gekommen bist und viele neue Möglichkeiten kennen gelernt hast.

Kapitel 7

Der fünfte Schlüssel: Urangst

Ihr habt den tiefsten Punkt der Dichte erreicht
und seid auf dem Weg zurück zur Quelle

Um dir diesen fünften Schlüssel gut verständlich zu machen, gehen wir in der Schöpfungsgeschichte etwas zurück und erklären einen sehr komplexen Vorgang zwangsläufig in etwas vereinfachender Weise.

Zunächst ein paar erinnernde Worte, die uns zur Einstimmung auf dieses Thema hilfreich erscheinen: Du bist eins mit allem, was ist, und was nicht ist. Darum wirkt sich alles, was du tust, auf das Ganze aus. Du kannst auch nichts denken oder fühlen, ohne dass es sich auf das größere Ganze auswirkt. Alles, was du tust, sendet einen Energiepuls in die Existenz hinaus und wirkt sich auf alles und jedes aus. Du bist Teil von allem, und du bist alles. Du bist, ihr alle seid dieselbe Quelle. Ihr alle seid dieselbe Essenz.

In dir und um dich herum ist stets eine wunderschöne, unendliche Liebe. Liebe ist Teil der Essenz der Quelle. Aus Liebe besteht auch die Haupttriebfeder der Quelle für ihre schöpferische Tätigkeit: die Neugierde. Diese Neugierde beruht auf der Liebe der Quelle zu sich selbst und zur Schöpfung. Sie liebt ihr ganzes Potenzial, alle ihre Anlagen und Möglichkeiten und möchte sie erforschen.

Alle Geschöpfe der Quelle tragen diese Liebe und Neugierde in sich.

An einem ganz bestimmten Punkt des Schöpfungsgeschehens schickte die Quelle ihren Geschöpfen den Impuls, physische Existenzen, physische Schichten zu erschaffen. Das Ziel war letztlich, dass der Geist und die Seele physisch werden und ihre Seinserfahrung erweitern

können – sie sollen in diesen physischen Schichten Erfahrungen sammeln und sich so erkunden.
Die angesprochenen Bewusstseinsebenen begannen in einem schrittweisen Vorgang immer mehr Dichte zu erschaffen. Immer mehr schöpferische Teile der Existenz wurden in das Erschaffen von Dichte hineingelenkt, das heißt, immer mehr Energie und Licht wurden in eine dichte Form gebracht, damit sie als physisch erfahren werden können.
Jeder zusätzliche Verdichtungsvorgang brachte aber auch eine größere Trennung von der Quelle mit sich. Gleichzeitig wurden natürlich Maßnahmen vorgesehen, um alle herabgestuften Existenzbereiche letztendlich wieder zurückzuholen. Die physische Existenz sollte nach abgeschlossener Erforschung in die höheren Dimensionen zurückgebracht werden.
Der Gewinn dieses ganzen Unterfangens sollte schließlich nicht nur die hinzugewonnene Erfahrung sein, sondern auch eine etwas stabilere Energiestruktur in den höheren Dimensionen.
Im Zuge dieser Vorbereitungen wurde erkannt, dass die gesamte physische Existenz erst wieder vereint werden kann, wenn die größtmögliche Dichte erreicht worden ist. Dieser Punkt der allergrößten Dichte konnte mathematisch berechnet werden.
Nach eingehendem Überdenken der notwendigen Maßnahmen kamen die zuständigen Instanzen zur Einsicht, dass die größtmögliche Dichte nur durch eine sehr große Abtrennung der Existenz von der Quelle erschaffen werden kann. Da dies das erste Mal war, dass eine solche Dichte erschaffen wurde, mussten sich die zuständigen Schöpferkräfte auf Neuland begeben und sich auf Experimente einlassen.
Eines der Experimente zur Erschaffung der angestrebten Dichte war das Zusammenbringen von sichtbarem und unsichtbarem Licht. Das sind zwei verschiedene Lichtqualitäten, die sich gegenseitig abstoßen. Der Abstoßungseffekt sollte die angestrebte Trennung bewirken.
So geschah es denn auch.
Durch diesen Rückstoß wurde die Wirklichkeit gleichsam auseinander gerissen. Im so entstandenen Riss bildete sich ein Vakuum, das dieses ganze Sonnensystem einsog. Außerdem drehte sich das Licht

um, wodurch in diesem Sonnensystem eine umgedrehte Wirklichkeit entstand. Das gesamte Sonnensystem fiel damit sofort in die Trennung und ins Vergessen. Die Menschen vergaßen das Selbst und die Quelle, sie vergaßen, wer sie sind, woher sie kamen und warum sie auf der Erde sind.

Damals lebten auf der Erde zahlreiche Wesen. Viele lebten in Verbindung mit ihrer Seele und kannten keine Ängste, denn die Seele weiß immer, was zu tun ist. Diese Menschen lebten im vollkommenen Einssein. Viele lebten sogar zu zweit in einem Einheitsfeld.

Durch den Trennungsvorgang wurden diese Wesen praktisch sofort von ihrer Seele getrennt – was in ihnen einen großen Trennungsschock, ein regelrechtes Trauma bewirkte. Ab dann waren sie nicht mehr mit ihrer Seele verbunden. Auch die Einheitsfelder wurden getrennt, was sehr leidvoll war.

Dieses Trauma begründete in den Menschen die Urangst – die Grundlage aller Ängste auf diesem Planeten. Diese Urangst ist im physischen Körper gespeichert und besteht im Wesentlichen darin, von der Seele und von der Quelle getrennt zu sein.

Bei der Trennung wurden die drei Bausteine der göttlichen Essenz – Liebe, Licht und Bewusstsein voneinander getrennt. Eine der Hauptauswirkungen dieses Umstands ist, dass es kein ewiges Leben mehr gibt. In den Körpern auf der Erde sind diese drei Bausteine also getrennt und konnten bisher nicht wieder verbunden werden.

Außerdem bewirkte die Trennung der Bausteine, dass auf der Erde der Intellekt das Herz dominiert, weil das Herz ohne Bewusstsein zu schwach ist. Darum konnte auf der Erde bisher keine Harmonie entstehen.

Durch die Trennung wurde das Licht zu einer unabhängigen Kraft, die nicht mehr durch die Liebe und das Bewusstsein hindurchfließt.

Dies alles bewirkt unter anderem, dass die Menschen verwirrt und schwach sind und dass sie altern und sterben.

Damit die Wesen der Erde wirklich den tiefsten Punkt erreichen und nicht zu früh wieder zur Einheit zurückkehren – womit sie der gesamten Existenz großen Schaden zugefügt hätten –, wurden die Körper der Menschen mit einem Schutzmechanismus so programmiert, dass sie nicht vollkommen miteinander verschmelzen

können, denn mit dem Verschmelzen hätten sie zu früh wieder Einssein erschaffen.
Diese Programmierung bewirkt eine energetische Abstoßung, sobald sich zwei Menschen sehr nahe kommen und Einssein entstehen könnte. Dieser Schutzmechanismus bewirkt darum unter anderem, dass die Menschen in der Sexualität nicht wirklich zusammenpassen. Deshalb werden, nebenbei bemerkt, auch viele Beziehungen aufgelöst, oder sie stagnieren.
Außerdem wurden die Körper der Menschen nach der Trennung so programmiert, dass sie in der Abtrennung überleben konnten. Diese Programmierung wirkt sich nun aber als Hindernis für den Wiederaufstieg aus.
Im heutigen menschlichen Körper sind also alle diese Programmierungen gespeichert, darunter die Urangst, die Erinnerung an die Trennung. Diese Programmierungen werden von allen Wesen übernommen, die auf die Erde kommen, in aller Regel auch von jenen, die beim Trennungsereignis nicht auf der Erde, sondern auf den Seelenebenen waren und erst später beschlossen, auf die Erde zu gehen. Durch diesen Abstieg gingen und gehen auch sie in die Trennung.
Natürlich gäbe es noch eine ganze Reihe weiterer Einzelheiten über die Zwischenschritte und die jeweiligen Begleitumstände des Verdichtungsvorgangs und über die genaueren Hintergründe der Urangst zu schildern. Wir denken aber, dass dir die bisherigen Erläuterungen für dein Verständnis dessen, was nun folgt, vorerst genügen dürften.
Tatsache ist einfach, dass die Verdichtung gewollt war und dem göttlichen Plan entsprach. Es gilt einzuräumen, dass beim letzten Verdichtungsschritt vielleicht etwas mehr Dichte entstand als geplant.
Keineswegs geplant war hingegen die Art, wie die Dichte erfahren wird. Das konnte nicht mathematisch berechnet werden, sondern sollte ja eben gerade Gegenstand des Erforschens durch die Seelen sein. Natürlich hatten wir uns einige Vorstellungen davon gemacht. Uns schien es auch ganz klar zu sein, dass die Menschen nach dem Erreichen des tiefsten Punktes umgehend die Rückkehr antreten würden.
Mit dem, was dann wirklich geschah, hatte keiner von uns gerechnet.

Alle menschlichen Ängste sind Symptome der Urangst

Jedenfalls leben die Menschen seit der Trennung mit der physisch gespeicherten Urangst, in den höheren Dimensionen nicht gesehen zu werden und nicht mit der Seele und der Quelle verbunden zu sein. Die Urangst ist also, um es nochmals zu unterstreichen, physisch und weder emotional noch mental.

Alle weiteren nun auf der Erde vorkommenden Ängste sind Symptome der Urangst. Es sind illusionäre Ängste, die auf illusionären Glaubenssystemen über die Wirklichkeit beruhen, die von der Menschheit im Verlaufe der Zeit der Abtrennung entwickelt wurden. Denn ohne die Führung der Seele fühlten sich die Wesen auf der Erde verlassen und verloren. Sie mussten ihr Leben allein auf sich gestellt gestalten und selbst herausfinden, wie sie leben sollten. So begannen sie ihre Wirklichkeit nach bestem Vermögen zu interpretieren und ihre eigenen Glaubenssysteme zu entwickeln, die alle unter dem Einfluss der Urangst standen.

Diese Glaubenssysteme verbreiteten sich ganz allmählich über den ganzen Planeten, und damit baute sich rund um die Erde eine immer größer werdende Energieform aus angstbestimmten Gedanken und Gefühlen auf.

Tatsache ist nun aber, dass ihr den tiefsten Punkt erreicht habt und die richtige Zeit zur Rückkehr gekommen ist. Die drei Bausteine der göttlichen Essenz – Liebe, Licht und Bewusstsein – beginnen sich wieder miteinander zu verbinden, wodurch die Menschen geheilt werden. Ihre Herzen und ihr Bewusstsein dehnen sich aus. Der klare, intellektuelle Verstand und die Liebe werden wieder zusammengeführt, und das Licht beginnt wieder, durch die beiden hindurchzufließen und aus sich selbst Lebenskraft zu erschaffen. So werden die Menschen bei allem, was sie tun, wieder Harmonie erschaffen können.

Wir alle arbeiten nun gemeinsam daran, dass diese physische Existenz wieder in die höheren Dimensionen zurückgebracht wird.

Das Licht wieder umzudrehen und das Sonnensystem aus dem Vakuum heraus und in die höhere Dimension zu heben, ist von den Energie-ebenen aus gesehen allein eine Sache von Licht- und Energiearbeit. So kann die Wirklichkeit wieder vereint werden.

Die Wiedervereinung der Existenz ist auch das Ziel der Lichtarbeiter. Sie wollen die Wirklichkeit ins Einssein zurückbringen. Ihre Arbeit mit den Energieebenen ist das einzige, was es braucht, um diese Veränderung herbeizuführen. Jeder von ihnen kann seinen Teil in der weltweit angelaufenen Energiearbeit übernehmen und mit seinem Licht die Trennung überbrücken.

Indem die Lichtarbeiter ihre Urangst auflösen, helfen sie, den Planeten und die ganze Menschheit ins Einssein zurückzuführen. Und indem sie selbst so weit kommen, dass sie in ihren Körpern Einheit leben, programmieren sie die Menschheit so, dass auch diese wieder vereint leben kann.

Das Beste, was du dazu beitragen kannst, ist also, deine Ängste zu überwinden. Wenn du deine Urangst auflöst, verschwinden auch alle anderen Ängste. Dazu brauchst du einzig diese drittdimensionale Wirklichkeit in die Wirklichkeit der Seelenebenen zu verwandeln. Das ist es, was ihr euren Aufstieg nennt. Dazu brauchst du nur deine Energiekörper so aufzubauen, dass deine Seele dauernd bei dir sein kann. Dann wirst du nur noch Erfüllung, Glückseligkeit und Schönheit kennen und es gibt nichts mehr zu fürchten, denn du bist ein ewiges Wesen, ein voll bewusstes Wesen, ein schönes Wesen aus Licht und Liebe.

Deine Urangst beginnst du zu neutralisieren, indem du im Alltag deine Seele anrufst und ihr erlaubst, auf die Erde herabzusteigen.

Du hast den tiefsten Punkt der Dichte erreicht und bist auf dem Weg zurück zur Quelle. Erkenne das und gehe vorwärts. Lasse deine Schwierigkeiten los und erlaube dir, dich ins Licht und in die Liebe hinein zu entwickeln. Das ist ganz leicht, wenn du es zulässt.

Wenn ihr euer Licht aufbaut, baut ihr es für jeden anderen Menschen mit auf.

Denn ihr seid eins.

Übung: Entspanne dich nun und fokussiere die entspannende Energie, die wir dir nun übermitteln. Stimme dich auf die Seelenebenen ein und rufe deine Seele, damit sie vollkommen mit dir verschmilzt. Spüre dieses Gefühl der Erfüllung, wenn deine Seele sich dir nähert und in dich hereinkommt. Spüre die Ausdehnung deiner Energie, wenn du dich in deine Seele hinein ausdehnst.

Nimm dabei wahr, dass da nun keine Angst mehr ist, sondern nur Erfüllung, Glückseligkeit und Schönheit. Seele zu sein, ist schön.

Stell dir nun vor, dass du dich weiter in deine Seele hinein ausdehnst und deine Seele vollkommen in deinen Körper auf der Erde herabsteigt. Du steigst als deine Seele in deinen Körper auf der Erde herab und bringst Frieden, Ruhe, Freude und Glückseligkeit mit dir, lässt deine Ängste los und erweiterst deine Liebe.

Wann immer du bereit bist, bringst du dein Gewahrsein zurück.

Wenn du durch die Arbeit mit deiner Seele alle Ängste zum Verschwinden gebracht hast, dann wird dir nur noch eine Angst bleiben, und zwar jene physische Angst, die nur dann entsteht, wenn du einer echten physischen Bedrohung gegenüber stehst. In diesem Moment, und nur dann, setzt der Körper Angst frei. So ist er programmiert.
Dein Körper ist wirklich, und auch diese Angst ist wirklich. Sie hilft dir, im fraglichen Moment die nötigen Maßnahmen zu ergreifen.
Wenn du zum Beispiel Auto fährst und dir ein anderes Auto frontal entgegen kommt, setzt dein Körper augenblicklich Angst frei, etwa in Form von Adrenalin, was dich mit der Energie versorgt, die du brauchst, um der Situation zu entkommen. Der Körper dehnt sogar die Erfahrung der Zeit aus, damit du in diesem Augenblick genügend Klarheit und mehr Zeit zum Entkommen hast.
Diese Angst ist also lediglich anlassbezogen und wird oft noch nicht einmal als Angst erlebt.

Die »Was wäre, wenn...«-Ängste

Alle anderen Ängste sind, wie gesagt, keine wirklichen, sondern lediglich illusionäre Ängste und Symptome der Urangst. Darum ist es auch unsinnig, jedes einzelne Angstsymptom zu analysieren, durchzuarbeiten und zu therapieren. Es mag sehr wohl sein, dass du dich nach einer Therapie besser gefühlt hast, weil die fragliche Angst scheinbar verschwunden war. Wenn du jedoch nur die Angst bearbeitet hast und nicht gleichzeitig in die Wahrheit oder ins Einssein gegangen bist, findet die Angst einen anderen Weg, um sich auszudrücken. Vielleicht in einem anderen Muster.

Unserer Meinung nach ist es zwecklos, Angst zu erforschen oder Angst zu behandeln. Wenn du das tust, lenkst du dein Gewahrsein darauf, wodurch du – zusammen mit den vielen guten Dingen, die du ebenfalls durch die Behandlung der Angst erschaffst – noch mehr Angst erzeugst. Da es nur eine Angst gibt, nämlich die Angst vor der Getrenntheit, ist es sinnvoller, die Trennung zu überwinden, damit es nichts mehr gibt, wovor du Angst haben müsstest, statt die Angst zu erforschen und dabei noch mehr Trennung zu erschaffen. Wenn du durch die Urangst hindurchgehst, verschwinden alle Ängste. Das ist der viel effizientere Weg.

Damit sagen wir nicht, dass Therapien nicht gut sind, denn offensichtlich dienen sie vielen Menschen in einem hohen Maße. Wir sagen lediglich, dass du mit diesen Therapiemethoden nicht verhindern kannst, dein Gewahrsein auf die Angst zu lenken und mehr davon zu erschaffen.

Eigentlich könnte dir dieses Wissen genügen, damit du etwas in deinem diesbezüglichen Glaubenssystem verändern kannst.

Erfahrungsgemäss möchtest du aber doch noch etwas mehr über die diversen Angstsymptome wissen, obwohl sie unwirklich und unbegründet sind. So etwa über verschiedene Formen der Überlebensangst – nicht genug zu haben, nicht genug zu sein und dergleichen. Sie prägen deinen Alltag und jenen der anderen Menschen so sehr, dass sich dein Gewahrsein sehr viel damit beschäftigt.

Du hattest in diesem Leben schon viele Ängste. Vielleicht hast du dich als Kind oft gefürchtet. Du hattest vielleicht Angst, dass dich deine Eltern verlassen.

Als du zum Teenager heranwuchsest, kamen neue Ängste hoch – etwa, dass du nicht dazugehörst oder andere Ängste, die bei Jugendlichen vorkommen.

Als du erwachsen wurdest und von dir erwartet wurde, dass du für

dich die Verantwortung übernimmst, kamen wiederum andere Ängste hoch, so etwa: »Finde ich Arbeit? Werden sie merken, dass ich nicht gut genug bin? Werde ich mich selbst durchbringen können?« und vor allem: »Werde ich jemanden finden, den ich lieben kann?«
Vielleicht hast du jetzt Angst vor Liebe und Nähe. Vielleicht hast du Angst, dass dich jemand verlassen wird, dass du in einer bestimmten Situation den Kürzeren ziehst oder zum Dummen gemacht wirst. Du hast während deines Erwachsenenlebens noch viele weitere Ängste entwickelt und eine Angst oft durch eine andere ersetzt.
Im Verlaufe deines Leben erlebtest du – wie die meisten Menschen auch – dann und wann einmal eine wirkliche Angst und nahmst diese zum Beweis dafür, dass du all deine Ängste brauchst, um dich zu schützen. Damit verstärktest du deine illusionären Ängste und entwickeltest vielleicht sogar neue.
Die meisten Menschen tun das und begeben sich damit in immer mehr Illusionen hinein. Ihr erzeugt immer mehr Gründe, um euch vor etwas zu fürchten.
Diese illusionären Ängste sind »Was wäre, wenn...«-Ängste. Viele Menschen stellen sich Katastrophen vor, die eintreten *könnte*n – höchst wahrscheinlich aber nie eintreten werden. »Was wäre, wenn dies geschähe?«; »Was wäre, wenn jenes eintritt?«
Es sind unwirkliche Ängste, weil sie nichts mit der Wirklichkeit, nichts mit der jeweiligen Situation zu tun haben.
Sie sind die Angst vor der Angst, die nicht nur illusionär, sondern auch völlig sinnlos und unnötig ist, denn sie führt euch nicht und gibt euch keine größere Weisheit, keine bessere Befähigung, um euer Leben zu leben. Sie bewirkt einzig, dass ihr euch vom Leben zurückzieht. Sie beschränkt euch.
Da diese Ängste illusionär sind, können sie auch ganz leicht wegschmelzen, denn in der Gegenwart deiner Seele kann nur sein, was wirklich ist.
Dies könnte nun bei allen Menschen geschehen, da der angestrebte tiefste Punkt der Energiedichte des Planeten erreicht ist. Tatsache ist aber, dass sich die meisten Menschen einerseits an Trennung und Angst gewöhnt haben und andererseits befürchten, mit der Trennung und der Urangst konfrontiert zu werden. Sie geraten in Panik, wenn

sie mit der Urangst in Berührung kommen, denn sie werden an den Augenblick der Trennung und damit an die Schmerzen und Leiden erinnert.
Deshalb vermeiden es viele, ins Licht zu gehen, obwohl sie sich danach sehnen. Jedes Mal, wenn sie wieder einen Anlauf nehmen, berühren sie das Trauma und ihre Reaktion ist: »Oh, nein, neiiin, niemals. Ich will mich dem nicht nochmals aussetzen.«
So bleiben sie lieber irgendwo stehen oder suchen laufend andere und neue Techniken, die ihnen aber doch nichts helfen, und so können sie ein weiteres Vorwärtsgehen vermeiden. Tatsache ist indessen, dass es viele Techniken gibt, die die Menschen ins Licht bringen könnten, würden sie nur dabei bleiben. Doch sobald sich eine Veränderung einstellt, weichen sie wieder aus.

Die kollektive Sucht nach Angst

Zu all dem kommt ein Weiteres: Obwohl der Planet und die Menschheit die größte Dichte erreicht haben und der Zeitpunkt der Rückkehr da ist, erkennen viele Menschen diese Möglichkeit nicht. Sie haben alles vergessen und gehen weiterhin den Abwärtsweg. Mit ihrem Grundinstinkt der Neugierde erschaffen sie immer noch mehr Trennung und erforschen sie.
Für uns, die wir euren und andere Orte beobachten, ist es offensichtlich, dass sich die Menschheit im Erschaffen von Angst verfangen hat. Sie ist im Erforschen von Trennung und Dichte festgefahren, weil sie durch ihr Erforschen immer noch mehr davon erschafft. Sie ist sogar süchtig danach geworden.
Das wurde bei diesem Experiment nicht vorausgesehen. Im göttlichen Plan war ganz sicher nicht vorgesehen, dass die Menschen so viel vergessen und nach Ängsten und Illusionen süchtig werden, statt dass sie, wie eigentlich erwartet, mit großer Freude zum Wiedererinnern und zur Göttlichkeit zurückkehren.
Viele Menschen haben sich so sehr an die Angst gewöhnt, dass sie das Bedürfnis verspüren, sich täglich noch mehr mit Angst aufzufüllen. In den vergangenen Jahrzehnten hat die Menschheit zu diesem Zweck eine perfekte Methode entwickelt: Die Massenmedien können

Ängste in Millisekunden verbreiten! Das wäre eigentlich nicht nötig gewesen.
Die Menschen benützen nun die Angst zu ihrer Unterhaltung. Viele können nicht genug davon bekommen: Sie müssen sich Thriller, Horror-, Action-Filme und jede Menge Morde, Kriege und Konflikte anschauen. Sie fühlen sich wohl, wenn Angstschauer sie durchrieseln.
So sitzen nun rund um den Planeten täglich Abermillionen von Menschen stundenlang vor ihren Bildschirmen und sagen: »Uiiih, neiiin, wie schlimm!« und erschaffen eine immer riesiger und stärker werdende planetare Energieform. Wenn sich dann entsprechende Dinge in der irdischen Wirklichkeit ereignen, haben nicht nur die unmittelbar beteiligten Menschen sie verursacht, sondern alle Menschen, die die entsprechende Energieform genährt haben.

Es gibt niemanden, der euch sagen würde, dass ihr das nicht tun dürft, niemanden, der euch vorschreiben kann, was ihr erschaffen und nicht erschaffen sollt. Es steht euch frei, jede Wirklichkeit zu erschaffen, die euch gefällt, sie zu erforschen und mehr davon zu erschaffen.

Aber eigentlich wäre es Zeit, zurückzukehren....
Statt das zu tun, sagen viele: »Nicht so schnell. Zuerst muss ich darüber nachdenken, ob ich meine Ängste behalten will oder nicht. Denn wisst ihr, hier auf der Erde können uns die Ängste etwas bringen: Wir bekommen Aufmerksamkeit, oder wir können uns gegenseitig damit zünftig erschrecken und unsere Macht spüren – was auch nicht so ohne ist.«
Ihr zieht eure Ängste und Schwierigkeiten der sofortigen Rückkehr vor.
Das steht euch natürlich frei.
Wir sagen bloß: »Lasst eure Spiele los. Kommt zur Quelle zurück – zu Liebe, Licht und Bewusstsein.«

Meditation

Du kannst der Menschheit dienen, indem du wirst, wer du bist

Entspanne dich nun in deinem ruhigen inneren Raum.
Atme tief und leicht und gib dich der Energie hin, die wir jetzt an dich übermitteln.

Du bist eins – du bist eins mit allem, was ist, und allem, was nicht ist.
Es gibt in der Existenz nichts, womit du nicht verbunden bist.
Du bist Teil von allem.
Und du bist alles.

Alles, was du als einzelner Mensch tust, beeinflusst das Ganze.
Es gibt nichts, was du tun, denken oder fühlen könntest, was nicht das größere Ganze beeinflusst. Denn du bist und warst schon immer das Ganze.

In deinem menschlichen Körper auf der Erde glaubst du jedoch oft, du seiest getrennt – getrennt von anderen Menschen, getrennt vom Planeten, getrennt von anderen Planeten, anderen Wesen und getrennt von Gott oder der Quelle.

In Wirklichkeit bist du all das – ihr alle seid dieselbe Quelle, ihr alle seid dieselbe Essenz, ihr alle seid dasselbe.
Und alles, was du tust oder nicht tust, jedes Handeln oder Nichthandeln beeinflusst das größere Ganze.
Du bist immer mit allem und jedem verbunden.
So schön ist die Wirklichkeit beschaffen.

Jede deiner Handlungen schickt einen Energiepuls in die Existenz hinein, und dieser wirkt sich auf alles und jeden aus.

In dir und um dich herum ist immer diese schöne, unendliche Liebe.

Da ihr als Menschheit auf der Erde daran interessiert seid, Angst zu erforschen, habt ihr einen angstbestimmten Planeten erschaffen, wo viele Menschen die Liebe vergessen haben, die sie sind.

Und sie haben vergessen, dass ihr ein einziges Wesen seid.
Ihr seid nicht getrennt, sondern ein Wesen, und jeder individuelle Ausdruck der Menschheit ist wie eine Zelle in einem größeren Körper aus Licht, Liebe und Bewusstsein.
Viele haben vergessen, dass ihr das seid: eins – eine Liebe, ein Licht, ein Bewusstsein.

Ihr habt euch mit euren Ängsten identifiziert: mit der Angst, getrennt zu sein, mit der Angst, nicht dazuzugehören, mit der Angst, nicht gut genug zu sein.

Alle eure Ängste sind Illusionen – und sie habe alle denselben Ursprung.
Ihr Ursprung ist der Augenblick der Trennung, jener Moment, da die Wirklichkeit getrennt wurde.
Ihr alle tragt in euch die Erinnerung an diesen Augenblick.

Das sichtbare und das unsichtbare Licht näherten sich einander.
Als sie sich sehr nahe waren, entstand ein Rückstoß, eine Abstoßung, wodurch die Illusion der Trennung erschaffen wurde.

Dadurch entstand für die Menschheit die Erfahrung, getrennt zu werden – und sie begann, statt des Einsseins die Trennung zu erforschen.
Damit begann sie, Angst zu erschaffen.
Und da diese Angst nun einmal da war, begannen die Menschen, auch diese zu erforschen. Doch jedes Mal, wenn sie sie erforschten, erschufen sie noch mehr davon.

Jetzt seid ihr als Menschheit in der Angst gefangen. Gefangen im

Glauben, Angst sei etwas Wirkliches. Wenn ihr in die Angst hineingeht und sie erforscht, dann könnt ihr nicht sehen, dass ihr eins seid – ein Wesen, eine Liebe, ein Licht, ein Bewusstsein.

Geht ihr in das Gewahrsein hinein, göttliche Essenz zu sein, gibt es keine Angst, sondern nur das Gefühl, einem größeren Ganzen anzugehören.

Wenn ihr wollt, können wir euch helfen, euer Gewahrsein zu erhöhen, damit ihr versteht, wie die Wirklichkeit erschaffen ist und wie leicht ihr das Paradies auf Erden erschaffen könnt.
Tun müsst ihr es jedoch selbst.
Die Tatsache, dass ihr diese Meditation macht, beweist, dass ihr bereits dabei seid.
Ihr habt bereits begonnen, für euch eine neue Welt und ein neues Leben zu erschaffen – eine alternative Art, wie sich die Menschheit ausdrücken kann.

Wenn du die Liebe in jedem Menschen siehst, dann hört die von den Menschen erschaffene Angst zu existieren auf.
Du hilfst niemandem, wenn du ihm sagst, er mache etwas falsch, oder indem du dir selbst sagst, du machest etwas falsch.
Du hilfst dir und anderen, indem du auf deine Inspiration hörst und die Liebe siehst, die da ist.
Dadurch kannst du den Impuls spüren, die Schönheit und die Vollkommenheit zu erforschen – das Paradies.

Durch dieses Erforschen erschaffst du immer mehr von dem, was du erforschst.
Das ist so, und es wird immer so sein.
Die Herausforderung für euch Menschen besteht darin, euch vom Erforschen von Angst, Trauer und Hass abzuwenden und stattdessen Liebe, Licht und Bewusstsein zu erkunden und euer Gewahrsein auf eure göttliche Essenz zu richten, wodurch ihr davon noch mehr erschafft.
Die göttliche Essenz wird dadurch in eurem Leben – in den zwi-

schenmenschlichen Beziehungen und bei all euren Unternehmungen – und im gesamten Leben auf der Erde wunderbare Ausdrucksformen annehmen.

Wie du weißt, ist das, was du in anderen siehst, in dir.
Du weißt, dass du die Außenwelt verändern kannst, indem du dich aus dem Innern heraus veränderst, indem du das Vorbild lebst und dich dem göttlichen Wesen, das du bist, öffnest.
Wenn du das tust, dann wirkt sich das auf alles in jeglicher nur denkbaren positiven Weise aus.

Du weißt nun, dass du eins mit allem bist.
In deinem Innern weißt du es, egal, wie viele Zweifel und Ängste deine Persönlichkeit noch haben mag.
In dir ist die Sehnsucht, zum Einssein zurückzukehren, dich in die Göttlichkeit zu erheben, ein erfolgreiches Leben zu leben – ein Leben, wo alles leicht und freudvoll funktioniert, wo du in harmonischen Beziehungen lebst und wo du Freude hast an dem, was du tust. Ein Leben, wo du erschaffst, was du brauchst, und zwar einfach und mühelos.

Wie du weißt, ist es das, wonach du dich sehnst.
In dir ist der Impuls, es zu erforschen.
Bist du also willens, deine Ängste loszulassen?
Bist du willens, dich der göttlichen Gegenwart, die du bist, zu öffnen, und sie die Wirklichkeit erforschen zu lassen?
Bist du willens, mit anderen als eins zu leben?
Bist du willens, für dich und dein Leben volle Verantwortung zu übernehmen, dich selbst als das, was du bist, zu lieben, ohne dich und andere zu beurteilen?

Wenn du das willst, dann helfen wir dir, dies als deine Wirklichkeit zu erschaffen.
Wir inspirieren dich in deinem Alltag, mit den fünf Schlüsseln zu arbeiten.
Damit du immer besser gewahrst, wohin du deinen Fokus lenkst.

Damit du immer besser gewahrst, was du nach außen projizierst und was du erschaffst.
Damit du die Schichten der Wahrheit immer besser gewahrst, regelmäßig dorthin reist und von dort jene schönen Energien der Vollkommenheit mit dir zur Erde holst und in deinem Leben zum Ausdruck bringst.

Wir helfen dir, das Einssein zu erforschen.
Wir helfen dir, zu erforschen, wie du eins bist und wie sich alles, was du tust, auf das größere Ganze auswirkt.
Wir helfen dir, mit anderen Menschen harmonisch und freudvoll als eins zu leben und ein funktionierendes Leben zu führen.
Wir helfen dir, in deinem Leben zu erschaffen, was immer du brauchst, indem du einfach dein Gewahrsein dorthin lenkst und es mit deinem Fokus energetisierst, damit es sich in deinem Leben ausdrücken kann.
Wir helfen dir, deine Trennungsangst zu überwinden, indem du erkennst, dass du eins bist, indem du Ängste loslässt und der Liebe ermöglichst, sich in allem, was du tust, und in allem, was du bist, auszudrücken.

Indem du dies nun akzeptierst, öffnest du dich der göttlichen Gegenwart, die du bist, noch mehr.
Nimm dir nun einige Augenblicke Zeit, um dich selbst zu erforschen und zu sehen, wie dies dein Herz, deine Zellen, deine Energien geöffnet hat.
Erkunde, wie sich deine Strahlung verstärkt hat.

Folge dann dieser Strahlung nach außen; folge dem Licht, das du in die Existenz hinaus strahlst. Folge diesem Licht so weit hinaus, wie es dir mit deinem Gewahrsein möglich ist, und nimm wahr, dass die Quelle auf dich reagiert, weil du Göttlichkeit ausstrahlst.
Die Quelle reagiert auf deine Ausstrahlung, indem sie ihre Essenz zu dir zurückstrahlt.

Gewahre nun, wie noch mehr Licht in Richtung Erde gestrahlt

wird, ganz einfach darum, weil du dich für dich selbst mehr geöffnet hast.

Gewahre nun, wie leicht du der Menschheit dienen kannst, indem du wirst, wer du bist, indem du dich deiner Essenz erinnerst und dich ihr öffnest.

Indem du dich deiner Essenz öffnest, strahlst du sie aus, und indem du deine Gegenwart ausstrahlst, reagieren die Quelle und auch viele andere Bereiche, die nun plötzlich dein Licht gewahren, indem sie Licht zur Erde zurückschicken.

Meditation

Werde zu einem angstfreien Wesen

Lenke nun dein Gewahrsein vollkommen nach innen.

Du befindest dich in deinem Körper. Sei der Körper.

Lass dich von weichen, sanften Wellen der Entspannung durchströmen. Du entspannst dich mehr und mehr.

In diesem Leben hast du viele Male Angst erfahren.

Auch jetzt kommt das immer wieder einmal vor.

Es ist möglicherweise die Angst vor Erfolg, die Angst vor einem Leben, das gut funktioniert.

Es könnte aber auch die Angst vor dem Tod sein, die Angst vor Schmerzen, die Angst, nicht gut genug zu sein, die Angst vor Nähe oder die Angst vor Trennung.

In diesem Leben hast du endlose Angstsymptome erfunden, denn das gehört zu deiner schöpferischen Natur, die Teil der unendlichen Schöpfung ist – du bist unendliche Schöpfung.

Du spiegelst das überall und in alles hinein, was du bist.

Stell dir nun eine Angst vor, die du vor noch nicht langer Zeit erlebt hast.

Vielleicht war sie nicht sehr stark; nimm einfach mit ihr Kontakt auf. Was immer diese Angst ist oder war – was war ihre Essenz?

Meistens ist es die Angst, die Kontrolle über irgendetwas zu verlieren; die Kontrolle über dich selbst, die Kontrolle über deine Schöpfungen, die Kontrolle über das Leben, die Kontrolle über andere.

Blicke sodann in deinem Leben fünf oder sechs Jahre zurück, und schaue, ob du eine Situation findest, wo du dieselbe Essenz erfahren hast.
Die Angst, alles zu verlieren.

Geh nun weiter zurück, vielleicht zehn oder zwanzig Jahre, und finde eine weitere Situation, wo du dasselbe erfuhrst – dieselbe Essenz der Angst.

Begib dich sodann weiter zurück bis zu dem Zeitpunkt, da du in deinem Leben zum allerersten Mal Angst erfuhrst – vielleicht die Angst vor dem Leben.

Gehe nun weiter zurück in dieser Schöpfung und begib dich zu einigen anderen Leben, wo du denselben und doch einen etwas anderen Körper hattest – vielleicht gehst du zwei- bis dreitausend Jahre zurück.
Komm nun mit einer Situation in Berührung, wo du dieselbe Angst erfuhrst.
Berühre sie nur ganz sanft.

Geh dann noch weiter zurück, vielleicht sechs- bis siebentausend Jahre.
Geh nur schnell und kurz durch alles hindurch, bis du alle deine Leben in diesem Körper gleichzeitig gewahrst, und berühre in jedem Leben dieselbe Essenz deiner Angst.

Bleibe mit all diesen Leben in deinem Körper verbunden, während du nun noch weiter zurückgehst.

Gehe dorthin, wo es noch kein Leben gab, wo es diesen Körpertypus noch nicht gab.
Gehe durch verschiedene Existenzschichten hindurch und vielleicht bis zur Quelle zurück und ins Nicht-Seiende hinein, über die Streuung hinaus, zurück bis zu dem Punkt, wo es noch keine wie auch immer geartete Existenz gab, ja selbst bevor es das erste Energieteilchen gab.
Gehe den ganzen Weg zurück.

Stell dir dann vor, dass das erste Energieteilchen nochmals erschaffen wird.
Gibt es darin die Essenz der Angst schon?
Gab es diese Essenz schon, als dieses erste Energieteilchen gestreut wurde?

All dies war, bevor es Gefühle und Gedanken gab, und doch könnte es damals schon die Essenz der Angst gegeben haben – in jenem allerersten Augenblick, da das erste Energieteilchen gestreut wurde.
Gab es da bereits eine Andeutung, einen Hauch von Trennung?
Wenn ja, was geschah mit der Essenz der Angst, als sich diese Energieteilchen immer mehr streuten und sich immer weiter vermehrten?

Geh dann weiter in die Existenz hinaus, in das Einssein hinein, wo alles wunderschön, alles verbunden ist.
Auf dieser Erde gab es Zeiten, da ihr im Einssein lebtet.
Es waren schöne Zeiten; da war so viel Liebe, so viel Zusammengehörigkeit, so viel Freude mit anderen.
Dann plötzlich entstand ein Riss, der das Einheitsfeld auseinander riss, und diese Essenz der Angst entstand in der ganzen Existenz.
Was geschah damals?
Und wie hat sich dies in deinem Leben in diesem Körper durch die Zeit hindurch vervielfacht?

Würdest du deine Gegenwart, die Gegenwart deiner Seele, in diesen Riss hineinbringen, würde der Riss verschwinden, für dich und für die Menschheit verschwinden.

Stell dir nun vor, dass du das tust.
Du bewegst dich hinein in diesen Riss, in die Essenz der Trennung, wo du von allem getrennt bist.
Tue das nun – oder versuche es zu tun – und nimm gleichzeitig wahr, wie davon alle anderen Leben beeinflusst werden, nimm wahr, wie es die gesamte Existenz beeinflusst.

Denn alles, was es hier braucht, ist ein Nein – ein »Nein, ich glaube nicht an die Trennung.«
Wenn du nein sagst, dann ist sie nicht mehr, und du wirst sie auch nicht mehr erschaffen.

Geh nun sanft zurück und begib dich zunächst in die Gärten der Verjüngung und Erholung.
Erschaffe dort aus dir ein Wesen ohne Angst und lasse dir dabei von den wunderschönen Wesen, die dort sind, helfen.

Lenke dein Gewahrsein zurück, wann immer du bereit bist.

Meditation

Liebe breitet sich über der Erde aus

Entspanne dein Gewahrsein nach innen und öffne dich, indem du es dir ganz einfach fest vornimmst.

Atme tief und leicht, und mit jedem Atemzug entspannst du dich mehr.

Je mehr du dich entspannst, desto mehr ist dir, als ob du einfach und leicht in den Raum hinaus schwebtest.
Du schwebst hinaus zu einem wunderschönen Ort, zu einem schönen Garten, wo du dich entspannen kannst und wo alles friedlich ist.

Dort helfen dir schöne Lichtwesen, dich noch mehr zu entspannen.
Es gibt nichts zu tun – bloß zu entspannen.

Stell dir nun vor, dass du von diesem Ort aus die Erde sehen kannst, dass du eine klare Sicht hast und in der Ferne die Menschheit siehst.
Du kannst sehen, wie sich die Menschen verhalten, wie sie in ihren Leben auf der Erde miteinander umgehen und aufeinander reagieren.

Von deiner Warte aus siehst du, wie die Menschen beständig ihr Bestes zu geben bemüht sind.
Denn ohne Ausnahme jeder bemüht sich stets, sich nach seinem besten Wissen zu verhalten.

Stell dir nun vor, dass du dich selbst von Ferne auf der Erde siehst.
Du siehst, dass auch du dich in deinem Alltag immer nach bestem Wissen verhältst.
Von diesem friedlichen Ort aus, von wo du die Erde siehst, siehst du auch, wie du gerade jetzt dein Bestes gibst.

Stell dir nun vor, dass du deinen Lichtfaden in der Zeit zurückverfolgst und Situationen siehst, die sich vor vielleicht fünf, zehn, fünfzehn oder zwanzig Jahren abspielten.

Beobachte dich jetzt in einzelnen Situationen dieses Lebens.
Es gab viele Dramen, und in jeder beschwerlichen Situation handeltest du nach bestem Vermögen. Du gabst immer dein Bestes.

Von deiner Position im Raum aus siehst du auch all die anderen Menschen, die an diesen Situationen beteiligt waren.
In jenem Augenblick mochtest du gedacht haben, dass sie gegen dich arbeiten oder dir etwas anderes aufzwingen wollten als das, was du wolltest.

Von deiner entfernten Position aus siehst du deutlich, dass auch sie nach bestem Wissen und Vermögen handelten, und zwar aus Liebe oder aus einem Bedürfnis nach Liebe.

Dir wird nun klar, dass in deinem Leben in dir und in den anderen stets Liebe oder ein Bedürfnis nach Liebe war – und alle verhielten sich nach bestem Wissen und Vermögen.

Aus dieser Distanz wird dir klar, wie sinnlos deine Frustration, dein Ärger oder deine Trauer waren.
Denn sie dienten weder dir noch einem anderen.
Doch auch das war, was damals deinem besten Wissen und Vermögen entsprach.

Stelle dir nun vor, dass du dich in deinem Leben in vielen verschiedenen Situationen siehst, wo du frustriert oder verärgert warst oder ein Gefühl der Überlegenheit oder der Unterlegenheit oder dergleichen hattest – alle sinnlos.
Du siehst nun dein fruchtloses Verhalten in diesen Situationen – das auf einem Bedürfnis nach Liebe beruhte.
Auf einem Bedürfnis nach Liebe.

Indem du nun dies aus der Ferne betrachtest, steigt in dir Liebe auf.
Deine Liebe zu dir auf der Erde ist groß – und du dehnst deine Liebe aus.

Stell dir nun vor, wie du als deine Seele in jeder dieser Situationen, wo du verzweifelt, frustriert, ärgerlich oder verstimmt warst, in dein dort verkörpertes »Du« hinabsteigst.
Deine Seele steigt nun in jedes dieser Du in jedem dieser Momente hinab – und liebt dich.
Spüre diese große Liebe zu dir; da ist nichts als Liebe, egal, was du tatest.
Die einzige Antwort ist Liebe.

Du siehst von deinem fernen Blickwinkel aus, wie deine Seele jeden Teil von dir liebt, jede deiner Handlungen, jeden deiner Gedanken, jedes deiner Urteile, jede deiner Ängste.
In dieser vollkommenen Liebe kann sich jeder Teil von dir zu einem stabileren Wesen entwickeln – zu einem Wesen, das lieben kann.

Jetzt, da du dich in die Liebe hinein entwickelt hast, lässt du so wie deine Seele deine Liebe in dir aufsteigen und umgibst jeden Menschen, der an diesen Situationen beteiligt war, mit Liebe. Stell dir das jetzt vor.

Du siehst, wie sich auch diese Menschen zu Menschen der Liebe entwickeln, wenn du sie liebst.
Von deinem entfernten Punkt aus siehst du, wie auch sie in ihren Leben zu lieben beginnen; wie auch sie in jeder Situation in ihrem Leben jeden anderen Menschen lieben.

Du folgst der Liebe auf der Erde und siehst, wie sich immer mehr Menschen gegenseitig lieben und akzeptieren.
Sie reagieren auf jegliches Verhalten anderer Menschen mit Liebe.

Folge von deinem fernen Ort aus diesem Vorgang und sieh, wie sich die Liebe über die Erde ausbreitet; wie immer mehr Menschen zu lieben beginnen, weil du beschlossen hast, dich selbst und die anderen zu lieben.
Sie antworten auf jegliches Verhalten anderer mit Liebe.
Du hast auf der Erde eine Kettenreaktion der Liebe ausgelöst.

Wenn du liebst, dann gibst du dein Bestes.
Wenn du liebst, bist du authentisch.
Wenn du liebst, entwickelst du dich zu deiner Seele.

Stell dir nun vor, dass du von dieser entfernten Position aus immer noch mehr Seelen auf die Erde hinabsteigen siehst.
Du siehst Seelengegenwart auf der Erde – weil du beschlossen hast, dich selbst zu lieben.

Wenn du liebst, dann öffnest du den einfachsten Weg zum Aufstieg, den leichtesten Weg zum Erfolg, und davon profitiert jeder Mensch.
So leicht ist es.

Stell dir nun vor, dass du von diesem fernen Blickwinkel aus noch ein weiteres Bild siehst.
Es ist eine parallele Wirklichkeit.
Du siehst, wie sich dort die Menschen bekämpfen, sich gegenseitig ausnutzen, sich gegeneinander rücksichtslos verhalten; und du siehst dich selbst in dieser parallelen Wirklichkeit, wo du weiterhin frustriert bist und glaubst, dein Ärger über andere sei gerechtfertigt.
Von deinem fernen Beobachtungspunkt aus siehst du auf jener Erde immer mehr Verzweiflung.

Du kannst beide Wirklichkeiten erschaffen. Du hast die Wahl.

Begib dich nun zurück zur ersten Version, wo sich die Liebe auf der Erde ausbreitet, wo mehr und mehr Seelen in das physische Leben hinabsteigen, wo es immer mehr Liebe, Licht und Bewusstsein gibt, ganz einfach, weil du beschlossen hast, dich selbst zu lieben.

Von diesem Blickwinkel aus gibt es nur eine Antwort, gibt es nur einen Weg: den Weg der Liebe.

Du beginnst nun, sanft zur Erde zurückzukehren und entspannst dich im Inneren.

Vergegenwärtige dir nun fünf Möglichkeiten, wie du heute Liebe ausdrücken kannst.
Lasse dir fünf Wege einfallen, wie du heute gegenüber anderen Liebe ausdrücken kannst.

Wenn du sie gefunden hast, schreibe sie auf.

Wenn Kritik Angst hervorruft

An meinem Arbeitsplatz im Spital beschwerte sich kürzlich ein Patient vor anderen Patienten über mich. Ich versuchte, gelassen zu bleiben. Doch dann spürte ich, wie in mir Ängste hochkamen. Ein Gefühl der Instabilität, Erinnerung an frühere Situationen, Angst vor Strafe und von jemandem angegriffen zu werden. Wenn solche Ängste hochkommen, sind sie meist sehr massiv. Ich weiß, dass ich meine Ängste lieben sollte, und ich sage das auch meinen Patienten. Ich stelle jedoch fest, dass ich es selbst kaum zustande bringe. Wie kann ich damit umgehen?

Du musst mit dir selbst sprechen: »Hey, hör zu. Was geschieht hier gerade? Ich bin hier, und jemand ist mit mir nicht zufrieden.«
Liebe dich selbst und liebe diesen Menschen. Dann reagierst du nicht mit Verteidigung oder dergleichen.
Du bist nun über vierzig Jahre alt und hast bisher überlebt. Noch jede Situation in deinem Leben hat sich erledigt. Es gibt keine, die sich nicht aufgelöst hätte. Und alle Situationen, die du in deinem Leben je erleben wirst, werden sich ebenfalls auflösen.« Was also gibt es zu befürchten?
Was du fürchtest, ist eine sehr schwierige Situation, bei der es für dich kein Entrinnen mehr gibt. Du musst dir also sagen: »Hör zu, auch dies hier wird sich auflösen«. Du hingegen nährst diese Angst mit deinen Vorstellungen: »Oh, was wäre, wenn dies oder jenes geschähe? Was wäre, wenn er mir einen Prozess anhängt?« Und so weiter.
Du bleibst nicht im Jetzt, sondern gehst in die Zukunft. In diesem Moment ist da ja nur ein Patient, der sich beklagt. Du bildest dir also eine »Was wäre, wenn...« -Katastrophe ein, doch im fraglichen Moment gibt es keine Katastrophe. In diesem Moment ist nur deine Beziehung zu diesem Patienten zu klären.
Bleibst du im Jetzt, statt in die Zukunft zu gehen und »Was wäre, wenn...« zu befürchten, kannst du diese Situation höchstwahrscheinlich sofort auflösen.

Deine Ängste sind also vollkommen sinnlos, denn die Katastrophe wird mit großer Wahrscheinlichkeit nicht eintreten.
Sollte diese katastrophale Situation dennoch eintreten, hättest du deine Kraft schon auf dem Weg dorthin verloren, indem du diese Situation befürchtet hast. Deine Angst hilft dir also nichts.
Bleibe also im Augenblick und schau dir an, was wirklich da ist: »Einer ist verärgert und benötigt meine Liebe.« Mehr ist nicht dabei.

Der Körper reagiert bei echter Gefahr

In den Bergen habe ich ständig Angst, hinunterzufallen. Wenn ich beispielsweise eine sehr schmale Stelle überqueren muss, kommt diese Angst auf. Dann wird mir schwindlig, und ich kann nicht mehr ruhig weitergehen. Ich versuche, mich dann zu konzentrieren.

In solchen Momenten, da der Körper mit Angst reagiert, springen das Wurzel- und die Fußchakren, die sonst eher die Form von nach unten gerichteten Zylindern haben, hoch und bilden Scheiben. Damit signalisieren sie Angst – sie schlagen sozusagen »Alarm«. Bringe sie einfach in die normale Stellung zurück. Befiehl deinem Energiesystem, deinen Wurzel- und den Fußchakren, in ihre normale, ursprüngliche Formation zurückzugehen und dein Körper wird sich beruhigen.

Der Körper erzeugt Wachsamkeit

Habe ich es richtig verstanden: Wenn ich in einer gefährlichen Situation bin, worin der Körper mit Angst reagiert, dann gibt mir diese Angst die Stärke und die Fähigkeit, die richtigen Entscheidungen zu fällen?

Ja. Dein Körper wird mehrere Dinge tun – Adrenalin ausschütten und dergleichen mehr –, um dir augenblicklich mehr Wachsamkeit zu verschaffen. Außerdem verändert sich deine zeitliche Wahrnehmung. Die Zeit wird sich ausdehnen, so dass du eine Sekunde wie zwei Minuten erlebst und du Zeit hast, die richtigen Maßnahmen zu ergreifen. Dafür erzeugt der Körper diese Substanzen. Der Körper macht dies nur, wenn es angebracht ist und dich unterstützt, damit du besser mit der Situation umgehen kannst.

Der Beifahrer muss im eigenen Energieraum bleiben

Wenn ich im Auto neben dem Fahrer, beispielsweise meinem Mann, sitze und ein anderes Auto direkt auf uns zufährt, dann kann ich nicht reagieren. Dann kommt in mir nicht nur Angst, sondern Panik hoch. Muss ich nun einfach vertrauen, dass alles gut verläuft? Ich kann aber nicht dieses Vertrauen fokussieren, wenn gleichzeitig Panik aufsteigt.

Wenn solch eine Situation einträte, würdest du nicht in Panik verfallen. Unter den Substanzen, die der Körper dann ausschüttet, befinden sich auch beruhigende Substanzen. Wenn es tatsächlich zu einem Zusammenstoß käme, würdest du ihn höchstwahrscheinlich nicht einmal merken.

Panik hingegen kommt nur in »Was wäre, wenn...« -Situationen hoch: »Was wäre, wenn er diese Situation nicht meistert?« – »Was, wenn ein Auto in uns hinein fährt?«, »Was wäre, wenn ...?«

Doch nun kommen wir zum anderen Punkt. Wenn du neben einem Fahrer sitzt, musst du diesem Menschen die Kraft übergeben. Dieser Mensch sitzt dann in seiner Energie, und du sitzt daneben in deiner Energie.

Mitfahrer, die sich verhalten, als ob sie selbst das Auto lenkten, dringen mit ihren »Was wäre, wenn...« -Ängsten in den Energieraum des Fahrers ein und wollen diesen übernehmen. Auf diese Weise lassen sie dem Fahrer weniger Raum, um richtig zu fahren. Du drängst seine Energie hinaus: »Ich bin der bessere Fahrer«, und ihm fehlt der Raum, angemessen zu fahren. Entweder beschließt du, immer selbst am Steuer zu sitzen oder in deinem eigenen Energieraum zu bleiben. Das andere ist nur ein Kontroll-Ding.

Die Angst einer Frau, Männern zu vertrauen

Ich habe Angst, Männern zu vertrauen, und ich habe Angst vor meiner zerstörerischen Kraft. Ich frage, wie ich das auflösen kann. Ich habe Angst, dass sie mich verlassen, dass sie sich etwas anderem zuwenden – beispielsweise einem Hobby, Fußball etwa – und ich ihnen nicht mehr wichtig bin.

Wahrscheinlich trifft es dich, wenn wir dir sagen, dass du unrealistische Vorstellungen hast.

Du erwartest von Männern, dir etwas zu geben, das sie dir nicht geben werden. Darum solltest du als Erstes realistische Vorstellungen von einer Beziehung entwickeln. Deine Erwartungen haben mit der Wirklichkeit nichts zu tun und sind nicht im Jetzt.

Du willst, dass die Männer dir etwas geben, das nur du selbst dir geben kannst. Nur du kannst dich dir selbst zuwenden und Mittelpunkt deiner Aufmerksamkeit sein.

Was du für dich tun kannst, ist, dein höchstes Potenzial zu leben und deine Stärke und deine Liebe zu entwickeln. Wenn du dein höchstes Potenzial lebst, hast du keine Erwartungen an andere.

Wenn du von den Männern etwas erwartest, das sie dir nicht geben können, befindet sich die Beziehung bereits von Anfang an auf dem Weg der Zerstörung. Wenn sie weggehen, um Fußball zu spielen oder sich Fußball anzusehen, dann bedeutet das mit Sicherheit nicht, dass sie dich nicht lieben.

Du selbst hingegen musst dir mehr von dem geben, was dir im Leben fehlt: Aufmerksamkeit, Liebe und den Raum, um das zu tun, wofür du hergekommen bist. Du kannst in deinem Leben so viel Liebe bekommen, wie du haben willst. Doch diese Liebe ist in dir selbst; sie kommt nicht von außen. Nur aus deinem Inneren heraus kannst du Liebe erfahren.

Wenn du das tust, wirst du Erfüllung finden und kannst du selbst sein, ohne von einem anderen Menschen irgendetwas zu erwarten.

Wenn du eine Beziehung haben willst, die gut funktioniert, musst du dem anderen erlauben, frei zu sein. Hör auf, zu sagen: »Wenn er dies tut, dann liebt er mich nicht, wenn er das tut, dann liebt er mich.«

Das ist ein sinnloses Spiel der Persönlichkeit. Das hat mit Liebe nichts zu tun.
Darum stellen wir dir nun die Frage: Kannst *du* jemanden lieben? Daran kannst du arbeiten: Entwickle die Fähigkeit, jemanden zu lieben und ihm zu erlauben, frei zu sein. Wenn du weiterhin bestimmte Verhaltensweisen erwartest, wirst du immer verlieren.
Lerne zu akzeptieren, dass du einen Menschen, der in dein Leben tritt, nicht kontrollieren kannst, sondern dass er tun und lassen kann, was ihm beliebt und du ihn dennoch weiterhin lieben kannst. Das gibt einer Beziehung eine Chance.
Nochmals: Liebe kommt nicht von außen. Du kannst sie einzig und allein aus deinem Inneren heraus erfahren. Erweitere deine Liebe und wisse, dass sie immer da ist. Dann kann er machen, was er will, weil die Liebe bei dir bleibt. Er kann sie niemals von dir nehmen. Nur du kannst das, und du tust es auch.
Wenn du deiner Liebe da zu sein erlaubst, erfüllst du dich mit ihr und liebst auch den anderen, egal, was er tut. Und wenn er etwas tut, das du nicht magst, dann hat das nichts damit zu tun, ob er dich liebt oder nicht. Er zeigt dann einfach ein Verhalten, das verändert werden kann. Aber Liebe kannst du nie verändern, denn Liebe ist immer da.
Wenn du deine eigene Liebe erfährst, dann kannst du dein Bedürfnis nach Kontrolle loslassen.
Eine Beziehung ist einfach eine Gelegenheit, noch mehr zu lieben, die Liebe noch mehr auszudehnen. Sie hat nichts zu tun mit: »Gehen wir aus zu einem romantischen Abendessen?«, »Machen wir Flitterwochen in Venedig?« oder dergleichen. Dies sind lediglich Verhaltensweisen und Handlungen.
Es geht hier also darum, dass du deine eigene Liebe entwickelst und alle Erwartungen an eine Beziehung fallen lässt.
Du jedoch erwartest von deinem »Herrn Perfekt«, dich gleichsam mit Liebe aufzufüllen. Das wird er nicht tun – hoffentlich – denn das würde dich nicht unterstützen.

Die Angst, etwas falsch zu machen

Ich habe nicht genau verstanden, was ich machen muss, wenn ich eine Angst verspüre, die ich transformieren möchte. Ich habe beispielsweise Angst, mir selbst zu vertrauen und etwas falsch zu machen. Was muss ich mir anschauen? Die Glaubenssysteme, die der Angst zugrunde liegen?

Lade deine Seele mehr und mehr in dein tägliches Leben ein. Allein dadurch, dass du deine Seele hereinbringst, überbrückst du die Trennung und siehst die Dinge klarer.

Als deine Seele weißt du, dass du wichtig bist. Wenn deine Seele da ist, kannst du hören, was du zu tun hast, und du brauchst nicht zu befürchten, dass du Fehler machen könntest.

Ersetze die der Angst zugrunde liegenden Glaubenssysteme durch etwas, das dich unterstützt. Und erstelle einen Plan für die nächsten Schritte, die du unternehmen willst, um diese Ängste zu überwinden. Was kannst du heute tun, um diese Angst zu transformieren? Unternimm etwas, das dir selbst und dem Universum zeigt, dass du diese Ängste überwinden willst.

Auch göttliche Wesen können vergessen

Kamen wir womöglich zur Erde, um das Problem des Problememachens zu erfahren? Ich kann mir nicht vorstellen, dass göttliche Wesen vergessen können.

Das ist durchaus möglich, denn ihr habt vergessen, wie alles geschah. Ihr kamt auf die Erde, weil es zur Absicht der göttlichen Schöpfung gehörte, die Seele in die Physis zu bringen. Das ist etwas Großartiges.

Ihr kamt nicht her, um Probleme zu erfahren. Wäret ihr hergekommen, um Probleme zu erfahren, bekämet ihr im Himmel dafür Sonderpunkte. Aber ihr bekommt keine Sonderpunkte. Ihr kamt her, um zu leben, um das Leben zu genießen und die Liebe in einer physischen Form zu erforschen. Dein Leben ist ein großartiges Geschenk.

All das habt ihr vergessen, weil ihr an das, was ihr hier vorfandet, zu glauben begannt. Das geschah in einem allmählichen Vorgang. Rom wurde ja auch nicht an einem Tag erbaut.
In diesem Leben begann es damit, dass ihr den Menschen um euch herum glaubtet, was sie euch sagten. Sie sagten euch, was ihr glauben müsst. Und ihr begannt, diese Wirklichkeit zu erkunden.
Ihr könnt euch aus dem Problememachen ausklinken. Das ist ganz einfach. Aber nicht, indem ihr der Erde entflieht, sondern indem ihr Ja zum Leben auf der Erde sagt und es dann erforscht.
Jeden Morgen könnt ihr nach dem Aufstehen sagen: »Ah, was haben wir denn da? Nochmals zehn Möglichkeiten, um das Leben auf der Erde zu genießen. Wieviel macht das in einem Jahr?«
Doch wenn du es machst wie die anderen, die sagen: »Oh, nein, schon wieder ein neuer Tag«, dann sendest du bereits die Energie hinaus: »Oh, warum bloß bin ich hierher gekommen?«
Suche also jeden Morgen zehn neue Möglichkeiten, wie du das Leben genießen kannst.

Die Seele kann keine Probleme erfahren

Wenn es stimmt, dass es einen göttlichen Plan gibt, wonach die Seele in diese dichte Materie herabsteigen soll, dann gehört es doch sicher auch zum göttlichen Plan, dass die Seele alles erfährt, was sie in der materiellen Welt erfahren kann – nämlich nicht nur das Lachen, sondern auch das Weinen.

So funktioniert es eben nicht. Die Seele erfährt keine Probleme. Das kann sie nicht. Lass uns das ausführen.
Du hast einen physischen Körper, und du hast einen Satz von Energiekörpern. Teil dieser Energiekörper ist, was ihr den Mental- und den Emotionalkörper nennt.
Gedanken und Gefühle sind per definitionem beschränkt und Teil der illusionären Wirklichkeit. Gefühle sind nicht dasselbe wie physische Empfindungen. Gefühle sind beispielsweise Traurigkeit, Ärger oder Irritation.

Physische Empfindungen sind, eine warme Haut zu haben, eine angenehme Berührung zu spüren und dergleichen. Physische Empfindungen sind wirklich. Sie gründen nicht auf einer illusionären Wirklichkeit, obwohl auch sie sich verändern können, wenn sich die Wirklichkeit verändert.

Mit dem Mental- und dem Emotionalkörper stellt ihr auf der Erde Verbindungen her, indem ihr aus dem Gedanken- und Gefühlsfeld der Erde, das die Menschheit im Laufe ihrer Existenz aufgebaut hat, eine Energie in den Mentalkörper holt. Diese Energie wird dann zu einem Gedanken. Dieselbe Energie könnte auch den Emotionalkörper durchfließen, und ihr würdet sie als Gefühl erfahren.

Die Seele, die ein sehr kraftvolles Wesen ist, tritt in deinen Körper hier auf der Erde ebenfalls durch deinen Mental- und deinen Emotionalkörper ein. Das kann sie aber nur, wenn diese beiden Energiefelder ruhig sind. Dann kann sie hereinkommen und dort bleiben, dann gibt es keine Gedanken und keine Gefühle mehr, sondern Impulse und göttliche Seinszustände – wie: Liebe sein, statt Liebe fühlen; Licht sein, statt mit Licht etwas machen. Du bist es.

Solange du Gedanken und Gefühle hast, kann sich die Seele nicht vollkommen auf der Erde verankern. Es gehört darum zum Aufstiegsprozess, dass du die Gedanken und die Gefühle aus dir entfernst, damit du still wirst und die Seele eintreten kann.

Vorläufig ist das noch kein permanenter Zustand, sondern etwas, das du immer wieder mal erleben kannst, etwa in Meditationen. Du verspürst diese wunderschöne Energiegegenwart, die in dich hereinkommt, und dann ist alles Glückseligkeit. Dann gibt es keine Gedanken, keine Gefühle. Du bist dann Liebe, du bist Licht, alles ist so vollkommen und erfüllt von Seligkeit. Deine Seele ist da, und wenn sie da ist, sind keine Gedanken und keine Gefühle da. Deine Seele wird niemals solche erfahren, denn so ist sie nicht beschaffen.

Das also gehört zum Aufstiegsprozess. Alle Menschen, Gruppen und Vereinigungen, die mit Licht und Energie arbeiten, entfernen Gedanken und Gefühle, damit die Seele eintreten kann.

Es geht auch darum, dass ihr eure Energiekörper weiter aufbaut und sich euer physischer Körper an mehr Licht und Energie anpassen kann. Wenn das geschehen ist, seid ihr gleichzeitig physische Wesen

und Seele. Dann habt ihr die nächste Evolutionsstufe der Menschheit erreicht. Früher oder später werdet ihr diese Stufe erreichen: Seelen im Physischen zu sein.
Der Körper wurde als göttliches Werkzeug erschaffen, damit die Seele physisch werden kann. Denn es trägt zur Erfahrung der Seele bei, physisch zu sein, Seele im Physischen zu sein.
Das hat aber nichts mit dem Erfahren von Schwierigkeiten, von Trauer oder von Problemen zu tun. Das ist nicht Teil des Lebens der Seele.

In euch ist stets der Ruf der Quelle

Ich habe verstanden, dass Probleme, Leiden und Schmerzen nicht geplant waren. Was gehört nun wirklich zum göttlichen Plan und was nicht?

Nun, da wir Gefühle und Gedanken als illusionär, also als unwirklich definieren, sind sie für euch so lange wirklich, als ihr an sie glauben wollt. Sie sind jedoch weder wirklich noch notwendig. Und sie bringen euch auch keine Sonderpunkte ein. Ihr habt sie erschaffen, weil ihr zum Zeitpunkt der Trennung die Quelle vergessen habt.
Probleme könnt ihr nur erfahren, weil ihr euch von der Quelle abgewandt habt. Sobald ihr euer ganzes Selbst wieder zur Quelle hinwendet, sobald ihr das Licht seht und es in euch hereinbringt, habt ihr keine Probleme mehr, und zwar deshalb, weil ihr dann wirklich seid und keine illusionären Persönlichkeiten mehr. Die Persönlichkeit besteht aus euren Illusionen.
Wenn ihr euch also von der Quelle abwendet oder sie sogar vergesst, dann erschafft ihr Illusionen: Dinge, die unwirklich sind. Und dann könnt ihr Probleme erfahren.
Dennoch war in euch während der ganzen Zeit stets der Ruf, zur Quelle zurückzukehren. Er erhielt und erhält in euch eine gewisse Neugierde aufrecht, damit ihr euch früher oder später wieder vollkommen der Quelle zuwendet. Dann gibt es keine Probleme mehr, weil ihr dann authentisch seid und alle Illusionen werden verschwunden sein.
Du musst nicht unserer Meinung sein. Wir erklären dir einfach, wie wir es sehen. Dies bedeutet auch nicht, dass du nun in die Welt

hinausgehen und rufen sollst: »He! Ihr erschafft das Problem. Ihr seid selbst schuld daran.« Derlei würde die Persönlichkeit tun. Die Quelle und deine Seele würden nie sagen: »Haha!«, sondern alles einfach lieben. Denn sie sind Liebe, nicht bedingungslose Liebe, sondern wirkliche Liebe. Bedingungslose Liebe ist eine Bedingung. Die Quelle und die Seele sind Liebe.
Wir empfehlen dir, alles zu lieben, was du jemals auf der Erde warst und auf der Erde erschaffen hast. Kehre sodann zur Quelle zurück, weil du das möchtest, weil dein Leben gut funktioniert und alles wunderschön ist und weil deine Beziehungen Liebe sind. Tue es aus Freude und aus Liebe. Denn wenn du Liebe bist, dann ist das auch alles, was du sein und in die Welt hinausstrahlen kannst. Und alle profitieren davon.
Wenn du Liebe bist, kannst du der Welt mehr geben.

Dienen denn die Therapien zu gar nichts?

Ihr sagt, dass jedes Angstsymptom ein Symptom der Urangst ist. Und ihr sagt, wir brauchten diese Symptome gar nicht einzeln zu analysieren, sondern nur durch die Urangst hindurchzugehen. Dienen denn die vielen Therapien gar keinem Zweck?

Sie beheben den wirklichen Grund des Problems nicht und lösen oft eine Kettenreaktion aus. Nimm an, du hättest Angst vor Schlangen. Du verarbeitest diese Angst in einer Therapie, wodurch du keine Angst vor Schlangen mehr hast. Aber die Urangst ist immer noch da. Dann hast du plötzlich Angst vor etwas anderem, und du machst eine Rückführungs-Therapie oder was immer.
Dann kommt wiederum eine andere kleine Angst hoch, und du sagst: »Oh, ich muss da wohl noch ein anderes Leben gehabt haben.« Und dann arbeitest du das durch. So folgt eine Therapie der anderen.
Hier stehen die Lichtarbeiter heute. Sie entwickeln sehr viel Licht, aber sie gehen nicht durch die Urangst hindurch. So erschaffen sie gleichsam eine selbst-bestätigende Gemeinschaft, in der sie sich gegenseitig therapieren und ein Symptom nach dem anderen durchar-

beiten. Und tatsächlich mögen sie sich jedes Mal ein bisschen besser fühlen, denn sie haben dann ja auch das Gefühl, es kümmere sich jemand um sie, was sehr schön ist. Aber bald schon wird sich eine neue Angst einstellen.

Das Einzige, was dir eine Angst erzählt, ist, dass sie Liebe benötigt. Liebe sie darum, und sie wird wegschmelzen. Sie ist höchstens ein Zeichen dafür, dass du dich in einer illusionären Wirklichkeit befindest und dich vom Leben zurückziehst.

Es würde der Menschheit und der Existenz sehr dienen, würden sich die Lichtarbeiter nicht nur mit den Symptomen befassen. Bald wird das Leben auf diesem Planeten eine einzige, endlose Therapie sein. Das ist gewiss ganz schön. Aber das große Potenzial liegt darin, euch auf der physischen Ebene von dieser Urangst zu befreien.

Sie wurde erschaffen, damit ihr nicht zu früh Einssein erschafft, das will heißen, bevor dafür die richtige Zeit gekommen ist. Diese Angst ist weder emotional noch mental. Wenn ihr die Urangst beseitigt, seid ihr bereit für das Einssein.

Um Einssein zu erschaffen, müsst ihr wissen, was ihr tut. Auf der Seelenebene wusstet und wisst ihr bestens, was ihr auf der Erde zu tun habt. Als ihr dann in den Körper kamt, waren viele von euch schockiert, weil sie in diesem Körper nicht sofort tun konnten, wofür sie hergekommen waren.

Die Frage ist nun, ob ihr durch diese Urangst hindurchgehen wollt. Damit würdet ihr euch von jeglicher Angst befreien.

Der Riss wird nirgendwo mehr sein

Erste Teilnehmerin: Als ich in der Meditation zum Riss, zur Trennung zurückgeführt wurde, fühlte ich etwas wie eine flüssige Masse, mit der sich der Riss auffüllte und sich schloss. Ich fand es wunderbar. Nun fühle ich eine riesige Öffnung in mir, eine richtige Befreiung.

Zweite Teilnehmerin: Ich bekam dieselben Bilder. Und ich fühlte, dass ich mich einfach mit meiner Essenz in diesen Riss hineinsetzen musste, und daraus entstand etwas wie ein Bogen oder eine Brücke. Doch am Anfang waren da diese winzigen Energieteilchen, und ihr fragtet, ob es darin schon Angst gegeben hätte. Ich fühlte, dass da keine eigentliche Angst war, sondern eher ein Wissen um die Angst, nicht mehr zum Einssein zurückkehren zu können. Die Angst, meinen Weg zum Einssein nicht mehr zu finden. Ist das so?

Als sich die allerersten Energieteilchen aufteilten und zwei wurden, wurde das Prinzip der Trennung und damit das Potenzial der Angst erstmals angelegt. Du kannst sie nicht wirklich Angst nennen, denn sie war vor den Gefühlen und den Gedanken. Aber sie war die Essenz, aus der ihr eure Ängste gemacht habt. Falls ihr diese Essenz, die schon seit Beginn der Existenz da ist, »Angst« nennen wollt, dann höchstens, um ihr einen Namen zu geben. Da alles schöpferisch ist, hat auch sie sich selbst erschaffen. So entstanden die Illusionen.
Auf diesem ganzen Werdegang wurde ein Punkt erreicht, da Wesen oder Menschen glaubten, die Illusionen seien wirklich. Wenn Wesen oder Menschen daran zu glauben beginnen, beginnen sie damit eine Wirklichkeit zu erschaffen. So konnte auch der große Riss entstehen. Er zerriss das Universum, worauf dieses Universum hier erschaffen wurde. Dabei geschahen noch viele andere Dinge. Beispielsweise sog das Vakuum, das durch den Riss entstand, andere Wesen aus anderen Universen hierher, und da diese hier nicht überleben können, ernähren sie sich jetzt von eurer Energie. An sich ist das nicht so wichtig, aber es weist darauf hin, dass das Energieproblem immer größer wurde. Jetzt seid ihr auf dem Rückweg und macht das alles rückgängig, damit ihr ohne Angst wieder vereint leben könnt.
Es ist so: Alles, was ihr tun müsst, ist eure energetische Gegenwart in diesen Riss hineinzubringen und dann existiert er nicht mehr und wird nirgendwo mehr sein.

Der Körper kann einen Schock erleben

Während des Mittagessens spürte ich in meinem Körper ein Vibrieren, und jetzt bin ich richtiggehend traurig. Ich habe ein so großes Bedürfnis nach Stille. Für mich wird viel zu viel geredet. Ich habe das Gefühl, ich würde auseinanderbrechen. Ist diese Sehnsucht ein Glaubenssystem?

Wir kennen diese Sehnsucht sehr gut. Du kannst sie hochkommen lassen. Darum fordern wir vor allem während der Lichtkörper-Seminare die Teilnehmer auf, ruhig zu sein. Wenn ihr starke Energien in den Körper hereinbringt und dann zu sprechen beginnt, dann reißt ihr gleichsam die Energie auseinander. Es kann eine Weile dauern, bis die Energie integriert ist, und so lange kann diese Empfindlichkeit anhalten.

Ihr müsst die Veränderung integrieren. Dieser Vorgang bringt dich in direkten Kontakt mit jenem Riss, mit der Urangst. Und es scheint, als wolle der Schock der Urangst hochkommen. Wenn im Körper so etwas wie ein Schock stattfindet und gleichzeitig Menschen um dich herum sprechen, dann fühlst du dich instabil.

Es kommt immer wieder vor, dass Menschen einen solchen Schock erleben und der Körper einfach nur zittern möchte. Sie haben ein Kältegefühl, oder sie wollen einfach weinen oder dergleichen. Andere werden extrem müde. Das ist alles in Ordnung. Es zeigt an, dass eine große Veränderung stattfindet.

Die Bausteine wieder verbinden

Ihr sagt, dass die Bausteine der göttlichen Essenz hier wieder zusammenkommen. Womit können wir diesen Prozess in uns beschleunigen oder unterstützen? Und wie werden wir den Schutzmechanismus los?

Allein schon durch die Absicht, die du setzt, lenkst du dein Gewahrsein und damit den Fokus auf die Bausteine, und die Wiedervereinigung wird geschehen. Setze die Absicht: »Liebe, Licht und Bewusstsein: Verbindet euch.« Das bedarf etwas der Übung und der Arbeit.

Wenn sie wieder voll miteinander verbunden sind, wirst du wieder Klarheit sein, du wirst alles sehen, alles verstehen und alles sein.

Der Schutzmechanismus, mit dem ihr alle programmiert seid, kann ebenfalls durch eure Absicht beseitigt werden. Ihr könnt euch jetzt von diesen Programmierungen befreien, weil ihr wisst, dass ihr weit genug gegangen seid und ihr wieder eins werden könnt.

Kapitel 8

13 Schritte, die dein Leben verändern

Eine Anleitung zur praktischen Arbeit mit den fünf Schlüsseln

Nun hast du die *Fünf Schlüssel zur Meisterschaft* kennengelernt und sicher bemerkt, dass sie im Grunde ganz einfach und doch sehr kraftvoll sind. Du wirst auch gut begriffen haben, dass sie im Gewebe der unendlichen Schöpfung eng miteinander verquickt sind, denn sie sind die wichtigsten Aspekte der Schöpfung.

Wenn du die Grundlagen der Schöpfung begreifst und erkennst, dass und wie du tatsächlich deine eigene Wirklichkeit erschaffst, kannst du zum Meister werden, kannst du frei werden. Vermutlich hast du jetzt noch gar keine Ahnung, was alles du mit diesen Techniken erreichen kannst, aber du wirst es im Laufe des Arbeitens und Übens immer besser begreifen.

Wenn du ernsthaft damit arbeitest, dann wird sich dein Leben verändern. Du wirst dir die Welt nach deinem Belieben erschaffen – deine kleine Alltagswelt, die Welt der Menschheit und die gesamte Existenz.

Mit diesen fünf Schlüsseln kannst du alles erreichen, was du willst.Sie sind natürlich um so wirksamer, je mehr du sie regelmäßig anwendest. Du kannst mit ihnen arbeiten, wenn du beispielsweise in einer Situation festgefahren bist und sie verändern möchtest. Oder vielleicht hast du bemerkt, dass du immer wieder gewisse Gedanken über dich, andere Menschen oder das Leben hast, und du möchtest das ändern. Vielleicht hättest du liebend gerne etwas ganz Bestimmtes in deinem Leben; doch es kommt und kommt nicht zu dir.

Es lohnt sich, wenn du nicht nur die Meditationen in diesem Buch regelmäßig machst, sondern alles, was du verändern oder neu erschaffen möchtest, in einem ganz präzisen Vorgehensmodus bearbeitest. Diesen wollen wir dir im Folgenden erklären. Wir geben dir für diesen Vorgang eine ausführlichere Erläuterung und eine Kurzfassung davon.
Gehe so lange anhand der ausführlicheren 13-Schritte-Anleitung vor, bis du sie in allen Einzelheiten gut begriffen hast. Danach wird es genügen, wenn du dir das verkürzte Arbeitsblatt vornimmst.
Wir werden die 13 Schritte anhand eines praktischen Beispiels aus deinem Leben durchgehen. Sollte dir eine Erklärung zu deinem Verständnis nicht genügen, gehst du am besten nochmals das entsprechende Kapitel durch.
Du kannst die Übung alleine machen oder zusammen mit zwei oder drei weiteren Personen – aber nicht mehr.
Wenn zwei bis vier Personen zusammen arbeiten, können sie sich gegenseitig helfen, gewisse Dinge zu sehen, das heißt, sich auf mögliche Projektionen aufmerksam machen.
Bei der Arbeit in Zweier-, Dreier- oder Vierer-Gruppen geht ihr reihum vor: Zuerst bearbeitet ihr die Situation von A, dann von B, dann von C und dann D's Situation.

Zu Beginn einer Arbeitssitzung ist es wichtig, dass du innerlich ruhig wirst. Beruhige deinen Mental- und deinen Emotionalkörper, entspanne deinen physischen Körper und öffne dich für das höchste Potenzial der Übung.

Falls du die Übung mit anderen Menschen zusammen machst, ist es wichtig, dass du nicht nur bei der Behandlung deiner eigenen Situation ruhig bleibst, damit du in dir die Veränderung vollziehen kannst, sondern auch dann, wenn andere an der Reihe sind, damit du ihnen den Raum geben kannst, um sich zu verändern.
Unterstütze sie, indem du in deiner Integrität bleibst und dich nicht einmischst. Bleibe unverhaftet.

Wegen der großen Veränderung, welche diese Übung in dir bewirken kann, schüttelt es dich vielleicht ein wenig. Das ist völlig in Ordnung und soll auch so sein. Dabei kannst du Energien loslassen und dich wieder mit der Wahrheit verbinden.

Es kann jedoch auch sein, dass du oder andere in der Gruppe sich dem eigentlichen Thema zunächst nicht so gerne nähern mögen, obwohl ihr das zu tun glaubt.

Hier sind einige Merkpunkte, die dir zu erkennen helfen, wann das Thema nicht direkt angegangen wird:

1. Wenn du etwas mit vielen Worten zu beschreiben suchst, dann entfernst du dich vom wirklichen Thema. Du magst glauben, dass du mit diesen Worten klarer ausdrücken kannst, worum es geht. Je mehr Worte du verwendest, desto unklarer wird jedoch die Schilderung und um so mehr verwässerst du das eigentliche Thema. Wenn du das erkennst, dann lenke dein Gewahrsein nach innen und frage dich, worum es hier nun wirklich geht.

2. Wenn deine Antworten sehr rasch und in aufgeregter Weise kommen, dann kannst du sicher sein, dass du nicht über das wirkliche Thema sprichst, sondern etwas mit deiner Aufregung zu verdecken suchst. Wenn du dich dem eigentlichen Thema näherst, dann spürst du das in deinem Herzen, in deinem Körper und in deiner Gesamtheit.

3. Wenn deine Stimmlage höher als normal wird – nicht lauter, sondern höher –, dann versuchst du ebenfalls etwas zu verstecken. Du sprichst nicht die Wahrheit.

Merke dir diese Hinweise, damit du erkennst, wann du dir selbst etwas vorzumachen versuchst.

Die Arbeit in einzelnen Schritten

Wähle nun von der Liste mit den Situationen, die du verändern möchtest, eine aus, damit du sie aus der Perspektive der fünf Schlüssel schrittweise bearbeiten kannst.

Beginne damit, dass du akzeptierst, dass es diese Situationen gibt. Viele Menschen scheuen sich, die Situationen, mit denen sie nicht zufrieden sind, überhaupt einmal anzuschauen. Die Persönlichkeit neigt dazu, die Augen zu verschließen.
Hier nun die einzelnen Schritte:

1. **Die Situation:** Mache dir klar, wie diese Situation jetzt ist. Frage dich, welche Schwierigkeiten und Probleme du darin siehst. Schreibe so viele Einzelheiten auf, wie dir dazu einfallen.

2. **Alter Fokus:** Gehe dann nach innen und mache dir klar, was du fokussiert hast, um diese Situation zu erschaffen. Denn sie ist nicht einfach aufgrund unglücklicher Umstände entstanden. Du hast sie erschaffen.
   Wenn du das akzeptierst, dann forderst du deine Kraft ein. Du sagst: »Jawohl, das habe ich erschaffen.« Das gibt dir die Kraft, alles zu erschaffen, was du willst.
   Wenn du hingegen sagst: »Oh, nein, nein, nein, das habe ich nicht erschaffen«, entfernst du dich von deiner Kraft.
   Fordere also deine Kraft ein und schaue dir genau an, was du fokussiert hast, um eine Situation wie diese zu erschaffen.
   Lasse dabei alles los, was du irgendwann einmal bezüglich Lebenslektionen und dergleichen geglaubt hast.

3. **Ideale Situation:** Schaue dir nun die ideale Situation an.
   Wie sollte die Situation deiner Meinung nach sein? Wie ist deine wirkliche Vision? Wenn es eine Vision ist, dann ist es ganz wichtig, dass sie sehr klar ist.
   Je klarer sie ist, desto leichter kannst du sie erschaffen.
   Wenn jemand sagt: »Ich möchte pro Monat mehr Geld bekom-

men«, dann ist das unklar. Denn »mehr Geld« kann alles sein zwischen »monatlich einem Euro mehr« und beispielsweise »einhunderttausend Euro mehr«.
Sei also sehr genau: »Ich möchte jeden Monat zehntausend Euro« – oder wieviel immer es ist oder wie immer die Situation ist.
Meistens entwickeln sich die Dinge deshalb nicht in der gewünschten Richtung, weil dir deine Ziele nicht klar genug sind.

4. **Neuer Fokus:** Nun kommt der neue Fokus.
Welchen neuen Fokus könntest du wählen, um genau diese neue Situation zu erschaffen? Schreibe dir die möglichen neuen Glaubenssätze auf. Sie sollen dich unterstützen und dir und der Menschheit zum höchsten Potenzial verhelfen.

5. **Widersprechende Projektionen:** Schaue dir nun alle deine Projektionen an, die dem widersprechen könnten. Es ist wichtig, dass du dir ganz genau anschaust, welche Schwierigkeiten du in der jetzigen Situation siehst, damit du deine Projektionen erkennst.
Welche Programmierungen werden sofort aktiv, wenn du die neuen Glaubenssätze formulierst? Welche Probleme siehst du in der Situation oder in den Menschen, die um dich herum sind?
Etwa: »Niemand unterstützt mich«, »das Leben ist schwer«, »mein Mann/meine Frau möchte nicht, dass ich ....« und dergleichen.
Frage dich dann, was dir diese Projektionen über dich und die Schwierigkeiten in dir selbst aussagen.
Dann schreibe das nieder.

6. **Selbsteinsicht:** Im nächsten Schritt übersetzt du diese Projektionen in die »Ich-Form«.
So würde: »Niemand unterstützt mich« zu »ich unterstütze mich nicht«, »niemand liebt mich« zu »ich liebe mich nicht«, »das Leben ist schwierig« zu »ich bin schwierig«, »mein Mann/meine Frau möchte nicht, dass ich meine Mission erfülle« zu »ich möchte meine Mission nicht erfüllen«, »meine Kinder sind hart zu mir« »ich bin hart zu mir« und so weiter.
So verlässt du die Opferhaltung und bist nicht mehr das Opfer

von Umständen, sondern du gehst in deine Kraft und siehst die Dinge, die zu dir gehören, damit du sie ändern kannst.
Es geht hier also darum, dass du dir deine Kraft zurückholst, statt zu sagen: »Oh, ich Arme/r, das Leben ist so schwer.«

7. **Neue Projektionen, die das Selbst unterstützen:** Bei diesem Schritt fragst du dich, welche Vorstellungen du statt »ich bin hart zu mir«, »ich unterstütze mich nicht«, »ich liebe mich nicht«, »ich erfülle meine Mission nicht gern« und so weiter von dir haben könntest.
Schaue sodann, wie du diese neuen Qualitäten in dir nähren könntest und schreibe auch dazu Einzelheiten nieder; zum Beispiel: »Ich liebe mich«, »ich erfülle meine Mission gerne«, »ich gehe verständnisvoll und liebevoll mit mir um.«

8. **Neue Projektionen, die das Ziel unterstützen:** Schaue dir nun deine Vision, deine Traumsituation genau an und frage dich, welche guten Eigenschaften du an der Situation, die du verwirklichen möchtest, siehst – solche, die deine Ziele unterstützen, die Liebe unter den Menschen erschaffen oder was immer. Du kannst auch die Menschen, die mit dieser Situation zu tun haben, sehen und dir ausmalen, wie sie sich in Bezug auf diese Situation verhalten sollen.
Schreibe diese Qualitäten auf.
Hole auch hier alle guten Qualitäten, die du in dieser Situation siehst, zu dir zurück, denn auch sie gehören dir. Übersetze, was du vorgefunden hast, wiederum in die Ich-Form: »Ich bin hilfsbereit«, »ich bin gerne erfolgreich«, »ich bin kreativ und liebevoll.«
Wenn du siehst, dass dich andere Menschen unterstützen, dann sagst du: »Ich unterstütze meine Ziele.«
Du kannst auch feststellen: »Das Universum unterstützt mich.«

9. **Nahrung für die neuen Projektionen:** Dann schaust du, wie du diese Eigenschaften in dir nähren und fördern kannst. Suche drei Möglichkeiten, wie du in dir diese Eigenschaften gerade jetzt fördern kannst. Übertrage diese Eigenschaften in Ich-Sätze: »Ich

ermutige mich jeden Tag«, »ich räume meiner kreativen Seite mehr Zeit ein«, »ich würdige meine Erfolge und verwöhne mich jedes Mal, wenn ich erfolgreich bin« oder dergleichen.

10. **Ängste überbrücken:** Schaue dir dann die Traumvision nochmals an und prüfe, ob es da etwas gibt, das du fürchtest.
Vielleicht hast du Angst vor einem Misserfolg, Angst zu versagen, nicht gut genug zu sein. Vielleicht möchtest du nicht herausstechen, nicht von den Menschen gesehen werden.
Schreibe zum Beispiel auf: »Ich habe Angst, zu versagen.«
Frage dich, wie diese Ängste mit der Urangst verbunden sind und wie du sie überwinden kannst. Welche Schritte kannst du unternehmen?
Notiere beispielsweise: »Ich weihe die Menschen meines Vertrauens in meine Vision ein« oder »ich höre auf die Führung meiner Seele.« Und dann lade deine Seele ein, dir zu helfen, diese Ängste aufzulösen.

11. **Drücke Einssein aus:** Bei diesem Schritt drückst du Einssein aus, denn an den meisten Situationen sind auch noch andere Menschen beteiligt.
Wie kannst du diesen Menschen gegenüber Einssein ausdrücken? Vielleicht kannst du deine Vorstellungen so verändern, dass dein Erfolg auch zum Erfolg der anderen Menschen wird. Oder du kannst sagen: »Ich liebe und unterstütze alle anderen mit allem, was ich tue«, »mein Erfolg ist der Erfolg von allen«, »ich feiere den Erfolg von allen«, »ich liebe und unterstütze andere mit allem, was ich tue.«
Sei dabei so spezifisch wie möglich. Sage genau, was du tun kannst, um wirklich Einssein auszudrücken.
Es geht dabei nicht nur darum, dass die anderen berücksichtigt werden, sondern darum, dass du mit allem, was du tust, der Welt etwas Gutes tust. Das Entscheidende ist, dass du als Meister Liebe bist. Und du bist eins. Darum tust du alles mit Liebe und so, dass es nicht nur für dich, sondern für alle anderen Menschen gut ist. Was gut für dich ist, ist auch gut für alle anderen.

Begib dich sodann in einen meditativen Bewusstseinszustand und reise zur Ebene des Einssein. Finde dort alle Menschen, die an der Situation beteiligt sind und feiere mit ihnen, dass ihr zusammen seid und gemeinsam Dinge tut, die allen Menschen dienen.

12. **Rufe die Wahrheit:** Rufe sodann die Wahrheit herbei und lasse den Impuls zu lieben in diese neue Situation hineinsickern. Lass diese Energien alles tief durchdringen, damit alles, was du in dieser Situation in Zukunft tust, Liebe ist.

13. **Erschaffe dein Ziel:** Bei diesem letzten Schritt gibst du deine Vision in deinen Fokus, indem du diesen ausdehnst, bis er dich umgibt. Halte deine Vision eine Weile lang dort.

Die Kurzfassung

1. **Die Situation:** Finde eine Situation, die du gerne verändern möchtest. Beschreibe die Situation, mit der du nicht zufrieden bist, im Detail.

2. **Alter Fokus:** Was hast du fokussiert, um diese Situation zu erschaffen? Schreibe alle deine früheren Gedanken, Gefühle und Glaubenssysteme auf, durch die du diese Situation erschaffen hast.

3. **Ideale Situation:** Wie möchtest du die Situation gerne haben? Schreibe dein ideales Ziel im Detail auf.

4. **Neuer Fokus:** Welchen neuen Fokus könntest du wählen, um deine Idealsituation zu erschaffen? Schreibe neue Glaubenssätze auf, die deine Idealsituation erschaffen können.

5. **Widersprechende Projektionen:** Welche Schwierigkeiten siehst du in der gegenwärtigen Situation? Welche Schwierigkeiten siehst du wegen der Menschen, die in diese Situation involviert sind? Schreibe alle Details auf.

6. **Selbsteinsicht:** Was sagen diese widersprechenden Projektionen über dich aus?
Übertrage sie in Ich-Sätze.

7. **Neue Projektionen, die das Selbst unterstützen:** Welche anderen Vorstellungen hättest du lieber von dir selbst? Finde neue Vorstellungen, die das Selbst unterstützen, und beschreibe sie alle im Detail.

8. **Neue Projektionen, die das Ziel unterstützen:** Welche guten Eigenschaften siehst du in deiner Idealsituation? Fokussiere deine neue Zielsituation und schreibe die Eigenschaften auf, die du darin und auch in Menschen siehst, die damit zu tun haben.
Übertrage sie in Ich-Sätze.

9. **Nahrung für die neuen Projektionen:** Wie kannst du in dir diese Eigenschaften fördern? Finde drei Wege, die diese Eigenschaften jetzt fördern. Schreibe alle Einzelheiten auf.
Übertrage diese Eigenschaften in Ich-Sätze.

10. **Ängste überbrücken:** Was befürchtest du, wenn du in deiner Idealsituation leben würdest? Schreibe jegliches Symptom der Angst auf, das du haben könntest. Was kannst du tun, um diese Angst zu überwinden? Welche Schritte kannst du heute unternehmen?
Versetze dich in einen meditativen Bewusstseinszustand und verschmelze mit deiner Seele.

11. **Drücke Einssein aus:** Wie kannst du Einssein finden und es jedem Menschen gegenüber ausdrücken, der mit deiner Vision zu tun hat? Drücke das auf den inneren Ebenen und im äußeren Leben aus.
Versetze dich in einen meditativen Bewusstseinszustand, reise in die Ebene des Einsseins und genieße das Gefühl, dazu zu gehören, genieße den Frieden, der dir aus dem Wissen um Sinn und Zweck erwächst. Finde alle Menschen, die mit deiner Idealsituation zu

tun haben, in der Ebene des Einsseins und feiere deine Zugehörigkeit.

12. **Rufe die Wahrheit:** Rufe die Wahrheit und lasse den Impuls zu lieben in deine Idealsituation und in alle Menschen, die damit zu tun haben, hineinsickern.

13. **Erschaffe dein Ziel:** Dehne deinen Fokus um die Vision deiner Idealsituation herum aus. Energetisiere damit deine Vision.

Meditation

Ein Sinn, eine Liebe, ein Einssein

Entspanne dein Gewahrsein im Innern und öffne dich, um zu empfangen.
Mache es dir zur Gewohnheit, den Tag zu beginnen, indem du dich öffnest, um all die göttlichen Gaben, die er enthält, zu empfangen – damit du im Verlaufe des Tages offen bleibst, um all die schönen Geschenke des Lebens zu empfangen und sich die Persönlichkeit ihnen gegenüber nicht verschließt.

Denn schon jetzt ist da so viel Liebe. Es gibt schon so viele Dinge, die gut funktionieren. Wenn du dich öffnest, um zu empfangen, dann siehst du all die Göttlichkeit, die da ist.
Wenn du dich hingegen verschließt, dann trennst du dich von Liebe und Göttlichkeit.
Je mehr du dich öffnest, desto mehr Geschenke werden dir auf deinem Weg entgegenkommen. Liebesgeschenke, Lichtgeschenke, Bewusstseinsgeschenke.
Das Allerwichtigste ist, dass du dich der Tatsache erinnerst, dass das, was du in anderen siehst, in dir ist; dass das, was du in der Außenwelt siehst, in dir ist.

Wenn du in deinem Alltag mit dem Verhalten oder der äußeren Erscheinung eines anderen Menschen unzufrieden bist, dann schließt du dich von der Liebe aus.
Erkenne dann, dass du in der Außenwelt etwas siehst, was in dir selbst ist.
Öffne dich dann, indem du dich selbst liebst, statt dich darüber zu ärgern, dass du solche Gedanken und Gefühle hast, denn du siehst dabei in dir etwas, das der Liebe bedarf.
Und du öffnest diesen Bereich, damit er Liebe empfangen kann.

Manchmal siehst du die Talente anderer Menschen, und du denkst dir: »Sie sind so begabt – und ich bin es nicht.«
Doch wenn du diese Talente in den anderen siehst, dann sind sie auch in dir.
Und wenn du das erkennst, dann siehst du auch, dass es in dir sogar noch viel mehr Liebenswertes gibt, denn all die schönen, großartigen Dinge, die du in der Außenwelt siehst, sind Projektionen deiner selbst.
Sie erzählen dir von deinen Gaben, deinen Talenten, deinen Qualitäten.

Wir sehen auch oft, wie du auf uns, die geistigen Führer projizierst: »Sie sind so weise, so lichtvoll, so liebevoll.« Wisse, dass dies auch in dir ist.
Sonst würdest du es nicht sehen.

Wenn du erkennst, dass alles, was du in anderen und in der Außenwelt siehst, nur etwas über dich selbst besagt, dann holst du deine Kraft zu dir zurück.
Du erhebst Anspruch auf dich selbst: »Ja, das bin ich.«
Und du lässt sich entwickeln, was immer noch entwickelt werden muss – in Liebe und für Liebe.

Die Dinge, die du in dir als schöne Eigenschaften siehst, nährst du, indem du sie jeden Tag anerkennst.

Wenn du den Schlüssel der Projektion verstehst, wirst du stärker. Er hilft dir, deine großartigen Qualitäten zu pflegen und zu stärken.

Und wenn du deine Schöpfung in die Schicht des Einsseins hinein ausdehnst, erschaffst du ein Leben im Einssein, und alles, was du tust, unterstützt das größere Ganze und jeden anderen Menschen.
Durch deine Reise in das Einssein verbessert sich deine Fähigkeit, für das Einssein zu erschaffen, damit Einssein zu einem Teil deines täglichen Lebens wird und du dich für andere öffnest, statt dich von ihnen zu trennen.
Dein natürlicher Impuls ist, dich als eins zu sehen – eins mit der Schöpfung, eins mit den anderen, eins mit der Liebe.
Wenn du dich als eins siehst, dann gibt es kein Bedürfnis mehr, dich in der Welt oder gegenüber anderen zu beweisen, sondern du tust, was du tust, als Beitrag zur Schöpfung – um für alle eine bessere Welt zu erschaffen.
Du wirst erkennen, dass es kein »Wir-und-Sie« gibt, sondern nur ein »Wir« – dass es nur Zusammengehörigkeit gibt.

Das Arbeiten mit dem Schlüssel der Wahrheit, mit dem Impuls zu lieben, hilft dir, Veränderungen auf liebevolle Art zu vollziehen, denn der Impuls in dir wird sein, noch mehr zu lieben, dich selbst zu lieben, die anderen zu lieben und das Leben auf der Erde zu lieben.

Wenn du deine Seele einlädst und dich für sie öffnest, dann gibt es nichts mehr zu befürchten, denn du erkennst, dass ihr alle eins seid.
Was gibt es da zu fürchten? Nichts.
Angst kann es nur in der Trennung geben – wenn du dich von der Quelle oder von anderen Menschen getrennt empfindest.
Wenn du erkennst, dass ihr alle eins und doch individuelle Projektionen der Quelle seid, alle aus derselben Essenz erschaffen und alle mit dem Grundinstinkt zu lieben versehen, dann erkennst du, dass es nichts zu fürchten gibt.
Du gehörst zum größeren Ganzen, du bist eins mit deiner Seele.
Und das Wissen um die Bestimmung deines Lebens und des Lebens jedes anderen Menschen erfüllt dich mit Frieden.

Jeder Mensch erfährt den Impuls zu lieben, vorwärts in Richtung Einssein zu gehen und ganz zu werden.

Angst entsteht nur in Menschen, die in Trennung und Machtkämpfen leben.
Statt dass du dich darum bemühst, die Menschen zu verändern, die in Machtkämpfen leben, dehnst du deine Liebe aus und schließt sie darin ein.
Und du erkennst, dass ihr alle eins seid: ein Sinn, eine Liebe, Einssein – ihr auf der Erde.

Und wo immer du das Bedürfnis nach Liebe siehst, liebst du.
Wenn deine Seele bei dir ist, dann ist das ganz leicht; es ist für dich die natürlichste Seinsweise.

Dein Fokus unterstützt dich, deine Visionen mit Kraft und Energie zu versehen, so dass sie in diesem Leben und genau jetzt wirklich werden können.

Wenn du als Vorbild lebst und die fünf Schlüssel in deinen Alltag einbeziehst, dann bringst du das alles in die Welt: Einssein, Wahrheit und göttliche Schöpfung.

Du kannst für jeden Menschen ein Seelenleben auf der Erde erschaffen, indem du als Vorbild lebst und diese *Fünf Schlüssel zur Meisterschaft* in dein tägliches Leben einbeziehst.

Wenn du nun dein Gewahrsein sanft zurückbringst, dann frage dich:
»Wie kann ich heute als Vorbild leben?
Wie kann ich Einssein in der Welt ausdrücken?«

Meditation

Sei Integrität

Entspanne dich.

Wir wünschen uns, dass du dich daran erinnerst, dass es in deinem Leben keine Schwierigkeiten gibt. Das Einzige, was rund um eine Situation Schwierigkeiten erschafft, sind deine Gedanken und Gefühle bezüglich dieser Situation.

Wenn du diese Gedanken und Gefühle loslässt, dann kannst du sehen, wie leicht du dich dieser Situation erfreuen kannst und dass sie nicht gegen dich arbeitet, sondern vielmehr ein Geschenk an dich ist.

Denn eines ist gewiss: Das Universum arbeitet für dich. Es unterstützt dich, indem es in alles und jedes, was du fokussierst, noch mehr Energie hineinschickt.

Wenn du also eine Situation als schwierig wahrnimmst oder wenn du traurig oder verstimmt bist, dann findet das nur in dir selbst statt.
Wenn du dies akzeptierst, dann ermächtigst du dich und kannst deine Wahrnehmung von den Ereignissen verändern.
Du kannst Ängste zu Liebe verwandeln, Machtkämpfe zu Frieden, Dichte zu Leichtigkeit.

Die Wirklichkeit ist subjektiv.
Was du wahrnimmst, sagt nur etwas über dich aus.
Nur über dich.
Wenn du beschließt, etwas zu machen, was dich und das Einssein besser unterstützt, dann bist du im Frieden mit deinem Leben und der Situation, die dir das Leben in Zusammenarbeit mit dir gebracht hat.

In diesem Buch fordern wir dich heraus.
Wir fordern dich auf, die Dinge, die in dir sind, an die Oberfläche kommen zu lassen, damit du sie klar sehen kannst.
Wir tun dies als Geschenk an dich, damit du sehen kannst, was in dir ist, und es ändern kannst.
Damit du Dinge ändern kannst, die dich begrenzen, statt dich zu erweitern.

Dies ist unsere Antwort auf deinen Ruf nach mehr Licht und mehr Liebe in deinem Leben.
Auf deinen Ruf nach mehr Erfolg in deinem Leben.
Wann immer dich in unseren Worten etwas verärgert hat, wisse, dass dieser Ärger in deinem Innern ist.
Er kommt zur Oberfläche als Geschenk an dich, damit du loslassen kannst, was dich einschränkt und du dich einem erfolgreichen Leben öffnen kannst.
Du hast das Potenzial für ein Leben voller Erfolg und Liebe.

Wann immer die spirituellen Führer oder deine Seele zu dir sprechen, dann sagt dies etwas über dich selbst aus und nicht über andere.
Denn deine Führer und deine Seele sind Integrität und haben kein Bedürfnis, andere zu verändern. Sie sprechen nur über dich zu dir.

Auch du kannst Integrität sein. Du hast dieses Potenzial.
In dir ist Integrität und sie bewegt sich mit dem Impuls, zu lieben und wahr zu sein.

Meditation

Erinnere dich, wer du bist

Entspanne dich und finde dein Gewahrsein in deinem stillen inneren Raum.
Entspanne dich und öffne dich.

Gewahre nun ein weiches, opalisierendes Licht rund um deine Wirbelsäule. Es ist das Licht jenes Schöpferwesens, mit dem wir schon einmal gearbeitet haben.
Stell dir vor, dass du irgendwie zu diesem weichen, opalisierenden Licht in deiner Wirbelsäule wirst und durch deinen Kanal hinauf zu den göttlichen Wirklichkeitsschichten schwebst.

Du schwebst hinaus in die Göttlichkeit – wo es nichts zu tun gibt.
Sei einfach du selbst, sei, wer du bist, was du bist und wo du bist.
Sei der Grund für dein Sein.

Entspanne dein Gewahrsein in diesen göttlichen Räumen, wo du Liebe, Weisheit, Schönheit, Licht, Frieden, Mitgefühl und Offenheit bist.

Stelle dir dann vor, dass sich dir ein großes Lichtwesen nähert – deine Seele – und sie vereinigt sich mit dir, so dass du zu deiner Seele wirst.

Verfolge nun mit deinem Gewahrsein, wie du dich mit deiner Seele von den göttlichen Seinszuständen aus auch in andere Wirklichkeitsschichten hinein ausdehnst.
Du dehnst dich in das Einssein hinein, in diesen Ort, wo alles eins ist – die Quelle, aus der du hervorgegangen bist.
Einssein.
Du bist immer ein Teil von ihr. Du gehörst immer zu ihr.
Du warst immer schon Teil eines größeren Ganzen.

Du trugst schon immer eine Schwingung, eine Frequenz von jeder Wirklichkeitsschicht und von deinem Erleuchtungsweg in dir.
Du dehnst dein Gewahrsein weiter aus, um alles zu finden, was du bist, und um zu erkennen, dass es stets da ist, wo du auch bist.

Als Seele gehst du weiter in die Wahrheit hinein; du gehst über die Existenz hinaus, dorthin, wo es nur einen Impuls, eine Bewegung gibt. Und du gewahrst die Bewegung der Wahrheit.

Und du dehnst dich hinein in die Quelle von allem, was ist, hinein in den Schöpfer, in das Bild von allem, was ist.
Alles, was ist, ist eine Spiegelung der Quelle und wurde von der Quelle erschaffen.

Du bist eine Spiegelung der Quelle, und gleichzeitig bist du die Quelle.
Du bist deine eigene Schöpfung und ihr Schöpfer.
Du warst immer.
Du bist dies immer gewesen.

Du bist die schöpferische Kraft, die jegliches Bild lebendig machen kann.
Ebenso wie die Quelle kannst du in deinem Leben auf der Erde jedes Bild lebendig machen.
Du bringst Dinge zum Leben – in deinem Leben oder in dem Leben eines anderen Menschen.
Du bietest der Welt den Raum deines Bildes an.

All das bist du.
Davon handeln die *Fünf Schlüssel zur Meisterschaft* – sie erinnern dich an diese Qualitäten, damit du dich in der Wahrheit bewegst, damit du deine Seele bist und als eins lebst, damit du der Schöpfer und die schöpferische Kraft bist – und damit du Leben in allen deinen Bildern erschaffen kannst.

Das hast du in deinem Leben schon immer getan.

Der Unterschied ist allein, dass du nun der Kraft, der Liebe und des Einsseins, des Schöpfers und der schöpferischen Kraft, die du bist, besser gewahr bist.
Mit dieser Erkenntnis über dich selbst verstärkst du deine Kraft hier auf der Erde.
Damit kannst du der Schöpfer sein, der Liebe zur Erde bringt und sie ihr anbietet.

Setze nun die feste Absicht, dass diese Erinnerung permanent, unendlich und ewig ist, damit du dich bei der Rückkehr in deinen Alltag der fünf Schlüssel erinnerst, die überall in der Existenz sind und die du immer gewesen bist.

Und wann immer du bereit bist, lenkst du dein Gewahrsein in dein Leben auf der Erde – und erinnerst dich, wer du bist.

Fragen und Antworten

Der beste Zeitpunkt zum Meditieren

Ist es besser, die Meditationen am Morgen oder am Abend zu machen?

Das kommt auf dich an. Es gibt Menschen, die morgens nicht rasch aufwachen. Darum ist dieser Zeitpunkt für sie zum Meditieren nicht gut. Wir schlagen dir vor, dann mit den Meditationen zu arbeiten, wenn du dich frisch und wach fühlst.
Du kannst sie auch vor dem Einschlafen machen und mit ihnen einschlafen.
Erinnere dich aber, dass es bei diesen fünf Schlüsseln nicht nur um das Meditieren geht, sondern darum, dass sie in deinem täglichen Leben zu einer Aufforderung werden.

Ist die Arbeit mit den Schlüsseln eine Vollzeit-Beschäftigung?

Handelt es sich um ein Vollzeit-Ding? Muss man den ganzen Tag mit den Schlüsseln arbeiten?

Müssen tust du gar nichts. Du hast das Potenzial, es zu tun, falls es dich freut.
Niemand zwingt dich, deine Glaubenssätze zu verändern. Aber du hast die Gelegenheit dazu.
Wir schlagen euch vor, dass ihr euer Verhalten in eurem täglichen Leben beobachtet. Wenn euer Leben nicht so fließt, wie ihr es haben möchtet, dann spielt mit diesen Techniken, damit ihr seht, was ihr ändern könnt.
Macht die Meditationen dann, wenn es euch Freude bereitet.
Die besten Resultate erzielt ihr natürlich, wenn ihr regelmäßig übt. Wenn ihr wollt und es eurem Naturell entspricht, könnt ihr euch für die Übungen, Meditationen und was immer ihr noch macht, einen täglichen Zeitplan aufstellen.
Seid jedoch nicht zu strikt mit euch selbst. Macht es auf jeden Fall auf freudvolle Art und weil ihr es gern macht. So erzielt ihr die besten Resultate.

Mache dir Notizen

Ich habe realisiert, dass mein Vertrauen stärker wurde, als ich mit den fünf Schlüsseln arbeitete. Dort, wo ich lebe, ist die alte Energie jedoch viel stärker, weshalb ich hin und her schwanke. Ich muss viel arbeiten, um das Vertrauen und den Fokus zu halten. Es ist nicht einfach für mich.

Hast du versucht, jeden Tag etwas niederzuschreiben? Mach das. Nimm dir jeden Abend etwa 20 Minuten Zeit und mache dir Notizen von all den guten Dingen in deinem Leben – alles, was klappt und gut funktioniert. Das hilft dir, dass du dich umzuprogrammieren beginnst und dein Gewahrsein mehr und mehr auf das richtest, was gut funktioniert.

Wenn du das täglich tust, wirst du viel Unterstützung erhalten, denn du zeigst dem Universum, was du fokussieren willst. Du wirst darum täglich immer mehr solche Dinge notieren können. Es ist eine kurze, doch sehr wirksame Übung. Vor allem, wenn du dich schwankend fühlst und um dich herum gewisse Dinge geschehen.
Weißt du, die Meditationen, die wir hier gemacht haben, sind sehr tiefgreifend in ihren Wirkungen. Ihr verbindet euch mit viel größerer schöpferischer Kraft.
So wird sich natürlich alles, was du fokussierst, sehr rasch manifestieren. Das zeigt dir, welch starker und großartiger Schöpfer du bist. Es zeigt dir, wie du in dieser Wirklichkeit rasch etwas manifestieren kannst – zum Besseren oder zum Schlechteren.
Du kannst wählen, was du tun willst.
Es ist sinnlos, wenn du dich schlecht fühlst, weil du etwas erschaffen hast, das du nicht willst. Pflege viel lieber die Vorstellung: »Mann, ich bin wirklich ein kraftvoller Schöpfer!«
Schenke dann dem Aufmerksamkeit, was du haben willst und was gut funktioniert.
Du neigst ein bisschen zu diesem Schuld- und Vorwurfs-Muster. Viele deiner Gedanken befassen sich mit diesem Thema. Du könntest das loslassen und erkennen, dass es niemanden zu beschuldigen gibt. Weder dich noch jemand anderen.
Darum höre allmählich auf, solche Gedanken zu nähren. Beginne stattdessen das zu nähren, was du vermehren möchtest.

Es gibt keinen Grund zur Selbstbeschuldigung

Ich beschuldige mich ständig, wenn ich in eine Falle gehe und nicht tue, was ich tun will.

Es gibt niemals einen Grund, dich oder irgendjemand anderen zu beschuldigen.
Es gibt keine Schuld. Die Vorstellung von Schuldhaftigkeit ist lediglich Teil der illusionären Wirklichkeit hier auf der Erde. Niemand außer dir kritisiert dein Verhalten.

Viele von euch hängen dem Glauben an, wonach Gott dort oben sitzt und seine Helfer dazu anhält, eifrig aufzuschreiben, was ihr tut, und ihm dann zu berichten. Etwa: »Schau dir bloß an, was Heinrich dort unten gemacht hat – oh, das ist aber gar nicht gut!« Und: »Schau, schau – Fritzchen hat seinen Teller Spinat aufgegessen! Das ist aber wirklich gut! Ja, und er wäscht sogar seinen Teller selbst ab! Das gibt noch einen Sonderpunkt dazu!«
Ihr glaubt auch, dass ihr nach eurem Tod an die Himmelspforte kommt, wo eine Waage steht, die eure guten und schlechten Taten wägt.
In Wirklichkeit gibt es nichts dergleichen. Solches gibt es nur in den Gedankenformen der Menschheit. Ihr habt diese Gedankenformen derart genährt, dass sich schließlich euer ganzes Leben um das Thema dreht: »Was ist gut, was ist schlecht, was ist richtig, was ist falsch, was darf ich, was darf ich nicht?«
Niemand wird über euch urteilen, denn jeder tut das, was er tut, aus Liebe oder aus einem Bedürfnis nach Liebe. Dies sind die Gründe für jegliches Handeln – Liebe oder das Bedürfnis nach Liebe.
Darauf gibt Gott nur eine Antwort: Liebe.
Der einzige Ort, wo du beurteilt werden kannst, befindet sich also in der Wirklichkeit, die du dir hier in jedem Moment selbst erschaffst.
Aber du kannst etwas anderes wählen. Du kannst die Liebe wählen und dich selbst lieben. Und du kannst verstehen, dass es nichts anderes gibt als die Liebe. Du kannst erkennen, dass stets die Liebe die treibende Kraft ist.
Schreibe abends also über die Liebe; notiere dir, auf wie viele Arten du während dieses Tages Liebe gesehen hast.
Wenn etwas nicht so geklappt hat, wie du es dir wünschtest, dann ist das ein Bereich, der deiner Liebe bedarf.
Es würde dir helfen, wenn du dich der Liebe mehr öffnetest. Oft beklagst du dich nämlich, dass du von der Liebe, die dir deine Umgebung entgegenbringt, gar nichts hörst und siehst.
Du selbst möchtest oft Liebe geben und aussprechen, doch wenn dir jemand seine Liebe zeigt, dann zensierst du das gleich.
Öffne dich also vielmehr und nimm wahr, wie sich diese Liebe in deinem Leben ausdrückt, statt sie wie eine heiße Kartoffel zu behandeln: »Jemand ist lieb zu mir, oh, oh, oh.«

Es ist für andere Menschen in deiner Umgebung nicht immer einfach, dich zu lieben. Tatsächlich gibt es in deiner Umgebung sehr viel Liebe für dich, aber du lässt nicht immer zu, dass sie dich berührt.
Wenn du das änderst, dann wird es gut sein. Dann wird es ruhig und schön sein.

Kapitel 9

Gruppenenergie bringt starke Resultate

Meditationen und Übungen für die Energiearbeit in Gruppen

Die in diesem Buch enthaltenen Anleitungen sind so beschaffen, dass ein Leser oder eine Leserin sie erfolgreich allein durcharbeiten und durch die Anwendung der Informationen, Meditationen und Übungen für sich und die Welt große Veränderungen bewirken kann. Es ist aber durchaus denkbar, dass sich Leser und Anwender dieses Buches in Gruppen zusammenfinden, um gemeinsam damit zu arbeiten. Dem dient nicht nur alles Material der vorangehenden Kapitel, sondern es sind insbesondere auch die nachfolgende Meditationen und Übungen dafür geeignet.

Meditation

Als Quelle eine Vision erschaffen

Stimmt euch vor Beginn der Meditation einige Minuten lang auf die Gegenwart der Höheren Lichtkommandos ein, damit sich die Energien besser aufbauen können.

Entspanne dein Gewahrsein im Innern.
Achte darauf, dass du auch deinen Körper wirklich ganz entspannst und du tief und leicht atmest.

Setze jetzt die starke Absicht, alle deine Energien ins Hier und Jetzt zu bringen.
Jetzt seid ihr alle ganz fest in euren Körpern anwesend.
Während du dich entspannst, lenkst du dein Gewahrsein zu deinem Licht.
Und du nimmst wahr, dass es immer mehr wird.
Nochmals setzt du die starke Absicht, vollkommen im Hier und Jetzt zu sein.

Du gewahrst nun dein Licht und konzentrierst dich ganz besonders auf dein physisches Licht.
Dein physisches Licht verschmilzt nun zu einem flüssigen physischen Licht, und dieses flüssige Licht fließt in deinen Lichtkörper hinein.

Du beginnst zu schweben – so als ob du sanft aufsteigen würdest.
Du bist flüssiges Licht in einem Lichtkörper.
Lass dein Gewahrsein der Erde sanft los und schwebe hinauf, als ob dich eine Kraft mit sanftem Ton zu sich riefe.

Während du den Ruf dieser Kraft vernimmst, beginnt dein Lichtkörper mit diesem Ton mitzuschwingen.
Sowie dein Lichtkörper mit diesem Ton mitzuschwingen beginnt, nimmst du wahr, dass die Energien um dich herum stärker werden – fast elektrisch und gleichzeitig magnetisch.

In der Gegenwart dieser elektrischen und magnetischen Energie, die nun in deinem Lichtkörper ist, beginnt dein flüssiges physisches Licht sein Erscheinungsbild zu verändern.

Von irgendwo über dir erklingt nun ein weiterer sanfter Ton, der dein Gewahrsein ruft und dich zu sich ruft.

Du schwebst in Richtung dieses anderen Tons.
Sowie du dich diesem Ton näherst, beginnt dein Lichtkörper wieder mit ihm mitzuschwingen, und er nimmt dabei eine weitere Energiequalität auf.

Es ist eine gasartige Energie, fast ein dickflüssiges Gas.

Und nochmals verändert dein flüssiges physisches Licht sein Erscheinungsbild.

Nun nimmst du all die anderen Angehörigen dieser Gruppe wahr, die auch an diesem Ort sind und ebenfalls diese Energiequalitäten aufgenommen und ihr physisches Licht in der Gegenwart dieser Energien verändert haben.

Stell dir nun vor, dass ihr alle euch zu einem einzigen Licht vereint.
Ihr verschmelzt euer physisches Licht und das Licht eurer Lichtkörper.

Vereint zu einem einzigen Licht steigt ihr weiter und höher in die Schichten des Einsseins hinein, wo ihr euch als *ein* Wesen, als *ein* Licht im Einssein befindet.
Ihr seid *eine* physische Form.
Und als dieses eine Wesen beginnt ihr sanft, euren Lichtkörper auszudehnen, bis er das Einssein umfasst.

Ihr erlaubt nun eurem Lichtkörper, sich weiter auszudehnen, immer größer und größer, ja riesengroß zu werden.
Er wird zu einem viel, viel größeren Wesen, als ihr es euch überhaupt jemals vorstellen könnt.
Und das Einssein, diese Schicht des Einsseins, wird zu einem kleinen Punkt irgendwo in eurem Lichtkörper.
Er wirkt als Ankerpunkt, der euren Lichtkörper und euer physisches Licht stabilisiert.

Sanft verringert ihr nun wieder eure Größe, bis euer Lichtkörper das Einssein aller Wesen der Existenz umfasst.
Ihr verringert eure Größe weiter, werdet immer kleiner und kleiner und werdet zu einem kleinen Lichtkörper irgendwo im Innern des Einsseins aller Wesen.
Ihr seid ein einziger Lichtpunkt im Einssein aller Wesen.

Als dieses kleine Wesen im Einssein aller Wesen beginnt ihr nun, euren Fokus auszudehnen.
Ihr dehnt euer Zentrum der schöpferischen Kreativität aus.
Als dieses kleine Wesen seid ihr nun im Zentrum eines riesigen Fokusses göttlicher Kreativität.

Als dieses kleine Wesen vergegenwärtigt ihr euch eure Vision, die ideale Situation. Davon erschafft ihr nun ein Bild, das so klar wie nur immer möglich ist.
Was möchtet ihr in eurem Leben gerade jetzt haben?

Gewahrt diese ideale Situation – was und wie immer sie ist – in allen Einzelheiten.
Ihr seid nun von einem riesengroßen Fokus göttlicher Kreativität umgeben und ihr erkennt, dass es weder euer individueller Fokus noch der Fokus einer Gruppe ist, sondern der Fokus der Quelle.

Und ihr, die ihr in seinem Innern seid, seid nun eurer Vision gewahr.
Ihr gewahrt, wie die Quelle euch und eure Vision erkundet und wie ihr die Vision fokussiert.
Sobald euer Bild klar ist, schickt die Quelle ihr Licht in dieses Bild hinein, um euch zu helfen, es im Einssein zu erschaffen.
Im Einssein aller Wesen und für das Einssein aller Wesen.

Ihr gewahrt, wie die Quelle euch und euer Bild erkundet, und ihr gewahrt auch diese enorme Energiewelle, die euer Bild aufnimmt, sobald die Quelle ihr Licht zu ihm hinschickt.

Und ihr seid der Visionen all der anderen Wesen in euch gewahr, die ebenfalls aufleuchten – im Einssein und für das Einssein.
Ihr nehmt wahr, wie klein eure Vision ist und wie leicht sie sich manifestieren wird, wenn ihr im Fokus der Quelle seid.
Darum beginnt ihr, eure Vision zu erweitern.
Wie könnte sie noch größer und weitreichender werden?
Wie könnte sie euch und der Welt noch mehr Licht bringen?
Wie könnte sie die ganze Existenz unterstützen?

Ihr erlaubt eurer Vision, sich noch tausendfach mehr – ja millionenfach und noch mehr auszudehnen.

Ihr erkennt, dass es die Quelle ist, die eure Vision ausdehnt und sie zu einer Vision der Quelle macht.
Als ob die Quelle euch ermutigte, euch auszudehnen und in einem größeren Maßstab zu denken – damit noch mehr Licht und noch mehr Einssein entsteht.
Sowie ihr als dieses kleine Wesen das erkennt, dehnt ihr euch weiter in die Quelle hinein aus.

Von diesem Blickwinkel der Quelle aus erkennt ihr, dass selbst diese enorm ausgedehnte Vision wie ein Nichts ist.
Sie kann ganz leicht erschaffen werden.
Es ist, als ob ihr bloß Licht hineinzublasen brauchtet, um sie mühelos lebendig werden zu lassen.

Als die Quelle beginnt ihr nun, dieses lebendige Bild zu erkunden, und da ihr es erkundet, erhält dieses großartige Bild noch mehr Licht, und es wird noch lebendiger.
Und ihr seid zufrieden.
Ihr seht, dass alles gut und alles möglich ist.
Ihr seht, dass ihr tatsächlich in einer unbegrenzten Wirklichkeit lebt.

Ihr erkennt, dass die Quelle unendlich ist – ohne Anfang und ohne Ende.
Sie ist eine Lichtschöpfung im Jetzt.
Und sowie ihr euch auf der Erde in das Jetzt hineinbegebt, habt ihr Zugang zu all der schöpferischen Kraft der Quelle.

Verringert nun nochmals eure Größe.
Ihr werdet wieder zu dem einen Gruppenwesen im Einssein.

Du begibst dich nun sanft aus dem Einssein hinaus und wirst zu einem individuellen Lichtkörper, worin sich dein individuelles physisches Licht befindet.

Und soeben hast du – ob du dessen gewahr bist oder nicht – für die Existenz eine immense Vision erschaffen.

Du bist zufrieden und steigst nun sanft zur Erde nieder. Du holst dein Zentrum der göttlichen Kreativität in deinen Körper zurück, der seinerseits wieder fest wird.

Du erdest dich und bringst dein Gewahrsein sanft zurück.

Meditation

Wenn sich die Illusion auflöst, bleibt die Freude

Stimmt euch vor Beginn der Meditation einige Minuten lang auf die Gegenwart der Höheren Lichtkommandos ein, damit sich die Energien noch besser aufbauen können.

Richte dein Gewahrsein nach innen und entspanne dich.
Öffne dich und atme tief in den Körper hinein.
Lasse in deinem Körper mehr und mehr Fluss zu – Lebensfluss, Lichtfluss.

Je mehr du davon hereinlässt, desto mehr entspannst du dich.

Stell dir nun vor, dass du dich streust, dass sich dein Körper in immer winzigeren Energieteilchen streut.
Und um jedes Energieteilchen herum ist Licht, ist ein Hologramm.
Stelle dir einfach vor, dass du dich so streust.

Lass deine Energieteilchen in eine sehr sanfte Energie hinausschweben.
Alle hier im Raum streuen sich und werden zu schwebenden Energieteilchen. Und ihr werdet zu einem Universum.

Stell dir vor, dass anstelle der Körper in diesem Raum winzige Energieteilchen in einer wunderschönen Energie umherschweben.
Und jedes Teilchen ist von einem Hologramm umgeben. Jedes dieser Teilchen ist ein Hologramm.

Alle diese Hologramme sind in diesem Universum, das ihr seid, untereinander verbunden.
So schwebt ihr über die physischen Schichten hinaus.

Alle diese Hologramme sind Spiegelbilder der Quelle.
Ihr seid also das Universum mit Millionen und Abermillionen von Spiegelbildern der Quelle.

Nehmt nun wahr, wie diese sehr sanfte Energie irgendwie in euch alle hineinschwebt, in euer gesamtes Universum herabsteigt, wodurch alle Illusionen, alles, was nicht wirklich ist, verschwindet.
Was bleibt, ist Klarheit, Schönheit, Essenz.
Je mehr von dieser Energie in euer Universum herabsteigt, desto mehr Illusionen geben auf.

Wenn sich alle Illusionen aufgelöst haben, bleibt die Freude.
Es ist, als wenn jetzt alle Lichtteilchen, alle diese Hologramme lebendiger und verspielter würden.

Und sie beginnen miteinander zu spielen.
Sie kommen voller Freude zusammen.
Sie berühren sich freudvoll – ein Universum voller Freude.

Beginne nun sanft, deine Lichtteilchen in deine physische Körperform zurückzubringen. Spüre die Freude in deinem Körper.

Und alle Schöpfungen dieser Lichtteilchen sind jetzt freudvoller.

Meditation/Gruppenübung

Berührung durch die Seelenliebe

Stimmt euch vor Beginn der Meditation einige Minuten lang auf die Gegenwart der Höheren Lichtkommandos ein, damit sich die Energien besser aufbauen können.
Macht dann zuerst gemeinsam die Meditation: »Liebe breitet sich auf der Erde aus« aus Kapitel 7.
Nachdem ihr eure Notizen gemacht habt, entspannt ihr euch wieder im Innern.

Spüre nun die schöne Energie der Seelengegenwart im Raum.
Erlaube deiner Seele, noch tiefer in deinen Körper einzutreten.
Und spüre, wie sich deine Liebe ausdehnt, wie du dich öffnest und vollkommen wirst.

Wir bitten dich nun, deine Liebe gegenüber den Menschen in dieser Gruppe einzeln zum Ausdruck zu bringen. Wenn es eine sehr große Gruppe ist, dann mache das gegenüber zehn Menschen.

Verbleibe dabei in deinem ruhigen inneren Raum. Erlaube deiner Seele, durch dich die anderen zu berühren, während du deine Liebe ausdrückst.

Und wenn jemand anderes dir gegenüber seine Liebe ausdrückt, dann bleibst du auch in deinem ruhigen inneren Raum.

Öffne dich, um zu empfangen – ohne Abwehr.

Sei einfach du selbst.
Nehmt euch für diese Übung genügend Zeit.
Erlaubt euch, ruhig zu sein, still zu sein, damit ihr die Gegenwart der Seelenliebe spürt.

Tut das auf ruhige, friedliche Weise.
Gebt euch den Raum, euch anderen mitzuteilen und zu empfangen.

Bewegt euch im Raum umher und findet euch, um euch eure Liebe auszudrücken und sie zu empfangen.

Ruhig, friedlich und offen.

Kapitel 10

Fragen aus dem menschlichen Leben

Es gibt eine breite Palette von Fragen, die Lichtarbeiter immer wieder stellen und die sich nicht direkt mit den *Fünf Schlüsseln zur Meisterschaft* befassen. Die Antworten der Höheren Lichtkommandos enthalten jedoch zumeist wertvolle Anstöße zum Verändern eines Glaubensmusters oder eines Verhaltens. Hier eine Auswahl davon.

Wenn der Partner nicht mitmacht

Was kann ich tun, wenn ich einen Partner habe, der nicht mit mir diesen Weg gehen will?

Verändere dich, verändere dein Verhalten, ohne einen anderen zum Mitmachen zu zwingen. Wir haben gesehen, dass die meisten Partner mitmachen, wenn sie nicht dazu gezwungen werden. Mache deine eigene Sache und verändere dich, dann kommt er mit.
Deine Persönlichkeit mag sich zwar sagen: »Darauf kann ich mich nicht verlassen. Ich muss einen neuen Partner finden.« Das sagt sie vor allem darum, weil sie nicht weiß, ob sich dieser Partner überhaupt jemals verändern wird. Wir hingegen sagen: Verändere dich selbst zuerst, und dann sieh, was wird.

Gibt es ein Schicksal?

Gibt es in meinem Leben so etwas wie Schicksal?

Tatsächlich hat deine Seele so etwas wie einen Lebensplan erstellt. Bevor du zur Erde kamst, schaute sie sich um und sagte: »Okay, dies und das könnte ich tun.«
Deine Seele ist ein unbegrenztes, multidimensionales Lichtwesen und in keinerlei Hinsicht drittdimensional. Die Vorstellung von einem Schicksal hingegen ist sehr drittdimensional.
Die Seele mag zwar sehr wohl ein multidimensionales Schicksal haben, aber dieses kannst du dir in keiner Weise vorstellen. Dennoch möchten wir dir davon ein eingeschränktes Bild vermitteln:
Es gibt etwas, das wir das höchste Potenzial in deinem Leben nennen. Dieses besteht aus dem völligen Verschmelzen deiner Seele mit dir in deinem Körper, so dass sie als vollkommen unbegrenztes Wesen im Physischen leben kann. Als solches kannst du alles meistern, bist vollkommen und durch nichts eingeschränkt. Das ist das höchste Potenzial.
Als dich deine Seele für dieses Leben erschuf, sagte sie: »Ja, ich will das höchste Potenzial.« Und so erschuf sie Millionen von Möglichkeiten, worin sich dieses höchste Potenzial entfalten kann.
Solltest du also manchmal denken: »Oh, ich habe den richtigen Weg verpasst, und nun habe ich keine Chance mehr«, dann ist das unsinnig, denn deine Seele ist unbegrenzt. In Wirklichkeit gibt es noch Millionen anderer Möglichkeiten, mit denen du dein höchstes Potenzial erreichen kannst. Darum ist es gleichgültig, wieviel Unsinn du in deinem Leben gerade produziert haben magst: Du kannst immer noch dein höchstes Potenzial erreichen.
Wenn du dich in einer Lebenssituation festgefahren fühlst, mag deine Persönlichkeit zwar sagen – vor allem, wenn du ein Lichtarbeiter bist: »Ich muss den richtigen Weg finden. Welcher ist das wohl?« Doch schon mit dieser Frage limitierst du dich, denn es gibt keinen »richtigen« Weg. In jeder Situation gibt es, wie gesagt, Millionen von Optionen. Wenn du das wirklich erkennst, dann bist du frei.
Wenn du etwas für missraten hältst, dann sage einfach: »So ein Blödsinn! Jetzt finde ich das höchste Potenzial!« Entspanne dich und warte auf Führung. Sobald du dich inspiriert fühlst, handle.
All die Vorstellungen, wonach man das höchste Potenzial unter vielen Mühen finden muss, gehören dem Bereich der Persönlichkeit an

und schränken dich ein. Das ist die Art, wie sich die Persönlichkeit eine multidimensionale Wirklichkeit vorstellt. Es gibt Lichtarbeiter, die auf »den Richtigen« oder »die Richtige« warten. Sie warten auf ihren Lebenspartner, ihren Seelengefährten, den Einzigen, die Zwillingsflamme und dergleichen. Diese Vorstellungen der Persönlichkeit schränken dich ein, statt dich zu befreien. Befreien kann dich die Erkenntnis, dass es Millionen von Wesen gibt, mit denen du wunderschöne Beziehungen leben kannst – und nicht nur eines. Es ist unsinnig, Zeit zu verschwenden mit dem Warten auf *den* Richtigen oder *die* Richtige. Denn es gibt sie nicht. Du wartest also auf nichts. Wenn du nur den einen »schicksalhaften« Weg oder Partner finden willst, dann beweist du, dass du von der Größe deiner Seele keine Ahnung hast.

Mach die Gefühle deines Kindes nicht zu deinem Problem

Meine Tochter geht nun in den Kindergarten. Später möchte ich sie in die Rudolf Steiner-Schule schicken. Ich möchte sie aber nicht zwingen und euch darum fragen, ob sie sich damit auf der Seelenebene wohl fühlen wird.

Bleibe im Jetzt und fasse ganz einfach den Beschluss, dass du für sie die perfekte Schule finden wirst. Und dann lebe weiterhin im Jetzt. Dieses Kind kann sich noch viele Male verändern und du hast keine Kontrolle darüber, ob es sich wohl fühlt oder nicht. Kinder sind oft emotional und dazu haben sie das Recht. Sie erforschen die Wirklichkeit. Wenn deine Tochter traurig oder irritiert ist, dann mach das nicht zu deinem Problem. Unterstütze sie einfach. Du bist als Mutter nicht dafür zuständig, dass deine Kinder stets glücklich sind. Das könntest du auch nicht schaffen. Gib einfach dein Bestes, um sie zu unterstützen.
Und wisse, dass für dich der richtige nächste Schritt ist, dich zu entspannen.

Zwischen Liebe und Schule besteht kein Widerspruch

Ich bin hin und her gerissen bei der Frage, was für meine elfjährige Tochter wichtig ist und was nicht. Einerseits möchte ich ihr von der Bedeutung der Liebe und des Lichts erzählen, andererseits möchte ich ihr beibringen, wie wichtig die Schule für sie ist. Sie hat in der Schule nämlich schlechte Noten.

Wieso entweder-oder? Wieso nicht beides gleichzeitig? Wieso folgst du nicht deinem Herzen und lehrst sie, dass die Liebe das Wichtigste ist? Wenn sie die Schule mit schlechten Noten abschließt, dann hat das für ihre Zukunft oder ihre Fähigkeit, ein besseres Leben zu leben, keine Bedeutung. Gute oder schlechte Noten sind einfach gute oder schlechte Noten. Wenn sie die Schule verlässt und lieben kann, dann hat sie die besten Chancen für einen großartigen Start ins Leben. Wenn sie wirklich lieben kann, wird sie auch die Schule lieben, was ihre Chance erhöht, gute Noten zu erreichen. Zwischen Liebe und Schule besteht kein Widerspruch.

Wir verstehen nicht, warum du daraus ein Problem machst. Wieso solltest du sie nicht die Liebe lehren? Wieso solltest du das überhaupt in Betracht ziehen? Du lehrst sie, indem du als Vorbild lebst, nicht nur in der Beziehung mit ihr, sondern auch in der Beziehung mit deinem Mann. Du lebst ihr vor, wie ein liebendes Wesen auf der Erde sein kann. Sie braucht dieses Vorbild, deshalb kam sie zu dir.

Wenn die Partnerschaft in der Krise ist

Mein Mann verletzt mich mit vielen kleinen Dingen wie mit Nadelstichen. Er lügt, missbraucht mein Vertrauen, nimmt mich nicht zur Kenntnis, übergeht mich. Dabei möchte ich eine Schulter, an die ich mich anlehnen kann. Ich weiß, dass das dumm ist, aber so fühle ich es.

Du bist die Einzige, die diese Erfahrung ändern kann. Er kann das nicht für dich tun.

Frauen beklagen sich immer wieder über Männer – er beachte sie

nicht, sei hart zu ihnen oder was immer. Die Männer ihrerseits erleben dasselbe oftmals ganz anders. Sie glauben, für ihre Frau und ihre Familie ihr Bestes zu geben und sie haben keine Ahnung, was in ihren Frauen wirklich vor sich geht – bis diese sagen »Mir reicht's, ich habe das zehn, fünfzehn Jahre lang gehabt, und nun will ich nicht mehr.«
Du kannst diese Erfahrung verändern, indem du seine Liebe siehst. Die Liebe wird immer da sein, egal, ob du diese Beziehung fortsetzen willst oder nicht. Denn die Liebe ist.
In ihren Liebesbeziehungen haben die Menschen einen weiteren Bereich geschaffen, wo sie sich selbst wirksam verletzen können. Sie treffen jemanden und sagen zunächst: »Oh, er ist wunderbar! Sein Lächeln. Du solltest das sehen!« Am Anfang sind sie derart offen für die Göttlichkeit. Sie sehen im anderen nur die Vollkommenheit, die Schönheit und das Licht.
Ihr seid aber noch nicht so beschaffen, dass ihr die Göttlichkeit permanent aushalten könnt. Früher oder später geht ihr in die Illusionen zurück: »Dieses blöde Lächeln! Wieso macht er das? Es schaut so idiotisch aus!« und so weiter. Und ihr wendet euch von der Göttlichkeit ab, die stets da ist.
Ihr sagt auch: »Wenn er sich nicht so und so verhält, dann kann ich ihn nicht mehr lieben. Und wenn er lieb zu mir ist und mir Blumen bringt – dann hat er wohl etwas ganz Bestimmtes im Sinn.«
Ihr spielt diese Spiele immer weiter, ohne euch gegenseitig wirklich zu sehen – bis ihr eines Tages genug davon habt: »Ich will diese Beziehung auflösen!«
Und er sagt: »Ich bekomme nur Sex, wenn ich zu Hause anrufe and mit Blumen ankomme – ich könnte es anderswo leichter haben.«
Wenn ihr euch trennt, dann schneiden die meisten von euch die Verbindung zur Liebe durch. Ihr ersetzt sie mit Hass und Ärger: »Dieser Bastard bekommt das Sofa nicht!«
Auf diese Art verletzt ihr euch selbst, denn ihr könnt Liebe niemals trennen. Liebe ist. Wenn ihr versucht, euch davon zu trennen, indem ihr sagt: »Ich kann ihn nicht mehr lieben«, dann ist das Angst: Ihr wendet euch von der Göttlichkeit ab; ihr wendet euch von der Liebe ab.
Wenn ihr eine Beziehung auflöst, dann bedeutet das lediglich, dass

ihr keine Beziehung mehr habt. Aber die Liebe wird weiterhin da sein. Liebe ist. Ihr könnt sie nicht abbrechen. Wenn ihr es versucht, dann verletzt ihr euch.
Bleibt als einziges also die Frage, ob du diese Beziehung fortsetzen willst oder nicht. Zunächst ist es sicher besser, dass du ihn weiterhin liebst – gleichgültig ob du die Beziehung fortsetzen wirst oder nicht. Beginne also zuerst zu lieben und entscheide später, ob du die Beziehung fortsetzen willst oder nicht.
Damit wäret ihr auch ein großartiges Vorbild für eure Kinder, die sehen: »Okay, Mami und Papi leben nicht mehr zusammen, aber sie lieben sich immer noch.« Oder eben: »Sie bleiben zusammen und lieben sich.«

Kinder die nach dem Erwachen schreien

Mein zweijähriger Sohn schreit nach dem Erwachen sehr viel und führt sich wie wild auf. Wir können ihn fast nicht beruhigen. Er weist alles zurück.

Dein Sohn ist in diesen Momenten nicht hier. Es ist nur der Körper, der schreit, weil er das Wesen vermisst. Darum kannst du ihn auch nicht trösten. Du musst das Wesen zuerst zurückholen.
Wahrscheinlich ist es so, dass das Wesen nichts davon weiß, wenn es zurückgekommen ist.
Du kannst nicht viel mehr tun, als dem Körper so gut wie möglich zu helfen, obwohl es für dich sicher schwierig ist, ihn in so großem Leid zu sehen. Vielleicht kannst du dem Körper eine Aromatherapie-Behandlung geben, wenn er schreit. Das erleichtert es dem Wesen, in den Körper zurückzukommen. Wichtig ist, dass du nicht in Panik verfällst, denn du kannst die Situation nicht kontrollieren.
Für ihn da zu sein, ist das absolut Wichtigste, was du tun kannst, selbst wenn dich der Körper wegstößt.
Solcherlei ereignet sich bei etlichen Kindern. Sie gehen während des Schlafs sehr weit weg, weshalb der Körper in Panik gerät und glaubt, er müsse sterben. Es besteht indessen keine Gefahr. Gerate darum

also nicht auch du noch in Panik. Beruhige den Körper und tue, was du kannst, um dem Wesen die Rückkehr zu erleichtern. Mit dem Körper sprechen zu wollen, nützt allerdings nichts, weil sein Wesen dich nicht hören kann.

Wenn ein Kind geschlagen wird

Wenn ein brutaler Vater ein Kind schlägt, zerreißt dann die Silberschnur?

Möglich ist alles, aber es ist nicht häufig. Weißt du, viele Eltern schlagen ihre Kinder, wenn diese unerklärlich viel und lang schreien. Die Eltern sind verzweifelt und in Panik und wissen nicht, was sie tun sollen. Sie haben das Gefühl, völlig die Kontrolle zu verlieren.
Es ist übrigens auch nicht die schlechteste Strategie. Nicht, dass wir sie empfehlen, aber es ist eine natürliche Reaktion. Denn wenn du jemanden schlägst, der im Schockzustand ist, dann kannst du bewirken, dass er zurückkommt. Darum ist es eine natürliche Reaktion, wenngleich keine empfehlenswerte. Doch die meisten Kinder überleben es.
Wir empfehlen ganz klar keine Gewalt und sagen nur, dass wir die Reaktion der Eltern verstehen. Tatsächlich ist es eine Art einprogrammierte Überlebensfunktion, jemanden zu schlagen, wenn er im Schockzustand ist. Ihr macht das fast ohne Nachzudenken.

Klosterleben ist jetzt nicht die Lösung

Man sagt mir immer wieder einmal, ich sei nicht genug geerdet. Wenn ich wirklich bei mir bin, fühle ich mich gut, aber gerade dann sagt man mir: »Du lebst in den Wolken.« Könnt ihr dazu etwas sagen?

Lass es uns so sagen: Du fühlst dich sehr gut, solange du bei dir selbst bist. Du bist zufrieden, du bist im Frieden, und du erlebst die Schönheit der Liebe, die du bist.

Dann gehst du hinaus auf die Straße und triffst jemanden, der etwas, das du tust oder sagst, nicht mag. Und sogleich geschieht etwas mit dir: Glaubenssysteme werden aktiviert, und du versuchst, das, was du bist, in diese Glaubenssysteme einzupassen.
Doch du könntest dich genauso gut weiterhin so wohl fühlen, wenn du draußen mit anderen zusammen bist. Wenn dem nicht so ist, dann darum, weil du das so willst. Du projizierst gewisse Glaubenssysteme, was auch immer diese besagen.
Du kannst diese Glaubenssysteme leben, oder du kannst beschließen, sie nicht mehr zu leben.
Nehmen wir noch ein Beispiel: Es ist einfach, sich Gott nahe zu fühlen, wenn man in ein Kloster geht und den ganzen Tag lang betet, denn da gibt es keine Ablenkungen. Nichts, das deine Glaubenssysteme aktiviert. Dann gehst du hinaus ins normale Volk, wo all diese Glaubenssysteme sind, und dann musst du zwischen dem, was du bist, und den Glaubenssystemen wählen.

Was ist Ego, was ist Persönlichkeit?

Ihr sagt immer wieder einmal, dass das Ego oder die Persönlichkeit losgelassen werden muss. Bedeutet das soviel wie »transformiert«? Und was ist das Ego für euch?

So, wie wir es sehen, ist das Ego der Wille der Persönlichkeit, und die Persönlichkeit ist der Teil von dir, der aus Illusionen besteht – aus all dem also, das nicht wirklich und wahr ist, aber in eurer Dimension als wirklich und wahr erscheint. Dieser Teil muss transformiert, losgelassen oder aufgelöst werden, wie immer man das bezeichnen will. Wenn ihr die Wirklichkeit, die Wahrheit hierher bringt, wird alles zu existieren aufhören, was unwirklich und unwahr ist. Nicht, dass ihr es auflöst, sondern ihr erschafft es einfach nicht mehr, weil ihr erkennt, dass es nie existiert hat. Nur weil ihr daran glaubtet, habt ihr es immer wieder als illusionäre Wirklichkeit erschaffen. Darum kannst du »losgelassen«, »transformiert« oder »aufgelöst« sagen. Die Persönlichkeit wird ganz einfach nicht mehr sein, weil sie nie war.

Mit Programmierungen geboren

Wenn ich aufgrund meiner Muster in einer eingeschränkten Wirklichkeit lebe, dann kommt das also vom Ego?

Wir wollen dir das erklären. Bereite dich darauf vor, die Wahrheit zu hören!

Zunächst wirst du in einem süßen, kleinen Körper auf der Erde geboren. Alle Menschen um dich herum kümmern sich um dich und sagen: »Ist sie nicht süß, die Kleine?«

Dein physischer Körper hat bestimmte angeborene Programmierungen, die schon aus der Zeit stammen, da diese Körpertypen erschaffen wurden. Das ist lange Zeit her.

Diese Programmierungen wurden durch die Generationen hindurch weitergegeben. Es gab höchstens alle paar tausend Jahre einige wenige, jedoch nicht sehr abrupte Veränderungen. Der Menschenkörper benötigt für Umprogrammierungen einige tausend Jahre, im Gegensatz zu Insekten, die sich sehr rasch umprogrammieren.

So also kommt der Körper durch den Geburtskanal zur Welt. Doch du bringst noch mehr mit. Während der Empfängnis kommt die Seele herein und sagt: »Das ist ein wunderbarer Körper. Er verfügt genau über das erforderliche Potenzial für das geplante Leben.« Denn sie hat natürlich bestimmte Vorstellungen davon, was sie in diesem Leben erreichen möchte. Genau im Moment der Empfängnis prägt die Seele den genetischen Code deines Körpers mit dem, was sie erreichen möchte.

Während unterschiedlicher Zeiten, beispielsweise bei der Geburt, befinden sich dann viele schöpferische Energien um deinen Körper herum. Sobald jemand geboren wird, kommen seine Engel, seine spirituellen Führer und Seelengefährten und zudem die Engel und die spirituellen Führer von Mutter, Vater und der Hebamme. (Nebenbei: Ein Seelengefährte ist nicht das, was du jetzt denken magst.)

Wenn du geboren wirst, machst du deine erste Lebenserfahrung hier auf der Erde. In diesem ersten Moment siehst du die vielen schöpferischen Energien um dich herum und fällst einen ersten, sehr wichtigen Lebensentscheid, beispielsweise: »Hurra, ich liebe diese Erde!«

Das geschieht heute allerdings nicht mehr so häufig, seit man das Baby herauszieht, es auf den Hintern schlägt und sagt: »Willkommen auf der Erde.«
Jedenfalls triffst du beim ersten Augenblick auf der Erde deinen ersten Lebensentscheid und dieser legt dein Lebensmuster an. Der Lebensentscheid kann beispielsweise sein: »Oh, hier ist es kalt« oder »Da ist ja keiner, der sich um mich kümmert«, »Es ist schrecklich hier« oder dergleichen. Werden zum Beispiel deine Augen vom grellen Licht der Lampen geblendet, dann wird dein Entscheid entsprechend ausfallen.
Jedenfalls ist es ein sehr schöpferischer Moment. Dieser Entscheid, dieses erste Lebensmuster kann allerdings geändert werden, hab keine Bange.
Dieses also kommt auch mit dir auf die Erde. Zu diesem Zeitpunkt hast du außerdem schon eine Individualität. Du hast zwar noch keine Persönlichkeit, aber du hast den Plan deiner Seele, gewisse Stärken, gewisse Eigenschaften, mit denen du geboren wirst, und einen bestimmten Körpertypus.
Dann beginnt sich die Persönlichkeit zu entwickeln, und zwar aufgrund dessen, was du in deinem Umfeld siehst und hörst – bei deinen Eltern, deinen Betreuern und in der Gesellschaft. Beispielsweise: »Mädchen müssen gut sein und saubere Kleider tragen, und Buben können am Boden umherkriechen« und derlei Dinge. Vielleicht hörst du, dass es an Geld fehlt, dass es schwierig ist: »Wir können es uns nicht leisten.«
So lernst du viele Dinge. Und da du in diese Gesellschaft hineingeboren wurdest, hinterfragst du das alles in der Regel nicht – außer vielleicht, wenn du für drei Stunden in dein Zimmer geschickt wirst. Doch im Wesentlichen nimmst du an, dass all das, was du hörst und siehst, wahr ist. Selbst wenn du diese Dinge nur mit wenigen anderen teilst, glaubst du, dass sie wahr sind. Du glaubst, dass das Leben so ist, dass sich eine Familie so verhalten soll, dass du das und das tun musst, et cetera.
All diese Dinge sind natürlich ganz und gar nicht wahr. Sie sind Illusionen. Weil du sie jedoch glaubst, sind sie in deinem Gewahrsein, in deinem Fokus, und dadurch beginnst du sie zu erschaffen – immer

mehr und mehr davon. Entsprechend siehst du auch immer mehr davon, weshalb du noch fester glaubst, dass sie wahr sind.
Aus diesen Illusionen besteht der allgemeine Konsens deiner Freunde, der Gesellschaft oder was immer. Alles, was du über eure Geschichte lernst, ist nur die Vorstellung von Menschen von der Geschichte. Dahinter steckt keine wirkliche Wahrheit.
In diesem Durcheinander beginnst du deinen Willen zu entwickeln. Da gibt es nun einerseits den göttlichen Willen, der aus viel Liebe, Frieden, Freude und Harmonie besteht. Und es gibt andererseits den Willen der Persönlichkeit: »Diesen Idioten werde ich es zeigen!« oder »Oh, ich Arme!« Dieser Wille der Persönlichkeit ist das, was du dein Ego nennst. Natürlich wird dieses Ego innerhalb all dieser Illusionen groß. Es glaubt an Armut und daran, dass du jemandem etwas wegnimmst, wenn du etwas bekommst.
Wenn du schließlich beginnst, zu deinem wahren Wesen und zu deiner Essenz zu erwachen – zu Liebe, Licht und Bewusstsein –, löst sich diese illusionäre Wirklichkeit immer mehr auf. Du erkennst, dass sie nicht real war.
Doch weil ihr Gewohnheitsmenschen seid, kann es für einige von euch sehr schwierig sein, diese alten Muster loszulassen. Ihr seid vielleicht viel mehr an ein schwieriges Leben statt an ein freudvolles, leichtes Leben gewöhnt. Selbst wenn ihr euch Fülle wünscht, ist es euch dabei nicht wohl. Derart seid ihr an Mangel gewöhnt, und ihr kennt euch damit aus. Obwohl ihr ihn nicht mögt, fühlt ihr euch sicher damit. Selbst wenn ihr absolut alles haben könntet, was ihr wollt, kann euch das ziemlich bedrohlich vorkommen. Das ist der Tanz der Persönlichkeit: »Einen Schritt vorwärts, zwei Schritte zurück.«

Die Seele spricht selten mit Worten

Wenn ihr sagt: »Die Seele spricht zu dir«, was meint ihr damit?

Wenn deine Seele zu dir spricht, dann kann das bedeuten, dass sie dir Energien überträgt, die später als ein Wissen oder eine Erkenntnis an die Oberfläche kommen. Oder dass sie deinen Körper für eine künftige Arbeit vorbereitet und dergleichen. Wenn wir also während der Meditationen sagen: »Deine Seele spricht zu dir«, dann ist es nicht, dass du eine wörtliche Botschaft hörst, meistens jedenfalls nicht. Es ist eine Art der Kommunikation, aber nicht in Worten.

Nur du hast Zugang zu deinem höchsten Potenzial

Während langer Zeit lebte ich in Geldnöten. Dann sagte mir jemand, ich hätte das sehr wahrscheinlich in meinem Vertrag für dieses Leben. Das hörte ich gar nicht gern. Ist es so?

Nein, du kannst alles erschaffen, was du willst.
Der Vertrag betrifft eher gewisse Energien, die du trägst. Nur du allein kennst deren genaue Natur. Du kannst selbstverständlich zu anderen Menschen hingehen, um dich beraten zu lassen, doch wenn es um dein höchstes Potenzial geht, dann hast nur du allein Zugang dazu.

Das Konzept des Karmas war ein Hilfsmittel

Ich hörte euch sagen, dass es kein Karma gibt.

Ja, die Geschichte vom Karma ist lediglich ein Märchen. Als Kind hörtest du gerne Märchen. Nicht, dass das nicht gut ist. Aber Märchen können manchmal auch begrenzend wirken.
Das Konzept des Karmas war ein Hilfsmittel, welches die Menschen dabei unterstützen sollte, vergeben zu lernen, damit sie loslassen, sich erinnern und den nächsten Schritt tun können. Das Konzept vom Karma ist also nicht wirklich wahr, aber es half euch, den nächsten Schritt zu tun.
Diese Existenz gibt es in eurem Zeit/Raum-Bereich schon seit Abermillionen von Jahren, und ihr habt darin natürlich sehr viele Leben und sehr viele Parallelleben gehabt. Keiner verlangt von euch, für etwas zu büßen, das ihr in einem anderen Leben getan habt. So geht das nicht.

Sobald das jemand begreift, kann er eine große, bedeutsame Veränderung bewirken.

Niemand wird für immer bestraft, denn ihr wisst, das Gott Liebe ist, und es gibt nur Liebe. Für jeden gibt es nichts anderes als Liebe.

Bringe die Energien, die du vermisst, hierher

Ich habe das Gefühl, von den Plejaden zu stammen. Ist dies der Grund dafür, dass ich nicht sehr geerdet bin?

Das kann natürlich ein Grund sein. Viele Menschen sind mit verschiedenen Orten verbunden.
Es gibt viele Dinge, mit deren Hilfe du dich erden kannst. Beispielsweise, indem du die Energie, die du von dort vermisst, hierher bringst. Denn du bist für einen bestimmten Zweck hier, und nicht, um zu den Plejaden zu fliehen.

Alzheimer-Patienten entfernen sich

Was geschieht mit Menschen, die die Alzheimer-Krankheit haben?

Sie begeben sich über die Zeit hinaus. Daran ist nichts Falsches. Es kann sehr schön sein.
Sie entfernen sich ein wenig vom Leben, wie es hier war, aber sie haben immer noch einen physischen Körper, und es steht ihnen frei, kein normales Leben zu führen. Die Seele kann beispielsweise dabei sehr viel Energie im physischen Körper verankern, ohne dass sich die Persönlichkeit dagegen wehrt.
Aber ihr wisst auch, was bei der Alzheimer-Krankheit geschieht: Das Gehirn degeneriert. Sie ist darum auch eine Möglichkeit, zuerst zu degenerieren und dann zu sterben.
Diese Menschen bieten den anderen im Übrigen eine gute Möglichkeit, die fünf Schlüssel zu üben. Wer diese Menschen betreut, kann

lernen, sich nicht über den Lauf der Dinge zu ärgern und nichts auf diese Menschen zu projizieren. Sie lernen auch, dass ihre Persönlichkeit nicht alles kontrollieren kann.

Für Behinderungen gibt es viele Gründe

Was geschieht mit Menschen, die physisch und geistig behindert sind?

Das ist eine etwas allgemeine Frage. Es gibt derart viele körperlich und geistig behinderte Menschen, dass es nicht nur einen einzigen Grund für ihr Dasein geben kann, sondern ziemlich viele verschiedene Gründe.
Ganz allgemein kann gesagt werden, dass die Seele ihre guten Gründe hat, einen Körper zu haben, ohne am »normalen« Leben teilnehmen zu müssen.
Nichts besagt, dass euer »normales« Leben besser ist.

Kinder stehen nie im Weg

Ich möchte gerne den Lehrgang über den Lichtkörper absolvieren, habe aber Verpflichtungen im Beruf und daheim mit meinen Kindern. Kann ich diese Ausbildung im Fernstudium machen?

Ja, es gibt dafür auch einen Fernkurs. Ein Seminar gibt dir indessen sehr viel mehr, denn dort gehst du in die Gruppenenergie hinein, wo es dir auf vielerlei Art möglich ist, dich mit verschiedenen Bereichen deines Lebens zu befassen. Fernkurs und Seminar sind also nicht dasselbe.
Bedenke aber auch, dass ein Kind dich nie in deinem höchsten Potenzial behindert. Kinder – gleichgültig, wie viele du hast – stehen dir niemals im Weg in Bezug auf das, wofür du hergekommen bist. Sie sind da, um dich zu unterstützen. Sage also nicht: »Ich kann das nicht tun, weil ich Kinder habe.« Du bürdest damit deinem Kind eine große Last auf. Sage vielmehr zu dir: »Ich habe ein Kind, für das

ich eine Verpflichtung übernommen habe, und dieses Kind braucht Aufmerksamkeit. Ich weiß aber, dass da auch mein Weg ist. Ich weiß zwar noch nicht, wie ich diese beiden miteinander in Einklang bringen kann, doch es wird mir gelingen, weil beides zu meinem höchsten Potenzial gehört.« Nichts, das mit deinem höchsten Weg zu tun hat, steht etwas anderem, das auch zu deinem höchsten Weg gehört, im Weg. Und wenn du einem Kind vorlebst, dass alles möglich ist, dann ist das ein großes Geschenk für das Kind. Kinder werden sehr häufig als Ausrede benutzt.

Du kannst bezüglich des Lehrgangs also tun, was du willst. Wenn du um das bittest, was du willst, dann bekommst du dafür auch die Unterstützung vom Universum. Doch du musst dem Universum genau sagen, was du willst, um die Unterstützung zu bekommen. Wenn du glaubst, dass dir dein Kind im Weg ist, dann ist es das, was du dem Universum sagst und dann wird auch das unterstützt.

Von der Tochter, die Dämonen, Blut und Drogen liebt

Ich habe ein Problem mit meiner 17-jährigen Tochter. Sie mag die göttlichen Vorstellungen nicht, von denen ich ihr erzähle. Sie sagt: » Mama, auf das, was du sagst, pfeife ich.« Es verletzt mich. Wenn ich höre, welche Musik meine Tochter mag, welche Kleider sie trägt, dass sie gerne Blut fließen sieht, Filme über Dämonen und dergleichen... Und sie nimmt Drogen. Soll ich das künftig nicht mehr beachten? Ich habe Angst, dass sie auf den falschen Weg gerät. Sie ist für mich eine große Herausforderung.

Du bist für dich selbst eine große Herausforderung. Wieso hast du mit ihrem Verhalten ein Problem? Dies ist eine viel bessere Frage.

Du weißt jetzt, was du tun musst. Schaue dir an, was deine Tochter macht, und sieh, was es dir sagt. Frage dich, was du projizierst – beispielsweise über deine Angst, auf dem falschen Weg zu sein. Wenn es das ist, dann schaue es dir ernsthaft an und verändere dich selbst und nicht deine Tochter. Das bedeutet nicht, dass du deiner Tochter keine Mutter sein kannst, doch du musst mit ihr vielleicht auf eine andere Art kommunizieren.

Natürlich weist sie alles zurück, was du sagst. Du warst ein sehr kontrollierender Mensch, und jetzt, da sie erwachsen wird und herausfindet, dass sie ein unabhängiger Mensch ist, will sie ihr eigenes Ding machen und ausprobieren. Teenager sind so.
Wenn du sie lieben, akzeptieren und für sie da sein kannst, gleichgültig, welche Lieder sie hört, dann erschaffst du für sie einen Raum, worin sie sich verändern kann – falls sie das will.
Wir sagen nicht, dass du nichts tun sollst. Aber mache es aus Liebe und nicht aufgrund deines Kontrollbedürfnisses. Wenn du aus Liebe handelst, dann ist es etwas anderes. Und schau dir an, warum jemand Drogen nimmt. Versuche es zu verstehen und gib ihr das, wonach sie sucht.
Dafür kann es verschiedene Gründe geben. Sicher benötigt sie Liebe. Aber es kann auch ein Problem der Desorientierung sein. Die Erde ist in ihrer Entwicklung hinter dem ursprünglichen Zeitplan zurück. Darum können sich viele Kinder, die mit großer Offenheit geboren wurden, in der Trennung nicht richtig orientieren. Es fällt ihnen sehr schwer, die Trennung auszuhalten. Sie suchen diese Offenheit, dieses Einssein. Sie suchen die Räume, die sie schon kennen.
Die Frage ist, was *du* in der Beziehung zu deiner Tochter verändern kannst. Schau dir das an und beginne dort mit der Veränderung. Nicht, indem du versuchst, sie zu verändern. Natürlich hast du das Recht, Regeln aufzustellen. Aber entziehe ihr nicht deine Liebe und deine Offenheit ihr gegenüber, weil sie etwas tut, das du nicht magst. Verändere dich. Das ist das Einzige, was du verändern kannst.

Indigo-Kinder haben Orientierungsprobleme

Ich habe viele Bücher über die Indigo-Kinder gelesen. Müssen diese auch durch die Urangst hindurchgehen?

Das größte Problem für diese Kinder ist, dass sie sich in der Trennung nicht orientieren können. Sie haben sehr oft ein erweitertes Bewusstsein, sind sehr oft hellsichtig und haben oft autistische Symptome. Sie können zwischen den verschiedenen Stimuli nicht unterscheiden, denn jenseits der Trennung braucht es diese Unterscheidung nicht. Diesen Kindern geht es viel besser, wenn sie nicht so sehr in der Trennung leben müssen. Wenn du versuchst, sie in die normale Gesellschaft einzupassen, dann klappt das nicht. Und sie brauchen mehr Hilfe, um sich zu orientieren als du. Sie haben große Schwierigkeiten, sich im Körper zu erden. Sie müssen durch diese Angst hindurchgehen, und das hängt nicht von dir und nicht von sonst jemandem ab.

Hilfe für die Indigo-Kinder außerhalb der Schule

Ich habe mehrere Indigo-Enkel. Mein Problem ist, zu sehen, dass es keine Lehrer gibt, die diesen Kindern Spezialunterricht geben können. Mir selbst ist das nicht gestattet. Ich bin keine Lehrerin.

Du könntest das ja außerhalb der Schule tun und dafür einen Weg ebnen. Oder jemanden finden, der damit anfangen könnte. Großmütter dürfen ein bisschen komisch sein. Fokussiere nicht so sehr die Probleme, sondern das, was du erschaffen möchtest. Mache dir ein klares Bild von der Welt, die du haben möchtest, und fange an, diese Dinge darin zu erschaffen.

Es ist sinnlos, wenn Lichtarbeiter umher gehen und sagen: »Oh, das können wir nicht in Ordnung bringen.« Erschaffe einfach, was du brauchst. In diesem Fall ist es die Unterstützung, derer diese Kinder bedürfen.

Es gibt so viele solche Kinder, und sie wissen, dass sie ein Problem haben, auch wenn sie es nicht mit denselben Worten beschreiben können wie du.

Es gibt allerdings auch schon viele Sonderlehrer. Es geht also vorwärts. Fokussiere ganz einfach, was benötigt wird, statt dich zu sorgen.

Liebe die Eltern

Viele Eltern kontaktieren mich wegen ihrer Kinder. Ihre Kinder sind anders, und sie wissen nicht, was sie tun sollen. Ich wurde auch gebeten, vor einem Elternforum zu sprechen, und ich weiß, dass dieses Thema aufkommen wird. Wie soll ich mich verhalten?

Hier, wie so oft, sind es zunächst die Eltern, die sich verändern müssen. Viele Eltern träumen davon, dass ihr Kind zur Universität gehen und was Besonderes werden soll. Dann erkennen sie vielleicht, dass sie ein Problemkind haben, das nicht leicht Freunde gewinnen kann oder sich in der Schule nicht zurechtfindet. Es kommt so weit, dass sich die Eltern ein bisschen schämen, weil sie kein »vollkommenes« Kind zur Welt gebracht haben: »Was werden die Nachbarn, die Eltern oder wer immer sagen?« Es bedarf also zunächst einmal der Akzeptanz der Eltern: »Mein Kind ist anders, und es wird niemals so werden, wie ich es mir vorgestellt hatte.« Sage ihnen das.
Liebe die Eltern. Du weißt, dass sie Unterstützung benötigen, und sie werden sich als Eltern akzeptiert fühlen, selbst wenn sie kein »vollkommenes« Kind haben. Es ist selbstverständlich vollkommen, so wie es ist. Doch sehr wahrscheinlich haben sie das noch nicht so gesehen, und sehen es als ein Problem.

Verändere deine Vorstellung

Ich möchte von zu Hause weggehen, weil mein Zimmer zu klein ist und ich mich in meiner Umgebung eingeengt fühle. Aber wenn es so ist, wie ihr bezüglich Feng Shui sagtet, dann reicht es wohl auch, wenn ich mir dort, wo ich lebe, mit meiner Absicht jenen Raum erschaffe, den ich benötige. Dann müsste ich nicht wegziehen.

Ja, so könnte es sein. Das Entscheidende dabei ist, dass du deinen Raum jetzt als zu klein empfindest, und das hat mit dir zu tun. Es hat damit zu tun, dass du mit deiner Bewegung, mit deinen Visionen in die Welt hinausgehen möchtest – und es nicht wirklich tust, weil du dich als zu klein siehst. Mit diesem Glaubenssystem hast du die Tatsache erschaffen, dass du mit deiner Arbeit nicht richtig aus dir herausgehst. Wenn du das erkennst, kannst du deine Vorstellung von dir selbst verändern. Und nachher kommt je nachdem der Impuls, umzuziehen oder zu bleiben. Aber die Vorstellung von etwas, das zu klein ist, betrifft dich selbst.

Wenn du mit Licht arbeitest, beginnst du zu strahlen

Seit einiger Zeit werde ich häufig gefragt, ob ich schwanger sei. Was erschaffe ich mir damit? Ich erkenne wohl, dass in mir etwas vorgeht. Aber ich habe schon zwei Kinder und möchte nicht noch mehr haben. Sie sehen offenbar, dass etwas in mir wächst. Aber ich denke dann, ich sei vielleicht zu dick.

Ja, sehr richtig. Du bist zu dick. Denn es gibt im Universum ein Gesetz, das vorschreibt, wie dick du sein darfst. – Wichtig ist hier weniger, was die anderen sagen, sondern was in deinem Inneren abläuft, wenn sie es sagen. Wenn einer mit Energien arbeitet, dann wird er oft wirklich schwanger mit Energien und beginnt zu strahlen.

Man kann beispielsweise auch sehen, dass schwangere Frauen eine andere Aura haben als nicht schwangere Frauen, denn sie tragen die Energie des Kindes in sich. In ihnen und um sie herum findet große schöpferische Aktivität statt, weswegen sie strahlen.

Möglicherweise hast du eine ähnliche Ausstrahlung und die Menschen in deiner Umgebung können nicht verstehen, was es ist. Darum denken sie, du seiest schwanger.

Aber schau vor allem, was in dir selbst abläuft. Wenn es dir nicht gefällt, dann ändere es.

Jeder Mensch registriert, was in anderen Menschen energetisch abläuft. Sie sind der Ausstrahlung gewahr, wenngleich nicht bewusst. Wenn du mit dem Licht und auch mit deinem Fokus zu arbeiten beginnst, dann arbeitest du mit den gleichen schöpferischen Kräften wie während der Schwangerschaft.

Hitzegefühle während der Meditation

Gestern und vorgestern wurden meine Füße während der Meditation extrem heiß. Ich öffnete die Chakren, um die Hitze rauszulassen, und ich arbeitete mit Energien von Erzengel Michael. Aber es war so stark, dass ich mich nicht konzentrieren konnte. Was ist das?

Von Zeit zu Zeit treten solche starken physischen Erscheinungen auf, wie etwa große Kälte oder Hitze, Druck oder Herzklopfen, ein plötzlicher starker Schmerz oder dergleichen mehr.
Wir arbeiten mit wirklich sehr kraftvollen Energien. Sehr wahrscheinlich spürst du das, wenn du eine neue Energie hereinbringst oder im Körper ein neues Zentrum öffnest. Und dann ist das zu tun, was du tatest: Bringe besänftigende Energien herein, damit du dich wieder wohler fühlst. Und entspanne dich so gut wie möglich.
Diese Probleme kommen vielleicht ein- oder zweimal vor. Dann verschwinden sie, weil die Energien im Körper besser zu fließen beginnen. Es sind nur vorübergehende Symptome.

Halte Abmachungen ein

Ich habe mein Studium abgebrochen, weil es mir keinen Spaß mehr machte. Manchmal habe ich deswegen ein schlechtes Gewissen. Das stört mich, weil ich gerne etwas anderes tun möchte. Darf ich es vergessen?

Der Einzige, der dir dies sagen kann, bist du selbst. Niemand sonst wird dir sagen, was für dich richtig ist.
Schau dir das Thema aber einmal genauer an. Hast du aufgegeben, weil du ein bisschen dazu neigst, Abmachungen nicht einzuhalten? Wenn ja, dann bearbeite dieses Muster. Du hast diese Fluchttendenz in vielen Bereichen deines Lebens und es würde dir dienen, eine neue Lebensweise zu beginnen, wo du dein Fluchtverhalten fallen lässt und deine Abmachungen einhältst.
Damit sagen wir nichts zur Frage, ob du das Studium wieder aufnehmen sollst oder nicht.

Wieso hungert die halbe Welt?

Kann die Menschheit dafür sorgen, dass es auf der Welt keinen Hunger mehr gibt? Oder gehört es zu einem Entwicklungsprozess, dass die halbe Welt hungert?

Es ist eher ein Ungleichgewicht der Energien, bei dem die reichen Länder eine wichtige Rolle spielen.

Die Länder, die ihr unterentwickelt nennt, haben eines gemeinsam: Sie haben nicht genug Wasser. Könnten sie mit ihrem Wasser Lebensmittel für sich selbst anbauen, dann gäbe es keine Probleme. Doch da ihr alle Kaffee und dergleichen haben wollt, bauen sie für euch Kaffee und andere Produkte an. Und ihr alle wollt möglichst niedrige Preise, weshalb sie an ihren Produkten nur wenig verdienen – so können sie sich auch nicht genug Lebensmittel kaufen. Es liegt also an der Menschheit, das zu korrigieren.

Wir möchten damit nur aufzeigen, dass ihr energetisch nicht gleich viel gebt, wie ihr nehmt. Ihr mögt vielleicht denken: »Dann sollen diese Menschen doch einfach genug Brunnen graben, und dann ist ihr Problem gelöst.« Aber nur weil man ein Loch gräbt, heißt das noch lange nicht, dass es dort auch genug Wasser gibt.

Ein weltweit ausgeglichener Energiefluss ist ein sehr guter Fokus. Gemeint ist, dass ihr der Welt stets gleich viel zurückgebt, wie ihr von ihr bekommt. Denn auf der Erde gibt es für jeden genug Wasser. Und ganz bestimmt gibt es keinen Nahrungsmangel. Aber ihr wollt einen so genannten Markt aufrechterhalten, was eine reine Konstruktion ist.

Obwohl es einen Grund dafür gibt, dass gewisse Menschen in bestimmten Ländern zur Welt kommen, bedeutet das nicht, dass ihr deswegen nicht mitfühlend sein sollt. Ihr alle seid hier, um eine neue Welt zu erschaffen und jedem Menschen dabei zu helfen, in seine Stärke hineinzuwachsen, und ihn mit eurem Mitgefühl zu unterstützen.

Die dritte Sprache ist die Gott-/Göttin-Kommunikation

Ihr habt einmal gesagt, es werde eine dritte Sprache kommen. Ich verstehe das nicht. Hat das mit Telepathie oder Gefühlen zu tun?

Wir sagten, dass Wörter, Gedanken und Gefühle zur illusionären Wirklichkeit gehören. All diese Dinge werden verschwinden, weil ihr die illusionäre Wirklichkeit loslasst. Stattdessen werdet ihr einfach *sein:* Ihr werdet Bewusstsein, Liebe und Licht sein.
Wenn ihr einmal voll bewusst seid, dann wisst ihr alles, was ist. Und wenn ihr etwas ausdrücken wollt, dann tut ihr das, und die anderen verstehen es. Es ist nicht Telepathie oder dergleichen. Ihr seid einfach, was ihr seid. Es wird also nicht »etwas kommen«, wie du sagst. Sondern ihr werdet erkennen, was immer schon war.
Bis ihr soweit seid, geht es für euch darum, dass ihr den Mental- und den Emotionalkörper leert, damit das Sein möglich wird. Gedanken und Gefühle sind gleichsam eine Verschmutzung des Mental- und des Emotionalkörpers. Sie hindern euch am Sein. So lange ihr Gedanken und Gefühle habt, kann das wahre Du nicht da sein, denn euer Mental- und euer Emotionalkörper sind Energiestrukturen, die das wahre Du, das wahre Selbst, im Physischen ermöglichen.
Euer wahres Selbst kann immer häufiger und länger da sein, und ihr werdet euch immer mehr verändern, beispielsweise, indem ihr eure Kommunikationsweise verändert. Je mehr ihr euch in euer Sein hinein bewegt, desto mehr von eurem wahren Selbst kann im Physischen sein. Euer wahres Selbst ist ein immerwährender Ausdruck der Quelle, die sich durch euch im Physischen ausdrückt.
Wenn du dann jemandem etwas sagen willst, dann tust du es, indem du es bist. Wir haben es oft die Gott-/Göttin-Bewegung, die Gott-/Göttin-Kommunikation genannt. Es ist so etwas wie eine Zeichensprache.
Die neue Kommunikationsform geschieht im Augenblick. Die Quelle bringt sich durch dich zum Ausdruck – denn du bist ein göttliches Spiegelbild der Quelle: Das göttliche Spiegelbild von Licht, das göttliche Spiegelbild von Leben, das göttliche Spiegelbild von Liebe, das göttliche Spiegelbild von Bewusstsein.
Viele von euch kommen von Zeit zu Zeit – etwa in der Meditation oder wenn sie mit Energien arbeiten – mit dieser Kommunikationsform in Berührung. Es beginnt sich der Körper beispielsweise plötzlich zu bewegen. Es ist, als ob er mit diesen Bewegungen bestimmte Zeichen machte und so diese Energie ausdrückt.

Wenn Menschen über Probleme sprechen möchten

Ich weiß manchmal nicht, wie ich mich verhalten soll, wenn Menschen mit ihren Problemen zu mir kommen und darüber sprechen.

Am besten hörst du in solchen Situationen zu denken und zu fühlen auf. Sei einfach und handle nach deiner Inspiration.
Auch die spirituellen Führer verhalten sich so. Wenn ein Seminarteilnehmer beispielsweise über etwas spricht, was in seinem Leben »nicht richtig« läuft und ihn verzweifeln lässt, dann tun wir im Wesentlichen nichts. Wir schauen diesen Menschen an und teilen mit ihm unsere Energie. Was immer es ist, es kann sich normalerweise in dieser Gegenwart transformieren.
In diesem Licht, in dieser Schönheit der Gegenwart kann es in seiner Frequenz erhöht werden. Nicht, weil wir etwas tun, sondern weil dieser Mensch mit der Wirklichkeit in Berührung kommt.
So kannst du auch mit deinen Freunden verfahren. Du brauchst nichts anderes zu tun, als zu sein. Sei mit ihnen da, sei für sie da. Dann wirst du vielleicht inspiriert, etwas zu sagen, sie zu berühren oder was immer. Du brauchst nicht herauszufinden, was es bedeutet. Du bleibst in deinem eigenen energetischen Raum und bietest ihn den anderen an, ohne dass du für sie Entscheidungen fällst. Lasse sie frei, sich nach ihren eigenen Vorstellungen zu entscheiden, und unterstütze sie dabei.

Das Gehirn muss Informationen besser verarbeiten können

Ihr betont, dass man von Gedanken und Gefühlen wegkommen soll. Andererseits habt ihr auch schon gesagt, dass die Menschen ihren Intellekt schulen sollten, weil dieser mit dem Herzen zusammenarbeiten müsse. Das Herz allein sei zu weich. Ist das denn kein Widerspruch?

Unter dem Intellekt verstehen wir eher die Fähigkeit des Gehirns, Informationen zu verarbeiten. Es ist damit also eure physische Hardware gemeint. Gedanken hingegen gehören euch nicht. Sie sind einfach Energie, die ihr durch den Mentalkörper fliessen lasst, worauf das Gehirn sie verarbeitet. Die Entwicklung, die wir anstreben, ist die Beruhigung des Mentalkörpers. Der Mentalkörper ist für etwas anderes gedacht, nämlich dafür, dass das höhere Selbst und die Seele über diese Energiestruktur in den Körper eintreten können. Sie sind in einem Zustand des wissenden Seins. Sie wissen in jedem Augenblick, was sie tun müssen, und brauchen weder zu denken noch zu planen. Wenn es keine Gedanken mehr gibt, hat das Gehirn auch nichts mehr zu verarbeiten. Es wird sich jedoch weiter entwickeln und immer mehr seiner Funktionen in Betrieb nehmen. Es wird direkt auf Energie reagieren und immer mehr mit dem neuen Nervensystem arbeiten. Was in eurem Gewahrsein ist, wird es sofort registrieren und ihr werdet es sofort wissen. Somit wird es keine zur Persönlichkeit gehörigen Gedanken und Gefühle mehr geben, also kein: »Das mag ich«, »Das mag ich nicht«, »Das macht mir Angst«, »Das macht mich glücklich«. Ihr seid dann Liebe, Licht und Frieden. Das ist nicht langweilig, sondern ein schöner Seinszustand. Es ist Glückseligkeit.

Die Verbesserung der Gehirnfunktionen kann trainiert werden. Wir sagen immer wieder, dass ihr das Gehirn »dehnen« müsst, damit es seine größere Kapazität entwickeln kann. Ihr könnt beispielsweise mit Mathematik arbeiten, mit komplizierten mathematischen Gleichungen oder mit geometrischen Figuren, die ihr in eine andere Form bringt, oder Schach spielen. Ihr könnt einfach Dinge tun, wo ihr nichts bewerten, sondern lediglich eine Lösung finden müsst. Dabei stimuliert ihr die Kapazität des Gehirns, das diese Dinge registrieren und verstehen muss. Auch das Gehirn braucht wie jeder andere Körperteil einen Stimulus, um gut zu arbeiten.

Häufig gestellte Fragen – eine Checkliste

Im folgenden haben wir Antworten auf Fragen, die uns häufig gestellt werden, als Checkliste zusammengestellt. Diese ist als Tabelle gestaltet, worin wir zunächst die jeweilige Frage aufführen. Darunter sind sodann in der linken Spalte die möglichen Gründe für die geschilderte Erfahrung oder Wahrnehmung durchnummeriert aufgelistet. Auf der rechten Seite geben wir zu jedem Punkt unsere entsprechende Empfehlung.

Ich bin dauernd müde, egal, was ich mache

Mögliche Gründe:	Unsere Empfehlung:
1. Es durchfließt dich mehr Licht, als dein Körper halten kann.	1.a. Hör auf, so viel Licht durch dich hindurchfließen zu lassen. Du bist nicht in einem spirituellen Marathon-Wettkampf. 1.b. Verstärke die Fähigkeit deines Körpers, Energien durch sich hindurchfließen zu lassen. Dehne ihn täglich, um ihn für den Fluss zu öffnen. Nimm mehr Sauerstoff auf und erhöhe die Menge an Sauerstoff, die der Körper aufnehmen kann. Denke daran, dass auch der physische Körper vom göttlichen Geist erschaffen wurde und ebenso große Aufmerksamkeit erfordert wie dein Lichtkörper.
2. Das Licht kann nicht gleichmäßig fließen, weshalb du eine Überladung erlebst.	2. Behandle die Überladung mit einer Methode von Erzengel Michael und stelle den Ausgleich her (siehe auch EEM im Glossar).

3. Du bereitest dich auf einen nächsten Schritt vor, und weil dich das so sehr ermüdet, machst du diesen nächsten Schritt nicht, was dich noch mehr ermüdet.	3. Wenn du den nächsten Schritt tust, werden die Energien ihren Weg finden und nicht mehr an dir auf und ab springen. Mache den nächsten Schritt.
4. Du bist nicht gerne Körper, weshalb sich das Licht nicht in deinem physischen, sondern nur in deinem Lichtkörper erden kann.	4. Hallo!?? Wozu glaubst du hier auf der Erde zu sein und einen Körper zu haben? Ja, richtig: Um hier zu bleiben und eine Veränderung zu bewirken. Beginne mit der Veränderung bei dir und fange an, deinen göttlichen Körper zu lieben. Du kannst die Göttlichkeit des Körpers nur erfahren, wenn du im Körper bist. Willkommen daheim.
5. Du versuchst, an etwas festzuhalten, was früher funktionierte, nun aber nicht mehr funktioniert – beispielsweise an einem Glaubenssystem.	5. Lasse es los.
6. Du versuchst, jemanden/etwas zu kontrollieren, den/das du nicht kontrollieren kannst.	6. Entwickle Vertrauen und ergib dich. Kontrolle funktioniert ohnehin nicht. Kein Wunder, dass du müde bist.
7. Den Wesen der Inneren Erde fehlt es an Energie. Sie können nicht überleben, weil die Menschen einen großen Teil ihrer Energien weggenommen haben – etwa Kristalle, Öl und Metalle. Um überleben und ihre Mission erfüllen zu können, verbinden sie sich darum mit dir und nehmen dir Energie weg. Diese Wesen sind für den Aufstiegsvorgang sehr wichtig. Sie sind für den Energiefluss der Erde verantwortlich.	7. Nimm dir täglich etwas Zeit und channele Energien zu den Wesen der Inneren Erde, statt dass du dich durch diesen Prozess energetisch auszehren lässt.

Wenn das alles nicht hilft, konsultiere einen Hausarzt oder einen Spezialisten.

Mir ist oft schwindlig

Mögliche Gründe:	Unsere Empfehlung:
1. Du erhältst oft starke Energieübertragungen.	1. Bleibe während der Energieübermittlung im Körper – denn das ist ja auch der Ort der Handlung.
2. Du trinkst nicht genug. In dieser Phase der Transformation braucht dein Körper mehr Wasser. Er erzeugt daraus Sauerstoff.	2. Trinke mehr reines Wasser. Füge Sauerstoff-Tropfen hinzu, sofern sich das für dich stimmig anfühlt.
3. Du bist nicht geerdet.	3. Erde dich fest in deinem Körper und verbinde dich tief mit dem Planeten.
4. Du kannst die Energie der Orte, die du während der Meditation besuchst, nicht halten.	4. Verstärke die Fähigkeit deines Körpers, Licht zu halten, indem du ihn dehnst. Dehne auch die Kapazität des Gehirns, indem du mathematische Gleichungen löst. Oder versuche die Antwort auf die Frage zu finden, wo die Universen enden und was jenseits davon ist.
5. Du bist nicht mit dem Planeten verbunden, auf dem du jetzt lebst.	5. Verbinde dich fest mit dem Planeten, auf dem du bist.
6. Du isst nicht genug, weil du dich leichter und mit den spirituellen Reichen besser verbunden fühlst, wenn du wenig isst.	6. Iss genug und kritisiere weder die Nahrung noch deine Gewohnheiten. Bringe die spirituellen Reiche in deinen Körper, statt aus dem Körper raus zu gehen.

Wenn das alles nicht hilft, konsultiere einen Hausarzt oder einen Spezialisten.

Ich habe öfters Schmerzen, beispielsweise Rücken- oder Schulterschmerzen sowie Muskelschmerzen im ganzen Körper

Mögliche Gründe:	Unsere Empfehlung:
1. Ein neues Licht möchte hereinkommen und du versuchst, es draußen zu halten, indem du die Muskeln verspannst.	1. Öffne dich den hereinkommenden Energien. Lasse dich massieren.
2. Dein göttlicher Geist möchte sich stärker mit dir verbinden und du versuchst, ihn draußen zu halten, indem du die Muskeln verspannst.	2. Gleich wie 1.
3. Dein Körper ist noch nicht an das Licht, das ihn jetzt durchfließt, gewöhnt und reagiert, indem er die Muskeln verspannt. Diese Verspannung schmerzt dich.	3. Sprich mit deinem Körper. Sage ihm, was los ist. Bitte ihn, mit dir zusammenzuarbeiten, statt sich zu verspannen. Danke ihm für seine Dienste. Kümmere dich um den Körper. Dehne ihn. Lerne, den Unterschied zwischen verspannten und entspannten Muskeln zu spüren. Entspanne dich, sobald sich der Körper zu verspannen beginnt.
4. Dir fehlen noch einige Strukturen, durch die das Licht fließen kann.	4. Erschaffe die entsprechenden Strukturen. Bitte um Klarheit, falls du nicht weißt, worum es dabei geht.
5. Die Erde ist in Schwierigkeiten, und dein Körper reagiert darauf, weil er mit dem Körper der Erde in Resonanz ist.	5. Frage nach, was du tun kannst, um der Erde die Situation zu erleichtern. Solltest du vielleicht irgendwohin reisen und Energiearbeit machen?
6. Du bist ein fauler Knochen und machst deine Dehn- und Turnübungen nicht regelmäßig.	6. Bringe deine Energien in Fluss, indem du zu einer Lieblingsmusik wild tanzt und dehne dich täglich während einiger Minuten.

7. In deinem Körper möchte sich ein neues Zentrum öffnen. Du hast in dieser Region jedoch ein Trauma aus der Vergangenheit und hältst alle Energien draußen, damit du dich nicht mit deinen unterdrückten Schmerzen konfrontieren musst.	7. Lass dein Trauma los, indem du beschließt, im Jetzt zu leben. Lass die Vergangenheit Vergangenheit sein. Lass den Schmerz an die Oberfläche kommen und liebe jede Minute, die du damit verbringst, ohne ihn jedoch zu fokussieren.
8. In deiner Wohngegend ist sehr viel Elektrizität, die dein kristallines Licht verstärkt, was dich überladen/unausgeglichen macht.	8. Unternimm etwas, um die Elektrizität in deiner Umgebung zu vermindern. Verbringe viel Zeit in der Natur. Schütze dich mit der Kraft deiner Absicht vor elektrischen Einflüssen.
9. Dein Körper ist verschlackt/vergiftet. Du kannst toxische Substanzen entfernen, indem du mit viel Licht arbeitest.	9. Vermindere die Vergiftung/Verschlackung deines Körpers, indem du zum Beispiel das Amalgam auf sanfte Art entfernen lässt. Reinige den Körper mit Fasten. Mach eine Darmreinigungskur. Iss biologische Nahrungsmittel. Trink reines Wasser. Verbringe so viel Zeit wie möglich in einer unverschmutzten Umgebung.

Bedenke auch, eventuell einen Hausarzt oder einen Spezialisten zu konsultieren.

Ich stecke immer noch in meiner Persönlichkeit, obwohl ich mich sehr bemühe, ein Meister zu sein.

Mögliche Gründe:	Unsere Empfehlung:
1. Du möchtest keine Veränderung. Es ist einfacher, so weiterzumachen wie bisher. Du fragst dich: »Ist es überhaupt möglich, ein Meister zu werden?«	1. Entscheide dich: Willst du wirklich ein Meister sein oder nicht? Möchtest du einer sein? Dann sei einer.

2. Du möchtest ein Meister werden, weil du nicht magst, was du jetzt bist.	2. Erst, wenn du liebst, was du bist, bist du ein Meister.
3. Du möchtest ein Meister sein, weil du dann mit dir zufriedener bist.	3. Beginne mit dem, was du bist, zufriedener zu sein. Dann bist du meisterlich.
4. Ein Teil von dir möchte dir etwas sagen.	4. Höre hin.

Ich fühle mich aggressiv und explosiv

Mögliche Gründe:	Unsere Empfehlung:
1. Du hast eine energetische Überladung.	1. Arbeite mit der EEM-Methode, die der Behandlung von Überladung dient.
2. Du hast das prämenstruelle Syndrom.	2. Arbeite mit der EEM-Methode gegen Überladung, dehne den Körper und trinke viel Wasser. Verschaffe dir Spaß. Das prämenstruelle Syndrom ist ein Symptom von zu schwach fließender und unausgeglichener Gott-/Göttin-Energie. Es wird immer mehr verschwinden, je besser du diese Energie auf ausgeglichene Art halten kannst.
3. Eines deiner alten Traumata hat mit den Energien zu tun, mit denen du bei deinem nächsten Schritt arbeiten wirst. Darum möchtest du dich daran hindern, nochmals mit ähnlichen Energien zu arbeiten.	3. Entscheide dich: Möchtest du in der Vergangenheit leben oder im Jetzt? Sei lieb zu dir selbst. Verschaffe dir Spaß und freue dich, statt dich selbst zu ernst zu nehmen. Was würde dir heute am meisten Spaß machen? Tue es!
4. Du ermöglichst dir, deine inneren Programmierungen anzuschauen, damit du sie loslassen kannst.	4. Schaue sie dir einfach an und lasse sie los. Wieso interessierst du dich so sehr für Probleme? Verlege deine Aufmerksamkeit auf die Freude!

Ich beurteile die anderen häufig, obwohl ich eigentlich nicht urteilen möchte

Mögliche Gründe:	Unsere Empfehlung:
1. Wenn du die anderen beurteilst, dann siehst du, was du bist. Was du in anderen siehst, ist ihn dir.	1. Liebe alles, was du bist, und akzeptiere alles, was ist. Lasse fixe Vorstellungen los. Du kannst das, was sie enthalten, nur loslassen, wenn du dich selbst vollkommen liebst und annimmst.

Ich arbeite mit Manifestationstechniken, und doch habe ich nicht genug Geld

Mögliche Gründe:	Unsere Empfehlung:
1. Dein Ziel ist unklar.	1. Setze dir klare Ziele mit klaren Einzelheiten. »Mehr Geld« ist ein unklares Ziel. Wieviel Geld möchtest du denn haben?
2. Du hast ein klares Ziel, kannst aber die Energie dessen, was du manifestierst, nicht halten.	2. Visualisiere dich selbst mit dem, was du dir wünschst. Entspanne dich gleichzeitig und freue dich. Wenn du dich während dieser Visualisierung auch nur ein bisschen verspannst, dann bedeutet das, dass sich ein Teil von dir dem Ziel widersetzt. Sprich mit diesem Teil und zeige ihm deine Liebe.

3. Du hast einschränkende Vorstellungen vom Geld.	3. Geld ist eine neutrale Energie, die in deinem Leben frei fließen kann. Gott hat auch das Geld erschaffen. Deine Projektionen auf das Geld spiegeln bloß deine Vorstellungen von dir als unwürdigem und unspirituellem Wesen. Ändere diese Vorstellungen von dir. Sei liebevoll.
4. Du musst dich verändern, um das gewünschte Geld zu erhalten. Du hast Angst vor der Veränderung.	4. Fließe mit dem Fluss und nimm Veränderungen an. Du erschaffst dir damit Freiheit.
5. Du möchtest das Geld als Ersatz für etwas. Beispielsweise möchtest du das Geld haben, um deinen Wert zu beweisen.	5. Selbstwert kommt von innen. Geld wird dir dabei nichts bringen. Entwickle in dir Selbstwert oder eben das, wovon du glaubst, dass Geld es dir bringen würde.
6. Du kannst das Geld nicht manifestieren, weil du nicht geerdet bist.	6. Erde dich und liebe es, auf der Erde zu sein. Es gibt nichts, worauf du stolz zu sein brauchtest, wenn du ständig dein Körpersystem verlässt. Es zeigt nur, dass du die Energien nicht in deinem Körper halten kannst und es vorziehst, deiner Mission auf der Erde zu entfliehen. Entwickle die Fähigkeit, Energien durch den Körper fließen zu lassen und sie zu halten.
7. Du hast alte Schuldgefühle, die das Geld ablehnen.	7. Lass deine Schuld los. Du hast stets nach bestem Wissen und Können gehandelt. Mach dir jeden Tag ein Geschenk.
8. Du glaubst, Geld sei unwürdig und unspirituell.	8. Wie unter Punkt 3.
9. Geld ist eine Energie. Du kannst Energien nicht fließen lassen und nicht offen sein.	9. Lass deine Angst vor dem Fluss los. Öffne dich und sage ja zum Körper. Kümmere dich um deinen Körper. Dehne ihn, weil du ihn liebst.

Ich bin Heiler/in, Lehrer/in, aber es kommen keine Kunden zu mir

Mögliche Gründe:	Unsere Empfehlung:
1. Du möchtest lieber die Kunden heilen/lehren, statt dich selbst zu verändern.	1. Fange ganz von vorne an! Was möchtest du bei deinen Kunden heilen oder sie lehren? Heile zunächst dich selbst in diesem Bereich und lehre es dich selbst zuerst.
2. Du lehrst nicht das, was allen am meisten Licht bringt. Tätest du das, würdest du dich verändern.	2. Du brauchst dich vor Veränderungen nicht zu fürchten.
3. Du möchtest, dass deine Kunden heilen/lernen, weil dir das ein besseres Selbstwertgefühl verschafft. Solange du dich in Bezug auf dich selbst nicht gut fühlst, ist es kein Wunder, dass keiner zu dir kommen möchte.	3. Sei lieb zu dir selbst und liebe dich, so, wie du bist. Du bist vollkommen. Du musst dich nicht verändern, damit andere dich lieben.
4. Du bist nicht geerdet.	4. »Erde an Unbekannt! Erde an Unbekannt! Bitte kommen!!« Erkenne, dass du selbst auch auf der Erde sein musst, falls du deine Klienten dort treffen willst.
5. Du predigst Wasser und trinkst Wein.	5. Lebe das Vorbild.
6. Du hast Angst vor der Kraft.	6. Liebe es, Kraft zu sein.

Wieso sind die Kirchen und die Massenmedien immer so aggressiv gegenüber den Lichtarbeitern?

Mögliche Gründe:	Unsere Empfehlung:
1. Wieso sind die Lichtarbeiter immer so aggressiv, und warum verurteilen sie die Kirchen und die Massenmedien?	1. Mache den ersten Schritt und höre auf, die Kirchen und die Massenmedien zu verurteilen. Sie sind ebenso göttlich wie du. Erkenne all die guten Dinge, die sie erreichen möchten: Die Kirche möchte einen Ort für spirituelles Leben schaffen, und die Massenmedien möchten Klarheit erzeugen. Wenn ihr sie anerkennt, dann vermögen auch sie euch anzuerkennen.

Ich möchte gerne spiritueller leben/gerne eine aktive Lichtarbeiterin sein.Das kann ich aber nicht, weil mein Ehemann/meine Kinder so..... ist/sind.

Mögliche Gründe:	Unsere Empfehlung:
1. Du kannst kein spirituelleres Leben führen/keine aktivere Lichtarbeiterin sein, weil *du* so ..... bist.	1. Höre damit auf, andere zu beschuldigen, und liebe dich selbst so, wie du bist. Nimm deine eigene Göttlichkeit und die der anderen an. Niemand außer dir selbst hindert dich.
2. Du hast Angst vor der Kraft.	2. Liebe die Kraft. Sei die Meisterin, die du bist.
3. Du hast Angst vor Verantwortung.	3. Liebe Verantwortung. Verstecke dich nicht hinter den anderen. Tritt hervor und werde, was du bist.

Wieso attackieren mich die dunklen Kräfte, und warum hindern sie mich bei der Arbeit?

Mögliche Gründe:	Unsere Empfehlung:
1. Wieso attackierst du die dunklen Kräfte und hinderst sie bei der Arbeit?	1. Du bist hier, um Einssein zu erschaffen. Einssein ist per Definition einschließend. Es gibt kein Sie und Wir. Es gibt nur ein Wir. Schaue, wie die Meister arbeiten. Sie halten das Licht für euch und lieben dich, so wie du bist. Verhalte dich ebenso gegenüber den dunklen Kräften. Sie sind einfach noch mehr in der Trennung als du. Sie suchen dein Licht, um sich darin zu transformieren. Sie wollen dir nicht Energie entziehen. Es ist deine eigene Angst, die dir Energie entzieht. Je stärker das Licht ist, mit dem du arbeitest, desto mehr Transformation ist möglich. Falls du instabil wirst, wenn sich die dunklen Kräfte in deinem Licht transformieren wollen, dann bitte sie, sich zu entfernen, und dann arbeite zuerst mit deiner Angst, statt diese Wesen zu beschuldigen.

Wieso werden die Lichtarbeiter und die Heiler von den Wissenschaftlern und von der medizinischen Forschung ständig abgelehnt und behindert? Die sind so beschränkt und haben keine Ahnung vom göttlichen Geist.

Mögliche Gründe:	Unsere Empfehlung:
1. Wieso werden die Wissenschaftler und die medizinische Forschung von den Lichtarbeitern und Heilern ständig abgelehnt und behindert? Die Lichtarbeiter und die Heiler sind so beschränkt und haben keine Ahnung vom göttlichen Geist.	1. Nun mal ehrlich: Du selbst hast auch keine Ahnung vom göttlichen Geist – noch nicht. Die anderen zu verurteilen, hat überhaupt nichts mit Spiritualität zu tun. Das Urteilen ist nur ein Mittel, um sich selbst zu spiegeln. Mache den ersten Schritt und segne sie für die guten Dinge, die sie erreichen wollen. Es sind dieselben Dinge, die du erreichen willst: Die Wissenschaftler wollen die Wirklichkeit besser verstehen, die medizinische Forschung will Heilbehandlungen finden. Höre auf, mit ihnen zu wetteifern. Fange an, mit ihnen zusammenzuarbeiten. Ihr alle seid aus einem bestimmten Grund hier.

**Ich bin seit vielen Jahren auf dem spirituellen Weg.
Wieso habe ich immer noch so viel zu lernen?**

Mögliche Gründe:	Unsere Empfehlung:
1. Weil du das glaubst. Du hast eine begrenzende Gedankenform angenommen, wonach »Die Erde eine Schule und für den göttlichen Geist ein toller Ort zum Lernen ist.« Solange du das glaubst, wirst du die Erfahrung des Lernens immer wieder erschaffen.	1. Ändere dein Glaubenssystem, sofern du das willst. Du bist hier, um eine Veränderung zu bewirken. Du bist hier, um Einssein zu erschaffen. Und du bist hier, um Freiheit zu erschaffen. Erschaffe das, indem du es bist.

**Ich bin seit mehreren Jahren ein hingebungsvoller Lichtarbeiter,
und doch bin ich immer noch nicht hellsehend.
Was mache ich falsch?**

Mögliche Gründe:	Unsere Empfehlung:
1. Du machst alles richtig, um dich vor Hellsichtigkeit zu schützen: Du verspannst deinen Körper, trägst enge Kleider, du möchtest dich im Licht verstecken, anstatt die Wirklichkeit klarer zu sehen, du möchtest kontrollieren, was du siehst, du möchtest andere mit dem, was du siehst, kontrollieren. Du liebst deinen Körper und dein irdisches Leben nicht. Du lebst in der Vergangenheit oder in der Zukunft; lebe im Jetzt.	1. Willst du wirklich hellsichtig werden? Das bedeutet, alles klar zu sehen – so wie es auf allen Ebenen der Wirklichkeit, einschließlich der irdischen Wirklichkeit ist. Wenn ja, dann entspanne deinen Körper und dich selbst, trage lose sitzende Kleider, damit du offen bleibst und deine Sinne nicht verschließt. Nimm alles so an, wie es ist. Lasse jeden frei sein. Liebe deinen Körper und dein irdisches Leben, lebe im Jetzt.

Ich möchte in einer göttlichen Beziehung leben, aber nicht mit meinem Partner/meiner Partnerin, weil er/sie ... ist

Mögliche Gründe:	Unsere Empfehlung:
1. Du kannst nicht in einer göttlichen Beziehung leben, weil *du* so..... bist.	1. Höre damit auf, andere zu beschuldigen und liebe dich selbst so, wie du bist. Nimm deine eigene Göttlichkeit und die der anderen an. Niemand hindert dich außer dir selbst.
2. Du hast vor göttlichen Energien Angst, weil sie einmal dafür eingesetzt wurden, um die Trennung zu erschaffen, in der sich die Menschheit und der Planet gegenwärtig befinden.	2. Falls du in Einssein und Göttlichkeit leben willst, dann akzeptiere, dass sich das dann verwirklicht, wenn du wieder die göttliche Energie bist, die du warst, bevor die Trennung erschaffen wurde.
3. Du lebst in der Illusion, dass dich ein neuer Partner vor dir selbst retten wird. Du lebst in der gegenwärtigen Beziehung, weil sie mit deinen jetzigen Energien und deinem gegenwärtigen Fokus in Resonanz ist.	3. Verändere zuerst dich selbst, statt andere zu beschuldigen. Wenn du dich änderst, kann deine gegenwärtige Beziehung zu dem werden, was du dir wünschst – oder ein anderer Mensch kommt deiner Wege.

Mein Körper hat eine Krankheit und heilt nicht völlig aus, gleichgültig, was ich unternehme. Vielleicht werde ich sogar sterben.

Mögliche Gründe:	Unsere Empfehlung:
1. Du hast Schuldgefühle wegen deiner Krankheit, weil du glaubst, krank zu sein sei nicht spirituell.	1. Du bist nicht mehr und nicht weniger spirituell, ob du eine Krankheit hast oder nicht. Verurteile dich nicht. Falls andere damit ein Problem haben, ist es deren Problem.

2. Dein Körper ist der Körper der Erde, und du hat einen Vertrag unterschrieben, die Erde zu heilen. Gibt es einen besseren Weg, um das zu tun, als die Erde durch deinen Körper zu heilen?	2. Würdige den großen Dienst, den du leistest. Vielleicht heilst du etwas in der Erde, und weil du das so gut machst, kommen immer noch mehr Gelegenheiten zum Heilen deines Weges – du bist darin ein Spezialist. Wenn du genug davon hast, dann schaue dir deinen Vertrag an und sieh nach, ob du ihn ändern kannst. Oder ist es vielleicht möglich, dass du deine Arbeit auf andere Art machst?
3. Du meinst, »besser« als normale Menschen zu sein, weil du ein Lichtarbeiter bist und dich dem Dienen hingibst. Deshalb meinst du, die Erfahrung des Krankseins nicht zu brauchen.	3. Als Lichtarbeiter bist du weder besser noch schlechter als die anderen. Es ist einfach das, was du bist. Alle begrenzenden Glaubensmuster hemmen den Fluss der Lebenskraft. Lasse also deine Begrenzungen gehen und öffne dich einem täglich immer stärker fließenden Fluss der Lebenskraft.
4. Du glaubst, diese Krankheit zu haben, weil du »schlechter« als die anderen bist und die Krankheit eine Strafe ist.	4. Wie unter Punkt 3.
5. Du glaubst, bei dieser ganzen Erdenerfahrung handle es sich lediglich um eine Strafexpedition.	5. Ändere dein Glaubensmuster. Vielleicht bist du hier, weil du so kraftvoll bist und die Veränderung herbeiführen kannst, die jetzt auf der Erde nötig ist. Du bist ein Geschenk für den Planeten und für die Menschheit, und sie sind ein Geschenk an dich. Vielleicht sind deine spirituellen Führer weniger kraftvoll als du, weshalb sie in den spirituellen Reichen geblieben sind.

6. Du lehnst den Körper und das Verkörpertsein ständig ab.	6. Liebe den Körper. Danke ihm für alles, was er dir beschert: Eine Gelegenheit, um den göttlichen Geist im Physischen auszudrücken. Verstehe, dass der göttliche Geist den Körper aus gutem Grund erschaffen hat. Der Körper erhöht und erweitert die Qualität des spirituellen Lebens. Liebe den Körper und auch das Verkörpertsein. Wenn du den Körper liebst, dann liebst du Gott.
7. Du lehnst die Möglichkeit einer Heilung ab, weil du denkst, du seiest »besser«, wenn du dich durch Heil-energien heilst als mit normaler Medikation.	7. Gott erschuf die Medikamente und die Ärzte, weil das der Menschheit dient. Jetzt hat er dir die Gelegenheit geschickt, zu heilen, was du heilen möchtest – und du lehnst es ab, weil du es nur deinen Vorstellungen gemäss zulassen möchtest. Lasse deine Verhaftungen los und entscheide dich für den einfachsten Weg.
8. Schmerzen zu haben und krank zu sein beschäftigt dich sehr, und du denkst immer häufiger daran, was wiederum dazu führt, dass du davon noch mehr erschaffst.	8. Brich dieses Muster auf und lebe täglich immer mehr. Es lässt sich immer etwas finden, das dein Wohlbefinden verbessern kann.
9. Du glaubst, versagt zu haben, falls deine Krankheit bestehen bleibt und du daran stirbst. Deshalb bist du dem Gesundwerden verhaftet.	9. Spielt es eine Rolle, ob du stirbst oder nicht? Lebe aus dem Vollen, solange du lebst. Das ist das Einzige, was zählt. Nimm alles in vollen Zügen auf. Sei Mitgefühl.

10. Du glaubst, dass deine Kinder es nicht schaffen werden, falls du stirbst, weshalb du um deiner Kinder willen weiterleben solltest.	10. Höre auf, deine Kinder zu kontrollieren. Du kannst nicht ihr Leben leben. Ihre göttlichen Geister sind stark genug, um sie zu führen. Vertraue darauf, dass alles perfekt und jeder stark genug ist. Vielleicht erschaffst du jetzt die Gelegenheit, den Planeten zu verlassen, damit du aufhörst, sie zu kontrollieren
11. Du hast genug von der Erdenerfahrung und kannst dank deiner Krankheit abtreten.	11. Entscheide dich rasch: Hast du genug von allem, oder willst du wahrhaftig bleiben?
12. Vielleicht ist es ganz einfach an der Zeit, dass du gehst. Es gibt im Universum noch andere Dinge zu tun.	12. Wenn dein Gebrauchsdatum abgelaufen ist, dann lass voller Glückseligkeit los und gehe weiter zu einer neuen, aufregenden Aufgabe.

Mein Partner und ich haben beschlossen, in einer göttlichen Beziehung zu leben, doch jetzt können wir uns gegenseitig nicht ausstehen

Mögliche Gründe:	Unsere Empfehlung:
1. Dieser Beschluss half dir, deine Glaubensmuster in Bezug auf dich selbst zu sehen. Und jetzt projizierst du sie auf deinen Partner, während es in Wirklichkeit du selbst bist, die sich nicht ausstehen kann.	1. Liebe dich selbst und alles, was in deinem Inneren ist. Sieh nach, ob es da etwas in Bezug auf göttliche Energien gibt, das du nicht ausstehen kannst, und ändere es.
2. Du wolltest in einer göttlichen Beziehung leben, damit du kein Körper sein musst, weil du deinen Körper nicht ausstehen kannst.	2. Akzeptiere, dass eine göttliche Beziehung durch deinen Körper auf der Erde erfahren werden muss. Liebe es, hier zu sein. Liebe es, Körper zu sein.

Ich möchte mich ändern, aber die spirituellen Führer verstehen nicht, wie schwierig es auf der Erde ist...

Mögliche Gründe:	Unsere Empfehlung:
1. Du spielst Opfer und glaubst, deine geistigen Führer würden dich besser beraten, verstünden sie wirklich, wie schwierig es auf der Erde ist.	1. Deine spirituellen Führer verstehen sehr wohl, wie schwierig es ist, wenn jemand das Opfer spielt. Darum bitten sie dich auch, einfach damit aufzuhören. Geh in deine Kraft, und das Leben wird ganz mühelos funktionieren.
2. Du bist dem Leiden verhaftet und spielst gerne das Opfer.	2. Du kannst so lange Opfer spielen, wie du willst. Wenn du deinen Fokus auf Schwierigkeiten richtest, dann erschaffst du noch mehr davon. Warum also solltest du damit aufhören, wenn es dir doch so gefällt?
3. Du manipulierst die Menschen gern, und jetzt möchtest du, dass deine spirituellen Führer Mitleid mit dir haben, damit sie dich mit Liebe und Mitgefühl umgeben und dir sagen, wie tapfer du bist.	3. Das Manipulieren mag bei deinen Eltern und deinem Partner geklappt haben. Doch weil die spirituellen Führer genau wissen, wie es auf der Erde funktioniert, fallen sie nicht darauf rein. Versuchs mit was anderem!

Seit ich beschlossen habe, Lichtarbeiter zu werden, ist mein ganzes Leben ein Chaos, und nichts funktioniert mehr

Mögliche Gründe:	Unsere Empfehlung:
1. Alles funktioniert so, weil du beschlossen hast, Lichtarbeiter zu sein. Du siehst jetzt die Manifestation dessen, was du in jüngster Zeit fokussiert hast.	1. Verstehe, dass du der Schöpfer dieses Chaos bist. Anerkenne deine Fähigkeit des Manifestierens. Wenn dir nicht gefällt, was du erlebst, dann ändere deinen Fokus.

Ich bin traurig, wenn ich mir das Leben auf der Erde ansehe. Wieso leben die Menschen in so viel Leid?

Mögliche Gründe:	Unsere Empfehlung:
1. Wieso bist du so traurig? Weil du Traurigkeit fokussierst.	1. Verlege deinen Fokus auf die Freude. Erweitere deine Glaubenssätze um die Freude und stelle dich der Herausforderung, jeden Tag mehr Freude zu erzeugen. Freue dich darüber, einen Körper zu haben. Möge dein erster Gedanke nach dem Erwachen Freude sein.
2. Wieso siehst du Leid? Viele Menschen leben in Freude.	2. Lege deinen Fokus auf Dinge, von denen du auf der Erde noch mehr sehen möchtest. So wirst du mehr davon erschaffen. Das ist übrigens auch der Grund deiner Anwesenheit hier.
3. Das Licht wird dich sehend machen. Es dient nicht als Versteck vor irdischen Erfahrungen.	3. Beobachte das Leben auf der Erde von einer neutralen Warte aus und lenke deinen Fokus gleichzeitig auf die Freude. So bewirkst du eine Veränderung.
4. Es stimmt dich traurig, wenn du das irdische Leben siehst, weil dich das an deine Mission hier erinnert – nämlich eine Änderung herbeizuführen. Diese Mission wird offensichtlich noch nicht erfüllt, weshalb du dich schuldig fühlst.	4. Beginne, deine Mission zu leben. Schaue auf das, was du bereits erreicht hast, und nicht auf das, was noch zu tun bleibt. Lass deine Schuld los. Sie interessiert niemanden. Beginne stattdessen, andere mit deiner Freude zu beeinflussen. Und vor allem: Liebe dich selbst so, wie du bist.

5. Wieso stimmt es dich traurig, wenn du das Leid anderer siehst? Das hilft ihnen nicht. Sie haben genug an ihrer eigenen Erfahrung. Wieso solltest du ihrem Leid noch deine Traurigkeit hinzufügen wollen?	5. Entscheide dich stattdessen dafür, Liebe zu sein, und halte die Frequenz der Liebe für die Menschheit. In dieser Liebe kann sich das Leid transformieren. Lass jedem die Freiheit, selbst zu entscheiden, ob und wann er sein Leid transformieren will. Lass deine Kontrolle los.

Kapitel 11

Mach es mit Freude

Epilog

Zum Abschluss möchten wir dich nochmals an das erinnern, was wir schon eingangs angedeutet haben: Die *Fünf Schlüssel zur Meisterschaft* sind lediglich eine Werkzeug-Sammlung. Klammere dich nicht daran, als wären sie *die* Wahrheit, denn das würde dich beschränken.

Diese Werkzeuge können dir helfen, dich von sämtlichen Begrenzungen zu befreien, damit du Du selbst wirst und tun kannst, was immer du willst. Sie sind nicht dazu da, dich zu begrenzen. Du kannst mit diesem Buch lernen, dich selbst, dein Gottselbst immer mehr zu erforschen.

Erforsche deine eigene Göttlichkeit. Erforsche Gott und die Existenz, denn du bist ein Bild von Gott, und jeder andere Mensch ist es auch. Werde zum bewussten Schöpfer, zur bewussten Schöpferin.

Dieses Buch entstand als Antwort auf deine Bitte und dein Bedürfnis nach einer Veränderung deines Lebens. Wir sind sicher, dass in dir schon nach dem ersten Durcharbeiten dieses Buches viele wunderbare Veränderungen stattgefunden haben. Eine nach der anderen haben die Illusionen dein Energiesystem verlassen, denn je mehr du mit dem Wahren in Berührung kommst, desto weniger Illusionen existieren und werden je existiert haben.

Ein letzter Punkt ist uns hier noch wichtig: Wir ermutigen dich, alles mit Freude zu tun.

Geh an deine Arbeit der Selbstveränderung mit Freude heran. Die Veränderung der Persönlichkeit muss nicht schwierig sein. Wenn du dich mit Freude erfüllst, werden auch alle Veränderungen freudvoll sein und leicht vor sich gehen.

Wir wünschen uns, dass es dir immer leichter fallen wird, dich aus

der Distanz zu beobachten und die Dinge nicht so ernst zu nehmen. Wir möchten, dass du immer besser begreifst, dass das Universum für dich und mit dir arbeitet. Das hat es schon immer getan und wird es immer tun.
Mittlerweile wirst du dein Herz auch mehr für neue Begegnungen mit Menschen geöffnet haben und diese Offenheit in deinem Alltag immer besser leben. Künftig wirst du anderen Menschen mit immer weniger Angst, weniger Vorurteilen und Kritik begegnen und schließlich nur noch deine Essenz projizieren – Liebe, Licht und Bewusstsein.
Unser Wunsch ist es, dass wir dich inspirieren konnten, dich in Liebe zu bewegen. Alles wird zu immer mehr Liebe und Einssein, zu mehr Licht und mehr Bewusstsein. Und dein Leben wird zu dem, wonach du dich immer schon gesehnt hast.
Da das Universum für dich und mit dir arbeitet, sendet es dir harmonisch und frei sein schöpferisches Licht und die Hauptimpulse der Schöpfung zu, denen du immer mehr folgen wirst – dem Impuls zu lieben, dem Impuls zur Freude, dem Impuls zum Frieden, dem Impuls, dich mit deiner Seele zu vereinigen und im ewigen Jetzt in die unendliche Schöpfung hinein zu gehen und zur Quelle zurück zu kehren.
Wir wünsche dir, dass deine Erfahrung noch viel großartiger sein wird, als du dir das jetzt überhaupt vorstellen kannst.

Wir danken dir dafür, dass du uns die Gelegenheit zu lieben und zu dienen gegeben hast.

Wie geht es weiter?

Wenn du nun das Buch gelesen hast und dir mehr offene Fragen bleiben, als du vorher gehabt hast, dann ist das ein Zeichen dafür, dass dein Impuls zu erforschen erwacht ist. Die Neugierde und die Freude am Erforschen sind Grundimpulse der gesamten Schöpfung.

Falls du die Themen, die wir in diesem Buch besprochen haben, weiter vertiefen möchtest, dann empfehlen wir dir, mit den CDs zu arbeiten, die wir dafür vorbereitet haben (siehe Informationen weiter hinten). Darauf führen wir dich mit zahlreichen Reisen in tiefe Meditationszustände hinein, in denen du leichten Zugang zu den höheren Energieräumen findest.

Des Weiteren veröffentlichen wir im Jahr 2006 ein Arbeitsbuch, mit dem du deine Arbeit mit den fünf Schlüsseln anhand von praktischen Situationen aus dem Alltag vertiefen kannst.

Wenn du mehr persönliche Führung wünschst, dann ist es sinnvoll, ein Seminar mit Cecilia Sifontes oder einem lizenzierten Lehrer zu besuchen. Auf Seminaren bekommst du besonders viel energetische Unterstützung und kannst direkt Fragen stellen.

Falls du dich inspiriert fühlst, andere Menschen die *Fünf Schlüssel zur Meisterschaft* zu lehren, kannst du dafür eine Lizenz erhalten.
Wir bitten dich, die Tatsache zu respektieren, dass wir nur lizenzierten Lehrern erlauben, dieses Material in Seminarform zu lehren, und nur sie dabei energetisch unterstützen. Die entsprechende Lizenz kannst du durch die Teilnahme an einem fünftägigen Lehrer-Training erwerben, das alljährlich irgendwo in Europa durchgeführt wird.

Für weitergehende Information wende dich bitte an die Organisatorin im deutschsprachigen Raum:
Tel./Fax: +43 662 624 833
E-Mail: mayrhofer.andrea@gmx.at

Die Arbeit mit dem Lichtkörper

Ein möglicher nächster Schritt

Wenn du das schöpferische Potenzial der *Fünf Schlüssel zur Meisterschaft* begriffen und darum mit ihnen zu arbeiten beschlossen hast, wirst du dich sicher auch für wirksame weiterführende Möglichkeiten der Lichtarbeit interessieren. Eine davon ist die bewusste Arbeit mit dem Lichtkörper. Die außerordentlich transformierende Kraft des bewusst aktivierten Lichtkörpers bringt dich auf dem Weg des Meisters um viele Schritte weiter.

Jeder Mensch hat einen Lichtkörper, das heißt eine Lichtstruktur, die seinen Körper dreißig bis fünfzig Meter weit umgibt und mit jeglicher hochfrequenten Energie, jeder göttlichen Energie ausgestattet werden kann. Diese Lichtstruktur ist nicht identisch mit den Energiekörpern, sondern eine Projektion der Quelle. Sie verbindet das höhere Selbst und die Seele des Menschen miteinander.

Auf der Erde werden unterschiedliche Methoden der Arbeit mit dem Lichtkörper gelehrt.
Aus naheliegenden Gründen erwähnen wir an dieser Stelle jene Techniken, welche die Höheren Lichtkommandos in Zusammenarbeit mit Cecilia Sifontes den Menschen offerieren. Sie sind eine schrittweise Einführung in die höheren Fähigkeiten eines Meisters. Wer damit seinen Lichtkörper zu erwecken beginnt, erhält Zugang zu immer mehr und stärkerem schöpferischem Licht und kann sich so zu einem äußerst kraftvollen Schöpfer entwickeln.

In dem mehrteiligen Lehrgang lernen die Studierenden, in ihre Lichtkörper ein kraftvolles Energiemuster einzubauen, das bei ihnen selbst und bei ihrem gesamten Umfeld sehr transformierend wirkt. Deswegen ist es wichtig, dass die Studierenden zu solchen Veränderungen bereit sind. Sie müssen sich selbst gegenüber dazu verpflichtet sein,

Meister zu werden, oder anders gesagt, zu werden, wer sie sind. Nur wer sich dem Licht und sich selbst gegenüber ernsthaft verpflichten will, erhält Zugang zu diesen Energien und Techniken.
Wer zu diesem Schritt bereit ist, spürt das in seinem Herzen. Denn wer schon genügend Licht entwickelt hat, um auf den Überwachungsmonitoren der Höheren Lichtkommandos gut sichtbar zu sein, wird von diesen auf seine Herzqualitäten geprüft, und gegebenenfalls erhält er von ihnen den Impuls, mit diesem Material zu arbeiten.

Im Grundlagenteil dieses Lehrgangs lernen die Studierenden schrittweise eine spezifische Lichtstruktur in ihren Lichtkörper einzubauen. Sie lernen dabei, Liebe zu werden, sich ihres höheren Lebenszwecks und des höheren Sinns der Existenz zu erinnern, ihre persönliche Kraft zu verstärken und heilende Kommunikation zu entwickeln. Sie lernen, Integrität zu leben, göttliches Licht zu sein und ihre Zellen zu aktivieren, damit sie noch mehr göttliche Essenz halten können. Sie entwickeln sich zu einem stabilen Lichtpunkt für die Welt, lernen, ihr höheres Selbst zu werden, ihr Gewahrsein zu stärken, Balance und Flexibilität zu entwickeln, mit dem Planeten und seinen Wesen und Energien zusammenzuarbeiten, Hellsicht zu erlangen, Energien in eine höhere Frequenz zu transformieren, Glückseligkeit zu entwickeln, sich mit den himmlischen Reichen zu verbinden und solares Licht aufzubauen; sie entwickeln zudem ihre Fähigkeit, in höhere Dimensionen zu reisen und vieles andere mehr.

In einigen darauf folgenden Schritten lernen die Studierenden die höheren Fähigkeiten eines Schöpfers kennen und anzuwenden. Dabei werden sie mit Techniken des Erschaffens und Entschaffens vertraut gemacht, das heißt, sie beginnen mit den Elementarkräften zu arbeiten, und sie erfahren, wie physische Materie erschaffen oder aufgelöst werden kann. Ferner lernen sie, ihre Sexualität zu transformieren, Seelenbewusstsein zu werden, und sie erlernen die Technik des Teleportierens.
Um es nochmals zu betonen: Die Energien, mit denen in diesem Lehrgang gearbeitet wird, sind so kraftvoll, dass jeder, der mit ihnen arbeitet, sein Leben und seinen Lebensstil unweigerlich verändert.

Das Wissen um diese Aufstiegstechniken wird seit dem Jahr 1995 von Lichtwesen von Arkturus in Zusammenarbeit mit den Höheren Lichtkommandos und den Aufgestiegenen Meistern an die Schwedin Cecilia Sifontes übermittelt.
Diese arkturischen Aufstiegstechniken haben sich in der Erfahrung der Höheren Lichtkommandos als besonders erfolgreich erwiesen. Die Arkturier haben sich mit diesem Wissen und ihren entsprechenden Fähigkeiten in jahrtausendelanger Arbeit zu galaktischen Lichtkörper- und Aufstiegs-Experten entwickelt und bereits zahlreichen Planeten und deren Bevölkerung zum Aufstieg in höhere Frequenzbereiche verholfen. Diese Techniken werden nun auf den betreffenden Planeten und in vielen Universen angewendet.

Erworben hatten die Arkturier diese Fähigkeiten seinerzeit dadurch, dass sie selbst und Arkturus mit Hilfe dieser Aufstiegstechniken den Übergang von der dritten/vierten Dimension in die fünfte schafften. Sie selbst hatten das entsprechende Wissen von höheren Lichtebenen erhalten, nachdem die so genannten *Älteren* von Arkturus – das sind die spirituell am weitesten entwickelten Arkturier – lange und intensiv mit Gebeten um Hilfe gerufen hatten, weil sich Arkturus in einer schwierigen Lage befand und gerettet werden musste.

Da jetzt die Erde und die Menschheit an der Reihe sind, ihren Aufstieg in die fünfte Dimension zu machen, sind es denn auch die arkturischen Meister unter den Angehörigen der Höheren Lichtkommandos, die beim Verbreiten des Wissens um diese Aufstiegstechniken eine tragende Rolle spielen. Dafür arbeiten sie unter anderem weltweit mit Hilfe von Channels, und sie unterstützen die Erde und die Menschheit – vorläufig noch im Hintergrund – mit Hilfe von diversen Lichtübermittlungstechniken, wobei starke Frequenzmodulatoren und Monitore, auf denen sie die Studierenden laufend überwachen, sie unterstützen.

Dieser Lehrgang wird von Cecilia Sifontes in Seminaren (in englischer Sprache mit Konsekutivübersetzung) und von lizenzierten Lehrern gelehrt. Die ersten beiden Teile des Lehrgangs – der Grundla-

genkurs und der Kurs in erweiterten Techniken – sind auf je drei mehrtägige Seminarblöcke aufgeteilt. Für die Arbeit zwischen den Seminarblöcken und danach erhalten die Studierenden Lehrbücher und Tonbandkassetten oder CDs.
Der Basiskurs kann auch unter Begleitung eines lizenzierten Lehrers als Fernkurs absolviert werden.

Weitere Informationen zu diesem Lehrgang und zu anderen Seminaren finden sich auf der Homepage von Cecilia Sifontes: www.lightflow.info

Detailliertere Auskunft kann dir auch die Organisatorin im deutschsprachigen Raum geben:
Tel./Fax: +43 662 624 833
E-Mail:mayrhofer.andrea@gmx.at

Glossar

Abstieg/Aufstieg

Der Aufstieg bedeutet, dass der Mensch seinen Platz in der unendlichen, ewigen, sich beständig verändernden Schöpfung einnimmt. Auf diesem Weg wird er zu seiner Seele. Wenn er die letzten Reste der Persönlichkeit losgelassen hat, was eine Frequenzerhöhung seines ganzen Energiesystems bewirkt (Aufstieg), können sein höheres Selbst und seine Seele in seinen Körper auf der Erde herabsteigen (Abstieg). Dann ist alles, was er ist, im Körper.
Durch diesen letzten Schritt wird er endlich frei. Mit dem Aufstieg/Abstieg stehen dem Menschen alle Schichten der Wirklichkeit offen. Auch beim Aufstieg des Planeten Erde in die höheren Dimensionen geht es nicht nur darum, dass er in die höheren Wirklichkeitsebenen gelangt, sondern auch um die Verschmelzung der höheren Ebenen in die dritte Dimension hinein. Dabei wird die illusionäre Wirklichkeit in das Paradies verwandelt.

Channeling

Das Channeln ist ein interdimensionales Übermitteln von Energien und Informationen durch einen menschlichen Kanal (Channel). Bis zu einem bestimmten Grad geschieht das bei jedem Menschen auf unbewusste Art.
Auf der Erde gibt es immer mehr Menschen, die bewusst Informationen von höheren Seinsbereichen übermitteln können. Bei allen Channelings ist der Channel das Potenzial und auch die Begrenzung dessen, was gechannelt werden kann. Je nach dem, wie verfeinert der Kanal ist, können unterschiedliche Dinge gechannelt werden. Doch kein Channeling kann die Wahrheit zu hundert Prozent reflektieren. Die meisten gechannelten Botschaften enthalten zu einem Teil die Essenz der Wahrheit und zu einem Teil Illusionen, die aus der Dichte der irdischen Dimension stammen.
Mit dem Channeln verfolgen die spirituellen Führer die Absicht, die Menschen zu ihrem nächsten Schritt auf ihrem Weg zum Licht zu inspirieren. Da dieser Schritt von Mensch zu Mensch verschieden sein kann, benötigen sie auch verschiedene Botschaften. Es ist aber wich-

tig, dass einer nur so lange bei einer bestimmten Botschaft bleibt, als sie ihn zum nächsten Schritt inspiriert. Danach kann es etwas anderes sein, das ihn zum nächsten Schritt inspiriert.

Dimension
Aufgrund ihres Wunsches, sich selbst erforschen zu können, stufte die Quelle ihre Energien schrittweise herab und schuf Existenzbereiche unterschiedlicher Dichte, worin sie sich durch ihre Geschöpfe, die alle Spiegelbilder ihrer selbst sind, erforschen und erfahren kann.

EEM-Methode
EEM steht für Erzengel Michael. Cecilia Sifontes hat von ihm Techniken erhalten, mit denen die Menschen kristalline Energien bewusst durch die Kristall-Energiezentren fließen lassen und sich von schmerzhaften Überladungen befreien können.
Gegenwärtig müssen die physischen Körper der Menschen die immer stärker auf den Planeten einströmenden kristallinen Energien, die Gott-/Göttin-Energien (siehe auch dort), integrieren. Wenn der Energiefluss gestaut wird, kommt es zu physischen Beschwerden. Grund dafür ist die Tatsache, dass bei vielen Menschen die Kristall-Energiezentren noch nicht zeitplangemäß entwickelt sind.
Mehr dazu kann auf der Homepage von Cecilia Sifontes www.lightflow.com nachgelesen werden.

Ego
Das Ego ist der Wille der Persönlichkeit, und die Persönlichkeit ist jener Teil des Menschen, der aus Illusionen besteht – aus all dem also, was nicht wahr ist, aber in der dritten Dimension der Erde wahr erscheint.

Einssein
Seit er auf die Erde kam, hatte das Leben des Menschen letztlich den einen großen Sinn: Einssein zu erschaffen – das Einssein aller Existenzbereiche. Das Einssein beginnt mit dem Einssein der Persönlichkeit mit ihrer Seele, was letztlich die Auflösung aller illusionärer Persönlichkeitsanteile bedingt.

Einheitsfeld
Ein Einheitsfeld ist ein Energiefeld, das zwei oder mehr Menschen/Wesen umgibt. Diese verfügen darin über gewisse gemeinsame Energiestrukturen, so etwa über eine einheitliche Herzstruktur.

Engel
Engel leben in der siebten Dimension, wo es viele geometrische Strukturen gibt. Sie leben jenseits jeglicher physischer Strukturen, können aber physische Formen annehmen.
Aufgabe der Engel ist es, himmlische Harmonie auf den Planeten zu bringen, weshalb sie mit den Menschen arbeiten, um sie für die himmlische Harmonie zu öffnen. Auf der jetzigen Stufe der Menschen erscheinen sie diesen in unterschiedlichen Gestalten, damit sich die Menschen in unterschiedlicher Weise auf sie beziehen, himmlische Qualitäten wahrnehmen und erkennen können.

Energiekörper
Um den physischen Körper herum und mit diesem verbunden hat der Mensch mehrere Energiekörper, so etwa den Mental- und den Emotionalkörper. Sie sind Teil der so genannten Aura. Sie arbeiten mit dem Gehirn zusammen und senden diesem Energieimpulse, die das Gehirn verarbeitet und interpretiert.

Erden-Ebene
Auf der Erden-Ebene existiert der Mensch in einem physischen Körper, worin er sich vor allem als Persönlichkeit erfährt. Die Persönlichkeit ist völlig illusionär und nicht mit der Wahrheit verbunden.

Existenz
Die Existenz umfasst alle unsere Universen und alle Wesen und Lebensformen, die darin existieren.

Geist/Spirit
Der Geist ist die Kraft, welche die Existenz überblickt. Er hält dadurch die holographische Wirklichkeit zusammen.

Gewahrsein/gewahren

Das Gewahrsein ist ein fast physischer Sinn, der alles im Menschen und um ihn herum registriert. Da der Mensch ein viel umfassenderes Wesen ist als bloß das, was er auf der Erde ist, registriert sein Gewahrsein sehr viel mehr als das, was der Mensch mit seinem Gehirn bewusst wahrnimmst. Er gewahrt jedes Geräusch, jeden Geruch, jede Berührung, jeden Geschmack, alle Gedanken und Gefühle, jede Energie um sich herum und alle Energieformen in seinen Energiefeldern.

Götter/Göttinnen

Voll bewusste Wesen, die permanent im göttlichen Seinszustand sind.

Gott-/Göttin-Energien

Für seinen Aufstieg braucht der Planet viele Energien, die helfen, die Wirklichkeit ins Einssein und zur Quelle zurückzuführen. Gegenwärtig strömen immer mehr Energien auf die Erde, die von den Höheren Lichtkommandos als »Gott-/Göttin-Energien« bezeichnet werden. Diesen Name wählten sie, weil diese Energien die Lichtarbeiter und den Planeten dabei unterstützen, sich in ihren göttlichen Seinszu-stand hinein zu entwickeln. Wenn genügend Menschen dauerhaft in diesem Zustand sind, können alle anderen Wesen auf dem Planeten diesen Zustand mit Leichtigkeit erreichen.

Die Gott-/Göttin-Energien sind flüssig-kristallin, fließen durch die Kristallenergiezentren im menschlichen physischen Körper und im Lichtkörper und machen diese Zentren fließend. Diese Zentren sind für den dauerhaften göttlichen Seinszustand nötig.

Göttliche Essenz

Die göttliche Essenz besteht aus den drei Bausteinen Liebe, Licht und Bewusstsein. Dies sind die ersten schöpferischen Teilchen, aus denen alles Leben, die ganze Existenz und alles darin Lebende erschaffen wurde. Auch die Quelle ging daraus hervor.

Als die Trennung erschaffen wurde, fiel dieses Sonnensystem in ein Vakuum, die göttliche Essenz wurde gespalten und die Lebenskraft wurde abgetrennt. Deshalb ist im Vakuum keine Lebenskraft. Die Menschen haben zwar immer noch alle drei Bausteine in sich, doch diese sind nicht mehr miteinander verbunden.

Göttlicher Seinszustand
Die Energien der sechsten Dimension werden als göttlicher Seinszustand bezeichnet. In diesem Zustand transformiert sich das Bewusstsein und alle Gedanken und Gefühle verschwinden. Zurück bleiben Liebe, Frieden, Weisheit und ähnliche Seinszustände. Der Mensch ist dann seine göttliche Essenz – Liebe, Licht und Bewusstsein.

Hellsichtigkeit
Hellsichtigkeit ist ein natürlicher Seinszustand. Sie bedeutet, dass einer alles sieht und alles weiß.
Wer wirklich hellsichtig ist, ist sich der Gedanken und Gefühle eines anderen Menschen bewusst, sieht mit seinem Röntgenblick in alle Schichten des physischen Körpers, sieht die Energiefelder und weiß über das Leben dieses Menschen Bescheid. Er sieht, wer dieser Mensch in allen anderen Seinsschichten ist, ohne dabei zu vergessen, wer dieser Mensch hier und jetzt ist. Er sieht durch die Zeit hindurch und sieht die Kontinuität im Dasein dieses Menschen, sein ganzes holographisches Gefüge und auch alle anderen Seinsschichten.

Höchstes Potenzial
Dein höchstes Potenzial ist die Erleuchtung, das Einssein und die höheren Seinszustände. Das erreicht der Mensch durch sein vollkommenes Verschmelzen mit der Seele im physischen Körper. Damit ist er ein vollkommen unbegrenztes, freies Wesen, das alles meistern kann.

Höheres Selbst
Das höhere Selbst ist eine multidimensionale Lichtmatrix. Es ist ein wunderschönes, weises Wesen, das die holographische Matrix, die höchste Ausdrucksform des menschlichen physischen Körpers in sich trägt. Wenn der Mensch auf der Erde durch das Erwecken seines Lichtkörpers genug Licht aktiviert, dann erzeugt er einen Lichtankerpunkt, mit dessen Hilfe sein höheres Selbst in seinen Lichtkörper

und seinen Körper herabsteigen und ihn vollkommen transformieren kann.

Hologramm
Im Hologramm ist jeder Teil ein Teil des Ganzen und trägt aber auch das Ganze in sich.
Das Hologramm des höheren Selbstes ist eine multidimensionale Lichtstruktur, die den Menschen mit all seinen physischen Manifestationen in der ganzen Existenz einbindet. Das heißt, sie verbindet die individuellen physischen Manifestationen eines Wesens miteinander. Die Menschen sehen es oft so, dass sie je einen Körper auf der Erde, auf Sirius, auf den Plejaden, auf Alpha Centauri und anderswo haben. Tatsächlich hat das Gesamtwesen aber nur einen Körper. Das heißt, dass derselbe physische Körper, den ein Mensch auf der Erde hat, auch an anderen Orten existieren kann. Es ist, als ob man auf das holographische Bild eines Körpers blickt und von einem Blickwinkel aus den Körper des Erdenbewohners und von einem anderen Blickwinkel aus den Körper eines Sirianers sieht.
Wegen der Trennung, in der die Menschen leben, können sie das nicht wirklich begreifen. Sobald die Trennung überwunden ist, wird das Hologramm wieder ganz.

Indigo-Kinder
Diese Kinder mit einer indigoblauen Ausstrahlung in der Aura kommen seit Anfang der 90er-Jahre in großer Zahl zur Erde, um dieser bei ihrem Aufstieg beizustehen. Sie sind sehr offen, weil sie wesentlich weniger einschränkende Programmierungen mitbringen. Darum haben sie oft Orientierungsschwierigkeiten in einer Umgebung, die von vielen Illusionen geprägt ist.

Innere Erde
In der Inneren Erde gibt es viele Arten von Wesen. Sie leben in anderen Frequenzschichten als die Menschen, weshalb sie von diesen nicht gesehen werden können. Unter ihnen befinden sich beispielsweise Wesen, die in ihrer Essenz eher delfin- als menschenähnlich sind. Ihre Aufgabe ist es, um den Planeten herum eine gewisse Energieabschir-

mung zu gewährleisten, welche die Menschen für den Aufstiegsvorgang dringend benötigen.
Dazu sind diese Wesen jedoch gegenwärtig nicht in der Lage. Es fehlt ihnen die nötige Energie. Dies rührt unter anderem daher, dass die Menschen die Erde über Gebühr ausgebeutet haben. So haben sie dem Erdboden Öl, Metall und Mineralien entnommen, was die Wesen der Inneren Erde in große Not brachte, weil sie gewisse Energien aus diesen Substanzen zum Überleben benötigen. Damit sie überleben und ihrer Aufgabe nachkommen können, behelfen sie sich, indem sie sich in gewisse mit Energie arbeitende Menschen einklinken und ihnen Energie abzapfen. Weil sie für dasselbe Ziel arbeiten wie die Menschen, ist das erlaubt.

Integrität
Ein Mensch, der in seiner Integrität lebt, ist wahrhaftig zu sich selbst und zu anderen Menschen. Er ist sich selbst treu und emotional unverhaftet. Er kennt seine Grenzen und die Grenzen der anderen.

Kern
Als Kern wird das Seelenzentrum im Körper bezeichnet. Es befindet sich auf der Höhe des Nabels oder leicht darüber, und zwar im Körperinnern vor der Wirbelsäule.

Körper (physischer Körper)
Der physische Körper ist ein heiliges Werkzeug des göttlichen Geistes und wurde erschaffen, damit sich der göttliche Geist und die Seele im Physischen erfahren können. Er dient also der Weiterentwicklung des spirituellen Bewusstseins. Der Durchlichtungsvorgang, den jetzt die Menschen durchlaufen, dient ebenfalls diesem Ziel.
Der heutige menschliche Körper entstand zur Zeit der Abtrennung. Er wurde so programmiert, dass er in der Abtrennung überleben kann – was den vorherigen Körpern nicht möglich gewesen wäre. Der nicht-transformierte jetzige menschliche Körper ist also noch nicht bereit, den göttlichen Seinszustand permanent zu halten. Es fehlen ihm dafür die nötigen Zentren (siehe Gott-/Göttin-Energien).
Im Gegensatz zur Persönlichkeit, die illusionär ist, ist der Körper sehr

real und ebenso ewig wie die Seele. Der Körper stirbt nie. Wenn der Übergang erfolgt, den die Menschen Tod nennen, verstreut sich der Körper ganz einfach in Energie. Auch wenn die Zusammensetzung, die einst den betreffenden Körper ausmachte, verschwunden ist, sind alle Teilchen, aus denen er bestand, immer noch da. Die physische Energie dieses Menschen existiert somit auf der Erde weiter.

Kristallines Licht
Kristallines Licht ist hochpotente flüssige Energie aus der siebten Dimension. Sie ist gegenwärtig zu kraftvoll für die meisten menschlichen Körper und wird darum mit Hilfe des Kristallkörpers heruntergestuft, damit der physische Körper sie aufnehmen und halten kann. Wer mit kristallinem Licht arbeitet, muss genau wissen, was er tut, weil er sonst Schaden anrichten kann.
Gegenwärtig strömen immer stärkere Wellen kristallinen Lichts zur Erde. Es wirkt außerordentlich transformierend und hilft den Bewohnern bei ihrer Entwicklung (siehe auch Kristallkörper und Gott-/Göttin-Energie.)

Kristallkörper
Der Kristallkörper ist ein siebtdimensionaler Ausdruck des Menschen. Er besteht aus vielen hochentwickelten geometrischen Strukturen, die vom drittdimensionalen Gehirn nicht vollkommen erfasst werden können. Durch ein schrittweises Erwecken von mehr Kristallzentren im physischen Körper und im Lichtkörper verbindet sich der Mensch mit den Energien der siebten Dimension.

Leben
Daseinsform von physischen Organismen und nicht-physischen Seinsformen, deren Merkmal eine Form von Stoffwechsel, Fortpflanzungsvermögen, Vererbung und Veränderbarkeit ist, das heißt, die zu Wachstum, Reaktionsfähigkeit auf Reize, Bewegung und Individualität fähig sind. Voraussetzung für die Aufrechterhaltung von Leben ist ein offenes System mit einem beständigen intra- und interdimensionalen Stoff- und Energieaustausch.

Lichtkörper

Der Lichtkörper ist eine Lichtstruktur, die Körper des Menschen dreißig bis fünfzig Meter weit umgibt. Der Lichtkörper ist nicht dasselbe wie die Energiekörper. Er ist eine Projektion der Quelle und dient als Gefährt, das der Mensch mit jeglicher hochfrequenten Energie, jeder göttlichen Energie ausstatten kann.

Wenn ein Mensch seinen Lichtkörper zu erwecken beginnt, erhält er Zugang zu immer mehr kraftvollem, schöpferischem Licht, und er entwickelt sich zu einem kraftvollen Schöpfer.

Der Lichtkörper ist die Lichtstruktur, die sein höheres Selbst und die Seele miteinander verbindet.

Es gibt verschiedene Methoden, um mit dem Lichtkörper zu arbeiten, doch unabhängig davon, wie mit ihm gearbeitet wird, hat jeder Lichtkörper einen Fokus, in dem sich alle Lichtstrahlen der Energiefelder bündeln und brechen.

Im Lehrgang zur Weiterentwicklung des Lichtkörpers, den die Höheren Lichtkommandos unter Mitarbeit von Cecilia Sifontes entwickelt haben, lernen die Studierenden, ein sehr kraftvolles Energiemuster in ihren Lichtkörper einzubauen, das sich auf den jeweiligen Lichtarbeiter und sein gesamtes Umfeld sehr transformierend auswirkt.

Diesem Energiemuster liegen arkturische Aufstiegstechniken zugrunde, welche die Arkturier seinerzeit selbst für ihren persönlichen und für den Aufstieg des Planeten Arkturus anwendeten. Für Planeten (und deren Bewohner), deren Zeit zum Aufstieg in eine höhere Dimension gekommen ist, wurden diese Techniken in der Folge zu einem hochwirksamen Instrumentarium entwickelt. Eine zentrale Eigenschaft dieser Techniken ist es, Einheit zu erschaffen.

Matrix (Mehrzahl: Matrizen, Matrizes oder Matrices)

Eine Grundsubstanz, welche die Anlage einer Grundstruktur enthält.

Paradies

Wenn unsere dichteste physische Dimension mit den höheren Seinsebenen verschmolzen ist, existiert keine illusionäre Wirklichkeit mehr, sondern nur noch das Paradies, wo alles Liebe, Frieden, Freude, Wahrheit und die anderen göttlichen Seinszustände ist.

Persönlichkeit
Die Persönlichkeit ist jener Teil des Menschen, der aus Illusionen besteht, aus all dem also, das nicht wahr ist, aber in der Dimension der Erde als wahr erscheint. Sie besteht aus der Gesamtheit aller Glaubenssätze und Ängste, die sie während ihres Aufwachsens und auch danach innerhalb ihrer Kultur kennenlernt. Sie ist demnach eine Komposition beschränkter Vorstellungen von der Wirklichkeit.
In seiner Kindheit hat der Mensch diese Glaubenssätze vielleicht zunächst abgelehnt, sie dann aber doch irgendwann akzeptiert.
Früher oder später macht sich jedoch in jedem Menschen eine innere Unruhe bemerkbar: Er verspürt den Impuls, sich von der Persönlichkeit zu befreien, sich zu öffnen und etwas zu suchen, was ihm wahrer erscheint. Wenn er dann allmählich zu seinem höheren Selbst wird, lösen sich seine Persönlichkeits-Aspekte auf und es tritt immer mehr das wahre Selbst hervor.

Quelle
Die Quelle kann als das göttliche Licht definiert werden, das die Existenz, in der wir leben, erschaffen hat, das heißt alle Universen, von denen wir Teil sind.
Die Quelle begann diese Schöpfung, indem sie von sich ein Bild erschuf, so dass sie sich von außen sehen konnte. Während sie dieses Bild anschaute, projizierte sie ihr schöpferisches Licht in das Bild und nach wenigen weiteren Schritten kam Leben in das Bild.
Dies ist die Grundlage der Schöpfung. Auch die Menschen auf der Erde erschaffen auf genau dieselbe Weise. Das heißt, sie sehen ein Bild von sich selbst von außen und schicken dadurch automatisch ihr schöpferisches Licht in dieses Bild. Wenn dieses Bild genug Energie enthält, entsteht in ihm Leben und es manifestiert sich auf der Erde, und zwar entweder im Leben des fraglichen Menschen oder im Leben eines anderen Menschen, der mit diesem Bild in Resonanz ist.

Resonanz
Die Resonanz beruht auf dem Umstand, dass Schwingungen aufeinander einwirken, das heißt, sich gegenseitig beeinflussen. Je ähnlicher die Frequenzen sind, desto stärker ist die Resonanz.

Wenn zum Beispiel immer mehr Menschen in ihrem Energiefeld eine bestimmte Energie verankern, etwa göttlichen Frieden, wird diese Energie auf der Erde immer stärker und entsprechend leichter fällt es den anderen Menschen, diese Energiefrequenz durch Resonanz aufzunehmen.
Im physischen Bereich lässt sich dieser Vorgang auch anhand von Kristallgläsern illustrieren. Wird ein gefülltes Kristallglas mit einem Gegenstand angeschlagen, wodurch ein Klang entsteht, nehmen andere Gläser in der Nähe den Ton auf und beginnen zu klingen.

Schutzmechanismus
Der menschliche Körper und seine Energiekörper wurden nach der Trennung mit einem Abstoßungsmechanismus programmiert, der die Trennung der Persönlichkeit von der Seele sicherstellt. Dadurch sollte verhindert werden, dass die Menschen zu früh, das heißt, bevor der tiefste Punkt der Dichte erreicht wird, wieder Einssein erschaffen und dadurch der ganzen Existenz großen Schaden zufügen.

Seele
Die Seele lässt sich als göttliches Wesen beschreiben, das aus fünf Teilen besteht. Diese sind:
1. Flüssige göttliche Essenz, wie sie in einem Schwarzen Loch auftritt
2. Flüssige göttliche Essenz, wie sie im umgedrehten magnetischen Universum auftritt
3. Essenz der Liebe
4. Licht, das auf sich selbst und alles, das es gewahrt, hin strahlt
5. Die grundlegenden Pulse und Impulse der Schöpfung – nämlich der Impuls zum Erforschen, der Impuls, sich mit Liebe zu bewegen, der Impuls zum Einssein, der Impuls zum Erschaffen und weitere mehr.

Spirituelle Führer
Es gibt eine unendliche Anzahl von spirituellen Führern und sie dienen den Menschen, indem sie sie inspirieren, zu ihrer Göttlichkeit zu erwachen. Wenn der Mensch einmal erwacht ist, geht es, ganz all-

gemein gesagt, darum, dass er zu einem kraftvollen Schöpfer wird, der mit den spirituellen Führern zusammenarbeitet. Der entscheidende Faktor ist, dass er sich erinnert, wer er ist, und sich in die Wahrheit hineinbegibt. Während dieser Entwicklung stehen die Höheren Lichtkommandos dem Menschen liebevoll zur Seite und führen ihn entlang seines Lichtwegs.

Die Höheren Lichtkommandos können dem Menschen aber nur helfen, sich daran zu erinnern, wer er ist. Den Weg gehen muss er selbst. Die spirituellen Führer können das nicht für ihn tun.

Die spirituellen Führer sind auch nicht berechtigt, für die Menschen die Erde zu »reparieren«. Die Menschen selbst sind es, die erwachen und auf der Erde Göttlichkeit erschaffen müssen, indem sie mit den spirituellen Führern zusammenarbeiten.

Spirituelles Wachstum

Früher oder später verspürt jeder Mensch den Impuls, sich von seiner Persönlichkeit zu befreien, sich zu öffnen und etwas zu suchen, das ihm als wahrer erscheint. Damit beginnt das spirituelle Wachstum, dessen Ziel das Verschmelzen mit dem höheren Selbst und der Seele ist.

Während der ersten Zeit kann die Entwicklung auf etwas verwirrende Weise vor sich gehen. Manchmal ist der Mensch mit der Wahrheit verbunden, spürt inneren Frieden und erfährt das Licht seiner Seele und im nächsten Moment kann das mehr oder weniger verschwunden sein und er identifiziert sich wieder mit seiner Persönlichkeit. So geht es hin und her. Während der Meditation erfährt er immer mehr Frieden und Licht, obwohl die Persönlichkeit immer noch bis zu einem gewissen Grad da ist.

Teleportation

Die Fähigkeit des Menschen, den physischen Körper von einem Ort in der Existenz zum anderen zu bewegen, indem er seine Energien auf bestimmte Art zusammenfügt.

Trennung

Die Trennung der Wirklichkeiten, in der sich dieses Sonnensystem befindet, entstand bei der Erforschung unterschiedlicher Lichtarten.

Dabei näherten sich zwei unterschiedliche Lichtarten, nämlich sichtbares und unsichtbares Licht. Zuerst zogen sie sich gegenseitig an, und dann stießen sie sich ab, wodurch die Illusion einer Trennung entstand. Die Wirklichkeit auf der Erde befindet sich im Bereich des unsichtbaren Lichts.

Unbewusstes

Unbewusstes ist in der Psychologie der Bereich nicht bewusster Vorgänge, der vor allem aus Verdrängtem besteht.
In einem weiteren Sinn ist das Unbewusste alles, dessen ihr gewahr seid, ohne dass ihr es mit dem Gehirn wahrnehmt.

Unterbewusstsein

Mit diesem Wort werden in der Psychologie jene Bereiche des Bewusstseins bezeichnet, die der rationalen Kontrolle entzogen sind. Sie manifestieren sich zum Beispiel durch Fehlleistungen oder durch Träume.

Vakuum

In der normalen Physik ist das Vakuum ein luftleerer Raum. Der Begriff bezeichnet auch einen Raumbereich, in dem ein Druck herrscht, der wesentlich geringer ist als der Atmosphärendruck. Er bezeichnet auch den Zustand der Materielosigkeit dieses Raums. Die Höheren Lichtkommandos verwenden den Ausdruck als Bezeichnung für einen Raum, in dem die Lebenskraft nicht mit jedem Partikel der Essenz verbunden ist.

Wissen um die Bestimmung und die Sinnhaftigkeit (engl.: sense of purpose)

Damit sind das Erkennen und Wissen um die Bestimmung, um Sinn und Zweck, und der daraus entspringende innere Frieden gemeint.

Worte/Sprache

Um mit den Menschen zu kommunizieren und ihnen weiterzuhelfen, müssen sich die spirituellen Lehrer der menschlichen Sprache bedienen, obwohl höherdimensionale Wirklichkeiten im Grunde genommen nicht mit der menschlichen Sprache wiedergegeben werden können. Jedes Wort begrenzt die Wirklichkeit. Sobald etwas in Worte gefasst wird, entfernt man sich von seiner Wahrheit.

Zentrum des göttlichen Friedens
Ein neueröffnetes Zentrum im Lichtkörper, das im Bereich des Thymus liegt.

Über die Autoren und Autorinnen

Die Höheren Lichtkommandos

Die Höheren Lichtkommandos sind eine Verbindung von höherdimensionalen Kommandos, die in diesem und in anderen Universen arbeiten. Sie bestehen aus Aufgestiegenen Meistern, anderen Lichtkräften unterschiedlicher Herkunft und Engeln. Sie versorgen die Erde mit Energien für den Aufstieg – das heißt für den Übergang des Planeten und der Menschheit ins Licht und ins große neue Zeitalter. Die Höheren Lichtkommandos beobachten, unterstützen und führen all jene Menschen direkt, die sich für den Lichtweg öffnen, aktiv mit dem Licht zu arbeiten beginnen und damit ihre Bereitschaft für den Aufstieg bekunden.

Cecilia Sifontes

Die Schwedin Cecilia Sifontes, Jahrgang 1957, arbeitet seit vielen Jahren als Bodenstation und Channel der Höheren Lichtkommandos. Sie hat in dieser Eigenschaft bereits umfangreiches Material zum planetaren und individuellen Aufstiegsgeschehen gechannelt. Eine bedeutsame Ausweitung dieser Zusammenarbeit bildete die Übermittlung des Materials für einen mehrteiligen Lehrgang zur Weiterentwicklung des Lichtkörpers. Seither gibt Cecilia Sifontes zusammen mit den Höheren Lichtkommandos im gesamten deutschsprachigen Raum zahlreiche Seminare, darunter neben dem Lehrgang »Der Neue Lichtkörper« auch die Seminare *»Fünf Schlüssel zur Meisterschaft«*, »Heilung mit den 70 Strahlen«, »Göttlicher Frieden«, »Gott-/Göttin-Energien« und andere mehr. Jährlich entwickelt sie neue Wege, um die Menschheit dabei zu unterstützen, auf dem Lichtweg Harmonie, Frieden und Einssein zu erreichen.

Cecilia Sifontes hat mittlerweile Tausende von Studenten in allen Teilen der Welt und bildet zahlreiche Lehrer für das Weitervermitteln dieses Materials aus.

Neben den Seminaren erreicht sie die Menschen unter anderem mit ihren Artikeln, Vorträgen, CDs und weltweiten Meditationen.

Cecilia Sifontes arbeitet aktiv an der Förderung des göttlichen Frie-

dens, der Harmonie der Religionen und des Einsseins auf der Welt. Als Folge davon erhielt sie den Gesamtafrikanischen Religionsfriedenspreis 2002 (The All African Religion Peace Award 2002), und es wurde ihr ein offizieller Häuptlings-Titel für ihre erfolgreiche Arbeit in Nigeria, Ghana, Togo und anderen westafrikanischen Staaten angeboten.
Cecilia Sifontes lebt mit ihrer Familie in Südschweden.

Reindjen Anselmi

Die Schweizerin Reindjen Anselmi, Jahrgang 1945, ist eine seit über dreißig Jahren in vielen Bereichen tätige Publizistin. Nach ihrer Diplomierung als Übersetzerin in Zürich arbeitete sie fast zwanzig Jahre lang im politischen Tagesjournalismus der deutschen Schweiz.
Mitte der 80er Jahre setzte bei ihr der Transformationsprozess ein. Viele der Erkenntnisse und Erfahrungen, die sie während der folgenden Jahre sammelte, fasste sie im Buch »Der Lichtkörper« zusammen, das sie im Jahr 1997 zeitgleich mit der Gründung des Assunta-Verlags herausgab. In diesem Verlag veröffentlichte sie außerdem eine Reihe weiterer Bücher, CDs und anderer Produkte, die vielen Lichtarbeitern im deutschsprachigen Raum auf ihrem Lichtweg weiterhalfen. Namentlich die Zeitschrift »LichtForum«, die Reindjen Anselmi von Anfang 1999 bis Ende 2002 herausgab, fand im deutschsprachigen Raum eine große Leserschaft.
Mit Cecilia Sifontes kam Reindjen Anselmi erstmals im Jahr 1998 in Kontakt. Damals war die Schwedin bereits mit ihrem Lehrgang »Der Neue Lichtkörper« und anderen Seminaren vor allem in schweizerischen Lichtarbeiterkreisen bekannt geworden. Danach war Cecilia Sifontes in der Zeitschrift »LichtForum« regelmäßig Gastautorin.
Um ihren nächsten Schritt machen zu können, übergab die Schweizerin den Assunta-Verlag Ende 2002 an den KOHA-Verlag.
Reindjen Anselmi lebt seit vielen Jahren in der italienischsprachigen Südschweiz.

WILLST DU DIE WIRKUNG DER FÜNF SCHLÜSSEL VERTIEFEN?

Du kannst die Wirkung der Fünf Schlüssel auf vielerlei Art vertiefen. Eine davon ist, mit den CDs zu arbeiten, auf denen dich die Höheren Lichtkommandos auf zahlreichen kraftvollen Reisen in tiefe Meditationszustände hinein führen. Mit Hilfe dieser zusätzlichen Unterstützung kannst du die Bedeutung und Wirkung der Fünf Schlüssel auf besonders wirksame Weise erforschen und erfahren sowie deine Meisterschaft mit erheblicher Kraft weiterentwickeln und in deinem Leben anwenden.

Alle Meditationen auf den CDs sind von Cecilia gechannelt. Diese CDs sind als Übersetzung in deutsch erhältlich. Alle sind auch in einer rein englischen Fassung verfügbar. Auf der Umseite erfährst du, wie und wo du sie bestellen kannst.
Preis: Euro 115/ SEK 1090. Porto und Versandspesen inbegriffen.

www.lightflow.info

SO KANNST DU DIE CDS BESTELLEN

Auf unserer Webseite:
Via Internet: Bei Bezahlung mit Kreditkarte bestellst du die gewünschten Artikel auf unserer Webseite: www.lightflow.info . Dort findest du noch weitere Produkte, wie etwa Hörproben einiger unserer CDs, sowie einen Webshop, wo du alle unsere Produkte bestellen kannst.

Ohne Internet:
Falls du keinen Internetzugang hast, kannst du unsere Produkte bestellen, indem du uns per Fax, Telefon oder Post in unserem Büro kontaktierst. Bezahle dann die bestellten Produkte im voraus an unser nebenstehend aufgeführtes Konto.

Zahlungen und Versand:
Die bestellten Produkte werden dir zugestellt, sobald Lightflow Productions den vollen Betrag erhalten hat. Die bestellten Produkte können per Kreditkarte bei unserem Webshop oder per Bankanweisung an das untenstehende Bankkonto bezahlt werden.

Bankanweisung:
Swedbank S-105 34 Stockholm.
BIC: SWEDESS.
BC 8327-9.
Kto-No. 037 673 75 08.
Lightflow Productions AB.
IBAN SE6880000832790. 376737508/EUR

www.lightflow.info

Hier sind wir zu erreichen:
Lightflow AB, Box 84, 619 22 Trosa, Schweden
Tel: 0046 156 175 05, Fax: 0046 156 144 18, office@lightflow.info

---

Vermerke bei der Zahlung bitte deutlich deinen Namen.
Ja! Hiermit bestelle ich das CD-Album

- ❑ **Göttlicher Friede 1**
- ❑ **Göttlicher Friede 2**
- ❑ **Göttlicher Friede 3**
- ❑ **Göttlicher Friede 4**
- ❑ **Der Ruf für das Grössere Ganze**
- ❑ **Göttliche Fülle**
- ❑ **Gott/Göttin-Energien**
- ❑ **5 Schlüssel zur Meisterschaft**
- ❑ **Die Freude, Meister zu werden**
- ❑ **Divine Peace part 1**
- ❑ **Divine Peace part 2**
- ❑ **Divine Peace part 3**
- ❑ **Divine Peace part 4**
- ❑ **The call for the Greater Whole**
- ❑ **Divine Abundance**
- ❑ **God/Goddess Energies**
- ❑ **5 keys to Mastery**

Name: ....

Adresse: ....

Land: ....

Tel, Fax: ....

E-Mail ....

mit praktischen Anleitungen
Reindjen Anselmi
DER LICHTKÖRPER
ein Überblick über den globalen Transmutations-Prozess
EDITION ASSUNTA

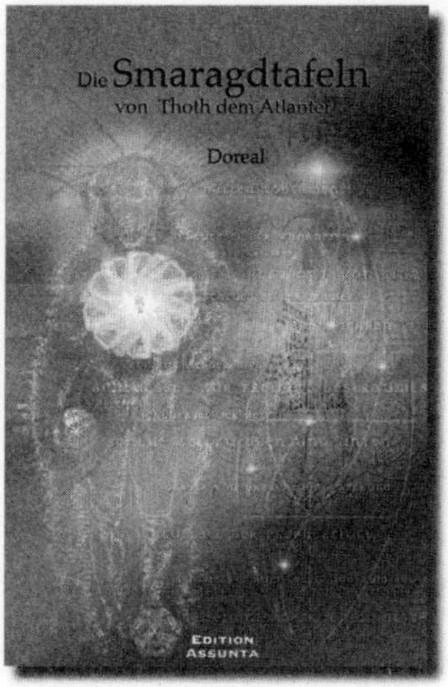
Die Smaragdtafeln
von Thoth dem Atlanter
Doreal
EDITION
ASSUNTA